儿童语言发展
小幼衔接的实验研究丛书

口语讲述

3—4岁

徐天中 总主编
本书编委会 编

浙江工商大学 出版社
ZHEJIANG GONGSHANG UNIVERSITY PRESS

· 杭州 ·

图书在版编目（CIP）数据

儿童语言发展小幼衔接的实验研究丛书. 3—4岁 5

口语讲述 / 徐天中总主编;本书编委会编. -- 杭州：

浙江工商大学出版社,2024. 10. -- ISBN 978-7-5178

-6123-2

Ⅰ. G613.2

中国国家版本馆CIP数据核字第2024V2Q500号

儿童语言发展小幼衔接的实验研究丛书
口语讲述（3—4岁）

KOUYU JIANGSHU（3—4 SUI）

徐天中 总主编 本书编委会 编

策划编辑	周敏燕
责任编辑	周敏燕
责任校对	都青青
封面设计	蔡思婕
责任印制	祝希茜
出版发行	浙江工商大学出版社
	（杭州市教工路198号　邮政编码310012）
	（E-mail：zjgsupress@163.com）
	（网址：http://www.zjgsupress.com）
	电话：0571-88904980,88831806（传真）
排　　版	杭州朝曦图文设计有限公司
印　　刷	杭州捷派印务有限公司
开　　本	787mm×1092mm　1/16
总 印 张	43.25
总 字 数	593千
版 印 次	2024年10月第1版　2024年10月第1次印刷
书　　号	ISBN 978-7-5178-6123-2
总 定 价	160.00元（共六册）

序

　　一个人的语文素养根基在于阅读,儿时阅读兴趣的激发和习惯的养成至关重要。孩子是天生的学习者。脑科学研究成果表明,幼儿正处于语言学习的敏感期,充分利用汉字图形表意的优势,在儿童生活和游戏过程中,开展"随风潜入夜"式的认读活动,既能激发孩子的阅读兴趣,又有利于培养孩子的阅读习惯。

　　为此,我们曾组织几十所幼儿园和小学,以"科学认读"为课题进行早期阅读的实验研究。十数年的坚持,改变了我们汉字难学的认知,其实汉字存有认读和书写的相位差,可先认读不书写,或者后书写。阅读的入门并不难。据此,我们在幼儿园开展科学认读汉字词的活动,这激发了孩子们认读汉字词的热情。做得好的幼儿园,大班的孩子普遍可以认读近千个汉字。有些小学主动对接幼儿园继续实验,到二年级学年末,学生认读可超两千字,从而实现自主阅读。这项研究结题时,教育部原副总督学郭振有说,此项研究小切口、意义大。

　　结题之后,由于环境的影响,继续参与研究的很少。但是徐天中校长凭借他丰富的教育经历和学识,充分认定这项研究的价值,抓住小切口,依靠教育集团的优势,设计出小幼衔接的大文章,坚持做了十多年。他主持开展的江苏省教育科学"十二五"规划重点课题"儿童语言发展小幼衔接的实验研究",抓住儿童口头语言发展的关键期,在不增加儿童学习负担的前提下,建立了一套

符合儿童身心发展特征、小幼间无缝对接的科学认读目标、内容、方法、评价体系，让3—6岁语言教学与小学语文教学在展示自身特色基础上实现无缝衔接，建立小幼衔接语言教学共同体，开发儿童语言思维等潜能，促进儿童全面可持续发展，为终身学习打下坚实的基础。

徐天中校长从"字""人""环境"这三个方面着手研究，创造性地在3—6岁阶段科学认读研究中提出了"生活认读""环境认读""游戏认读""三步认读"四种模块的学习方式，在这些学习方式的互通与互补过程中，6岁幼儿轻松而高效地达到1000多个常见字的认读目标。正是通过抓住关键期，从3岁开始的有效语言教育，幼儿从3岁就逐步开始了自主阅读绘本、报纸、书册，到6岁积累了近10万字的阅读量。这充分开发了幼儿的学习潜能，促进了其形象思维、逻辑思维等的快速发展。3—6岁的早期认读和早期阅读成果，让幼儿进入小学一二年级后语文学习优势明显，轻松完成2500个常用字的学习，课外阅读量超100万字，这也很好地推进和提高了学生学习其他学科的兴趣、速度和质量，从而进一步全面提升了学生的综合素养。

徐天中校长领衔的这项课题成果丰硕，课题组编撰了《小幼衔接语言发展之科学认读》《小幼衔接语言发展之绘本阅读》《小幼衔接语言发展之口语讲述》等共计18册的系列丛书，制作了与之配套的电子课件、挂图卡片、音频视频、游戏盒子等学习辅助材料。这些课题研究成果集聚了严谨规范的教学流程、系统高效的教学方式、生动有趣的教学材料、多元灵活的教学评价，具有极大的实操性和可推广性。我希望这项课题研究能长期进行下去，它的探索和深化必将对基础教育体系改革产生重大意义！

周德藩

（原江苏省教委副主任）

目 录

3—4岁(上)

一、口语讲述活动设计 ·· 1

  1 抱抱 ·· 2

  2 尾巴的本领 ··· 4

  3 我喜欢的水果 ··· 6

  4 喜欢的玩具 ··· 8

二、口语讲述环境设计 ·· 11

  1 抱抱 ·· 12

  2 尾巴的本领 ··· 13

  3 我喜欢的水果 ··· 14

  4 喜欢的玩具 ··· 15

三、亲子讲述活动设计 ·· 17

  1 九月话题仿说:我爱我的幼儿园 ································· 18

  2 十月话题仿说:幼儿园里朋友多 ································· 19

  3 十一月话题仿说:小小的我 ·· 20

4 十二月话题仿说：我爱我家 ·············· 21

四、字宝宝图文讲述 ·············· 23

  1 九月字宝宝图文讲述：小不点去秋游 ·············· 24

  2 十月字宝宝图文讲述：快乐的小猴 ·············· 25

  3 十一月字宝宝图文讲述：小不点的一天 ·············· 26

  4 十二月字宝宝图文讲述：农场 ·············· 27

3—4岁（下）

一、口语讲述活动设计 ·············· 29

  1 开心森林选美大赛 ·············· 30

  2 奇怪的汽车 ·············· 32

  3 去动物园 ·············· 34

  4 喜欢的食物 ·············· 36

二、口语讲述环境设计 ·············· 39

  1 开心森林选美大赛 ·············· 40

  2 奇怪的汽车 ·············· 41

  3 去动物园 ·············· 42

  4 喜欢的食物 ·············· 43

三、亲子讲述活动设计 ·············· 45

  1 三月话题仿说：我爱你，妈妈 ·············· 46

  2 四月话题仿说：我喜欢的动物 ·············· 47

  3 五月话题仿说：我喜欢的玩具 ·············· 48

  4 六月话题仿说：夏天的…… ·············· 49

四、字宝宝图文讲述 ···51

　1　三月字宝宝图文讲述：新年到 ·····················52

　2　四月字宝宝图文讲述：横横和荷荷 ···············53

　3　五月字宝宝图文讲述：去理发 ·····················54

　4　六月字宝宝图文讲述：蘑菇伞 ·····················55

后　记 ···56

3—4岁（上）

一

口语讲述活动设计

1 ☁ 抱抱

🍂 教学目标

1. 知道可以用拥抱来表达爱,体验与老师、同伴拥抱的亲密感。

2. 能根据提示卡讲述"……和……抱抱,真开心"的句式。

3. 丰富词汇:熊猫、小猫、小狗等。

🍂 教学准备

课件、句式提示卡、动物玩偶、照片

🍂 教学过程

一、情境导入(1分钟)

播放课件声音:快乐的笑声。

师:小朋友,你们听到了什么声音?

师:这个笑声听起来真开心,我们一起来看看发生了什么事情吧。

二、学习句式(6分钟)

1. 出示图片(熊猫、小狗、小猫等)。

师:原来是小动物们开学啦!都有哪些小动物同学呢,谁来说一说你看见了谁?

幼儿:我看见了……(熊猫、小狗、小猫等)

2. 依次出示课件。

师:走进教室,它们在做什么?

师:你看见了谁和谁抱在一起?【出示提示卡"?"】

——教师引导幼儿能根据提示卡讲述:……和……抱抱,真开心。

师:谁和谁抱在了一起?【出示提示卡"?"】

——教师引导幼儿用"……和……抱抱,真开心"的句式讲述。

小结:开学啦,动物小朋友和它们的好朋友抱抱,真开心。

三、巩固句式(3分钟)

师:小朋友,小动物们说想和你们抱抱,谁想来抱抱?

——教师邀请幼儿和小动物抱抱,边抱边讲述。

——教师引导幼儿用"……和……抱抱,真开心"的句式讲述。【出示提示卡"?"和"笑脸"】

四、扩展练习(5分钟)

师:小朋友,班级中一定有你的好朋友,你想和谁抱抱呢?【出示提示卡"笑脸"】

——教师出示照片引导幼儿说一说。

幼儿现场寻找好朋友,抱一抱,说一说。

——教师请幼儿重复讲述句式:……和……抱抱,真开心。

五、活动延伸

请幼儿回家拍下与爸爸妈妈、爷爷奶奶抱抱的照片,带到幼儿园放在语言区讲述。

2 尾巴的本领

教学目标

1. 通过观察,知道不同的动物尾巴形状不同,并初步感知尾巴的功能。
2. 能根据提示卡讲述"……的尾巴……,它的尾巴可以……"的句式。
3. 丰富词汇:卷卷的、长长的、短短的等。

教学准备

课件、句式提示卡

教学过程

一、情境导入(1分钟)

师:小朋友,今天老师带你们一起去动物园,你们愿意吗?

师:参观动物园的时候,有一个小任务要大家完成:找一找你最喜欢的尾巴。我们出发吧。

二、学习句式(6分钟)

1. 出示图片一(袋鼠)。

师:看,草丛里有什么动物的尾巴露出来了?【出示提示卡"笑脸"】

师:袋鼠的尾巴是什么样的呢?【出示提示卡"?"】

师:袋鼠的尾巴可以用来做什么呢?【出示提示卡"大拇指"】

——教师引导幼儿按照提示卡顺序介绍。

2. 出示图片二（猴子）。

师：听，树上是谁的叫声？咦，这是谁的尾巴？【出示提示卡"笑脸"】

师：猴子的尾巴是什么样的呢？【出示提示卡"？"】

师：猴子的尾巴可以用来做什么呢？【出示提示卡"大拇指"】

——教师引导幼儿按照提示卡顺序介绍。

3. 出示图片三（小狗）。

师：前面是小狗乐园，小狗看见我们很开心，它的尾巴不停地摇来摇去，你知道是什么意思吗？

——教师引导幼儿按照提示卡顺序介绍。

4. 出示图片四（长颈鹿）。

师：我们来看看还有什么小动物？这是谁？【出示提示卡"笑脸"】

师：长颈鹿的尾巴是什么样的呢？【出示提示卡"？"】

师：长颈鹿的尾巴可以用来做什么呢？【出示提示卡"大拇指"】

三、巩固句式（3分钟）

师：刚刚我们遇见的小动物中，你最喜欢哪个动物的尾巴？为什么喜欢？

——教师引导幼儿讲述句式：……的尾巴……，它的尾巴可以……

四、扩展练习（5分钟）

师：前面还有很多小动物，它们的尾巴本领都很大，我们一起来看看有哪些小动物。

——教师出示图片：蜥蜴、牛、孔雀、松鼠。

师：谁来说一说它们的尾巴有什么本领？

——教师引导幼儿用"……的尾巴……，它的尾巴可以……"的句式进行讲述。

五、活动延伸

将动物图片投放进口语讲述区域，鼓励幼儿用固定句式进行自主讲述。

3 我喜欢的水果

教学目标

1. 熟悉常见水果的特征和颜色,能用自己的语言进行描述。

2. 能根据提示卡讲述"……是……的,像……"的句式。

3. 丰富词汇:黄黄的、红红的、绿绿的等。

教学准备

课件、句式提示卡

教学过程

一、情境导入(1分钟)

师:小朋友,我们一起去果园里看看吧。

师:你看到哪些水果?

二、学习句式(6分钟)

1. 出示图片一(香蕉)。

师:它是什么?(香蕉)

师:香蕉是什么颜色的?【出示提示卡"黄色"】

师:黄色的香蕉像什么?【出示提示卡"月亮"】

师:香蕉是黄黄的,像月亮。

2. 出示图片二(苹果)。

师:它是什么?(苹果)

师:苹果是什么颜色的?【出示提示卡"红色"】

师:红色的苹果像什么?【出示提示卡"灯笼"】

师:苹果是红红的,像灯笼。

3. 根据句式提示卡描述西瓜,引导幼儿大胆、自信地表达。

三、巩固句式(4分钟)

师:你喜欢哪种水果? 它是什么颜色的?

——教师请幼儿选择水果图片,引导幼儿讲述句式:……是……的,像……。

四、扩展练习(4分钟)

师:果园里的水果有很多种,你还喜欢哪些水果呢?

——教师引导幼儿根据已掌握的句式讲述自己喜欢的水果。

五、活动延伸

将水果图片投放进口语讲述区域,鼓励幼儿用固定句式进行自主讲述。

4 喜欢的玩具

教学目标

1. 能大胆说出自己喜欢的玩具名称，尝试完整地讲述。

2. 能根据提示卡讲述"我的玩具是……，我很喜欢"的句式。

3. 丰富词汇：小汽车、洋娃娃、积木等。

教学准备

课件、句式提示卡、小汽车、洋娃娃、小熊、积木等

教学过程

一、情境导入（2分钟）

师：小朋友，看，老师手里的是什么？（小汽车）

师：小汽车是我的玩具，是什么颜色的？（蓝色）

师：你们知道小汽车可以怎么玩吗？

——教师引导幼儿说出小汽车的不同玩法。

二、学习句式（5分钟）

师：老师用一句好听的话介绍一下自己的玩具，大家听好了哦。我的玩具是蓝色的小汽车，我很喜欢。【出示提示卡"颜料盘"和"爱心"】

师：谁愿意来介绍一下自己的玩具？

——教师分别请个别幼儿按照提示卡介绍。【出示提示卡"颜料盘"和"爱心"】

三、巩固句式(4分钟)

师:请把你的玩具介绍给你的好朋友吧。

——教师引导幼儿与同伴重复讲述句式:我的玩具是……,我很喜欢。【出示提示卡"颜料盘"和"爱心"】

四、扩展练习(4分钟)

师:除了今天带来的玩具,你家里还有什么玩具可以介绍一下吗?

——教师引导幼儿根据已掌握句式讲述。

五、活动延伸

将玩具图片投放进口语讲述区域,鼓励幼儿用固定句式进行自主讲述。

3—4岁（上）

二

口语讲述环境设计

1 ☁ 抱 抱

🍃 设计意图

　　"抱抱"是一个温暖的主题,结合3—4岁幼儿的年龄特点,在口语讲述区域中加入了幼儿都喜欢的动物朋友的形象,让幼儿以抱抱这一种温暖的行为为切入点,尝试说一说动物之间、人之间或者人和动物之间的拥抱,都是一种让彼此感到开心、温暖的行为,从而知道可以用拥抱来表达爱,并尝试体验与老师、同伴拥抱的亲切感,愿意用语言表达对抱抱的开心。

🍃 材料准备

　　图片、背景板、句式提示卡

🍃 参考照片

2 尾巴的本领

设计意图

　　喜欢动物是每个幼儿的天性,根据3—4岁幼儿年龄特点,我们结合主题课程的内容开展口语讲述,激发幼儿对小动物尾巴的探索,让幼儿了解小动物尾巴具有的特点及功能,借助相关图片,让幼儿掌握一定的句式,帮助幼儿提升经验,发展思维,练习口语表达能力,增强幼儿的学习兴趣。

材料准备

　　图片、背景板、句式提示卡

参考照片

3 我喜欢的水果

设计意图

水果是幼儿最喜欢的食物之一,色彩鲜明,幼儿具有较为丰富的生活经验。结合3—4岁幼儿在活动中通常会将水果的颜色和形状,与常见的物品做对比的特点,在活动中让幼儿大胆去发现、表达自己的想法,想说、敢说、能够说,从而提升幼儿的口语能力。

材料准备

图片、背景板、句式提示卡

参考照片

4 喜欢的玩具

设计意图

　　玩具是幼儿日常最喜欢的物品,色彩鲜艳,吸引着幼儿的目光。选取玩具主题是从幼儿的兴趣出发,能激发幼儿表达的欲望。幼儿对颜色的观察也是最直观的,可以让幼儿根据句式讲述自己喜欢的玩具。这个话题不仅是幼儿感兴趣的,而且能够让幼儿有话可讲、有内容可讲,从而达到提高口语表达能力的目的。

材料准备

　　图片、背景板、句式提示卡

参考照片

3—4岁（上）

三

亲子讲述活动设计

 # 九月话题仿说：
我爱我的幼儿园

仿说准备及要求

1. 让幼儿选择一张自己在幼儿园的照片，贴在调查表中。

2. 引导幼儿说一说自己的幼儿园，家长协助用文字记录在调查表中。

3. 能用连贯、完整的语言进行讲述，可适当丰富词汇量。

仿说提纲

1. 我是……幼儿园的小朋友……（自我介绍）

2. 幼儿园里有……，我最喜欢幼儿园里的……

3. 我爱我的幼儿园！

话题仿说

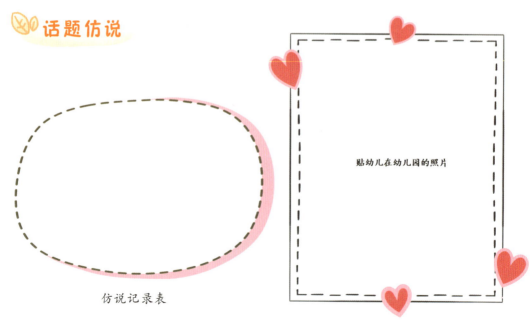

仿说记录表

贴幼儿在幼儿园的照片

2 十月话题仿说：幼儿园里朋友多

仿说准备及要求

1. 让幼儿将幼儿园里的好朋友的照片贴在调查表中。

2. 引导幼儿说一说幼儿园里的好朋友,家长协助用文字记录在调查表中。

3. 能用连贯、完整的语言进行讲述,可适当丰富词汇量。

仿说提纲

1. 我在幼儿园里认识了很多小朋友,有……

2. 我的好朋友是……,他/她会……

3. 认识这么多好朋友,我很开心!

话题仿说

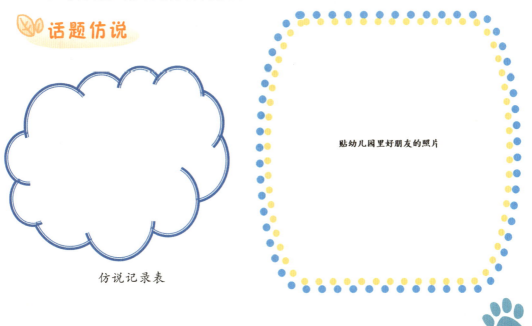

仿说记录表

贴幼儿园里好朋友的照片

3 十一月话题仿说：小小的我

仿说准备及要求

1. 让幼儿将自己的个人照片贴在调查表中。

2. 引导幼儿说一说自己喜欢做的事情、最爱吃的食物及会的本领，家长协助用文字记录在调查表中。

3. 能用连贯、完整的语言进行讲述，可适当丰富词汇量。

仿说提纲

1. 我最喜欢做的事情是……

2. 我最爱吃……

3. 我会很多本领，我会……

4. 你们觉得我棒不棒？

话题仿说

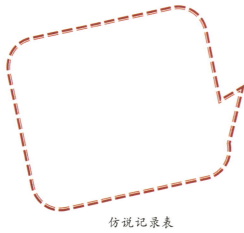

仿说记录表

贴幼儿的照片

4 十二月话题仿说：我爱我家

仿说准备及要求

1. 让幼儿和家长一起拍一张全家福，并将照片贴在调查表中。

2. 引导幼儿介绍自己的家庭成员，家长协助用文字记录在调查表中。

3. 能用连贯、完整的语言进行讲述，可适当丰富词汇量。

仿说提纲

1. 我的家里有……（介绍家庭成员）

2. 我的……会……

3. 我最喜欢和……在一起，我们一起……（说说和家庭成员之间的小故事）

话题仿说

仿说记录表

贴全家福照片

四

字宝宝图文讲述

九月字宝宝图文讲述：
小不点去秋游

幼儿园要去秋游啦！

小不点儿宝宝跟着老师和小朋友唱着"你拍一，我拍一"的歌，跳着舞一起来到了动物园。

他们看到了小鸟和小狗，开心极了！

2 十月字宝宝图文讲述：
快乐的小猴

早上起床后，小猴穿好衣服，扣好纽扣，把手洗干净。

小猴带着一个皮球去找哥哥姐姐玩吹泡泡游戏。

25

有一天,小不点儿在家里和爷爷奶奶玩不倒翁,他们开心极了!

爸爸在用抹布擦木窗户,妈妈在洗衣服。

小不点儿来到院子里,发现小狗拉大便了,马上请妈妈来帮忙处理。

4 十二月字宝宝图文讲述：农场

农场里真热闹！

小鸡在用嘴巴啄米吃虫。

小花狗瞪着大大的眼睛在啃肉骨头。

小白兔竖着耳朵一蹦一跳地去找萝卜和白菜。

大象甩着长长的鼻子在玩水。

3—4岁（下）

一

口语讲述活动设计

开心森林选美大赛

教学目标

1. 熟悉常见动物的特征和本领,能用自己的语言进行描述。

2. 能根据提示卡讲述"我是……,我有……,我会……"的句式。

3. 丰富词汇:漂亮、五颜六色等。

教学准备

课件、句式提示卡、动物头饰

教学过程

一、情境导入(1分钟)

师:小朋友,开心森林要举办小动物选美大赛,它们邀请了小朋友做评委,你们愿意帮助它们吗?那我们快来看看有哪些选手吧。

二、学习句式(6分钟)

1. 出示图片一(蝴蝶)。

师:第一位选手是谁?【出示提示卡"蝴蝶"】

师:你们觉得蝴蝶长得漂亮吗?(词语"漂亮")

师:蝴蝶有什么本领?【出示提示卡"跳舞""传播花粉"】

师:如果你是蝴蝶,你会怎样介绍自己?

——教师引导幼儿按照提示卡顺序来做介绍。如:大家好,我是蝴蝶,我有漂亮的翅膀,我会跳舞,希望你们能喜欢我。

2. 出示图片二(孔雀)。

——教师引导幼儿根据提示卡介绍孔雀。

师:第二位选手是谁?【出示提示卡"孔雀"】

师:你们觉得孔雀的羽毛是什么样的?(词语"五颜六色")

师:孔雀有什么本领?【出示提示卡"开屏"】

师:如果你是孔雀,你会怎样介绍自己?

——教师引导幼儿按照提示卡顺序来做介绍。如:大家好,我是孔雀,我有五颜六色的羽毛,我会开屏,希望你们能喜欢我。

3. 教师引导幼儿根据句式提示卡依次描述长颈鹿、奶牛。

三、巩固句式(3分钟)

师:请小朋友投票选出最美的动物,并说说理由。

——教师引导幼儿模仿小动物,讲述句式:我是……,我有……,我会……

四、扩展练习(5分钟)

1. 介绍小动物——"小白兔""袋鼠"。

师:这次还有两个小动物也想来参加选美大赛,我们来看看是谁。

师:请你来帮帮它们,怎么样介绍自己可以获得比赛冠军。

2. 教师引导幼儿模仿小动物,讲述句式:我是……,我有……,我会……

五、活动延伸

将动物图片投放进口语讲述区域,鼓励幼儿用固定句式进行自主讲述。

2 奇怪的汽车

教学目标

1. 通过观察，知道不同的汽车类型，了解汽车的不同功能。
2. 能根据提示卡讲述"……装上轮子，变成……，去救美羊羊"的句式。
3. 丰富词汇：警车、消防车、救护车等。

教学准备

课件、句式提示卡

教学过程

一、情境导入（1分钟）

师：小朋友，听，是什么声音？

师：今天老师开来了一些车，快来看看吧！

师：你知道这些车子可以用来干什么吗？【出示提示卡"消防车""救护车""警车""小汽车"】

二、学习句式（6分钟）

1. 出示图片一（狼抓羊）。

师：小羊们都在草地上玩，谁来了？把谁抓走了？【出示提示卡"灰太狼抓美羊羊"】

师:用什么办法可以追上灰太狼的车子？看一下这边有什么,可以用什么办法?【出示提示卡"苹果""西瓜""南瓜""萝卜"】

——教师出示句式并讲述:……装上轮子,变成……,去救美羊羊。【出示提示卡"南瓜""南瓜车"】

2. 出示图片二(懒羊羊救美羊羊)。

师:懒羊羊也要去救美羊羊? 可以用什么办法?【出示提示卡"?""轮子"】

——教师引导幼儿按照提示卡讲述。

3. 出示图片三(沸羊羊)。

师:沸羊羊应该用什么办法呢?【出示提示卡"?""轮子"】

——教师引导幼儿按照提示卡讲述。

三、巩固句式(3分钟)

师:刚刚小羊们把美羊羊给救出来了,它们用了什么办法?

——教师引导幼儿重复句式讲述:……装上轮子,变成……,去救美羊羊。

四、扩展练习(5分钟)

师:小朋友,看,我这边还有什么? 如果用它们能去救美羊羊吗?

——教师出示橙子、葫芦、青椒。

师:谁来说一说怎么救美羊羊?

——教师引导幼儿用"……装上轮子,变成……,去救美羊羊"的句式讲述。

五、活动延伸

将水果、蔬菜等图片投放进口语讲述区域,鼓励幼儿用固定句式进行自主讲述。

3 🌥 去动物园

🍃 教学目标

1. 熟悉动物园里的动物名称,能用自己的语言进行大胆描述。

2. 能根据提示卡讲述"我看见了……,它在……,它在……"的句式。

3. 丰富词汇:游泳、唱歌、吸水等。

🍃 教学准备

课件、句式提示卡

🍃 教学过程

一、情境导入(1分钟)

师:今天动物园开张了,我们一起去动物园旅游,你们想去吗?

二、学习句式(6分钟)

1. 出示图片一(介绍牌)。

师:看! 这边有一块大大的介绍牌,上面介绍了动物园里的很多动物,你都看见了什么动物呀?【出示提示卡"小狗馆""小兔馆""小鸟馆""大象馆"】

——教师引导幼儿观察图片上的字卡,请幼儿说一说在图片上看到了什么。

2. 出示图片二(小狗)。

师:我看见了小狗【出示提示卡"眼睛"】,它在小狗馆(哪里)【出示提示卡"房子"】,它在游泳(干什么)【出示提示卡"手"】。

——教师引导幼儿用提示卡完整介绍图片的内容。

3. 出示图片三(小兔)。

师:我看见了小兔【出示提示卡"眼睛"】,它在小兔馆(哪里)【出示提示卡"房子"】,它在吃青草(干什么)【出示提示卡"手"】。

——教师引导幼儿用提示卡完整介绍图片的内容。

4. 出示图片四(小鸟、大象)。

——教师引导幼儿用提示卡完整介绍图片的内容。【出示提示卡"眼睛""房子""手"】

三、巩固句式(3分钟)

师:请小朋友投票选出最喜欢的动物,说说你的理由。

——教师引导幼儿讲述句式"我看见了……,它在……,它在……"。【出示提示卡"眼睛""房子""手"】

四、扩展练习(5分钟)

1. 介绍其他的场馆——出示长颈鹿馆、袋鼠馆、孔雀馆、奶牛馆、熊猫馆图片。

师:刚刚我们一起参观了动物园里的小狗馆、小兔馆、小鸟馆、大象馆,现在我们一起看看动物园里还有哪些馆吧。

2. 教师引导幼儿讲述句式"我看见了……,它在……,它在……"。【出示提示卡"眼睛""房子""手"】

五、活动延伸

将动物馆场景图片投放进口语讲述区域,鼓励幼儿用固定句式自主讲述。

4 喜欢的食物

教学目标

1. 知道常见动物爱吃的食物及其外形和特征,能用自己的语言进行描述。

2. 能根据提示卡讲述"我喜欢吃……,它摸上去是……,尝起来是……,真美味!"的句式。

3. 丰富词汇:坚硬、柔软、香香等。

教学准备

课件、句式提示卡、头饰

教学过程

一、情境导入(2分钟)

师:今天小猪搬新家了,请森林里的朋友一起来做客,我们看看都有谁来了。(猴、兔、狗、鼠)

师:小猪要给动物朋友们准备好吃的,招待客人,我们猜猜小动物们喜欢吃什么呢。

二、学习句式(6分钟)

1. 出示图片一(狗)。

师:第一位朋友是谁?(狗)

师:你们猜小狗喜欢吃什么?

36

师:摸上去什么感觉?(词语"坚硬")【出示提示卡"手"】

师:尝起来是什么味道呢?(香香的)【出示提示卡"嘴巴"】

师:如果你是小狗,你该怎么介绍自己喜欢的骨头呢?

——教师引导幼儿按照提示卡顺序介绍自己。

师:大家好,我是小狗,我喜欢吃骨头,它摸上去是坚硬的,尝起来是香香的,真美味!

2. 出示图片二(鼠)。

——教师引导幼儿根据提示卡介绍老鼠喜欢的食物。

3. 出示图片三(猴子、兔子)。

教师引导幼儿根据句式提示卡依次描述猴子、兔子喜欢的食物。

三、巩固句式(3分钟)

介绍新来的动物客人,了解老虎、猫喜欢吃的食物。

师:还有哪些动物朋友去做客呢? 你能帮它们介绍一下吗,这样小猪就可以准备食物啦!

——教师引导幼儿用句式"我喜欢吃……,它摸上去是……,尝起来是……,真美味!"介绍食物。

四、扩展练习(4分钟)

师:小猪很感谢我们的帮忙,也请我们去做客,想问问我们大家喜欢吃什么食物。请你们来说说,小猪好去准备哦!

——教师引导幼儿用句式"我喜欢吃……,它摸上去是……,尝起来是……,真美味!"介绍食物。

五、活动延伸

将食物图片投放进口语讲述区域,鼓励幼儿用固定句式自主讲述。

3—4岁（下）

二

口语讲述环境设计

开心森林选美大赛

🍃 设计意图

　　每个小动物都有各自的特点,幼儿都非常喜欢它们,在平时的日常生活中,幼儿对小动物的特征已经有了一些了解。结合幼儿的兴趣爱好,通过看一看、说一说、想一想的方式引导幼儿练习讲述各种动物的本领,为幼儿提供轻松愉悦的情境,使幼儿的口语表达能力得到有效提升。

🍃 材料准备

　　图片、背景板、句式提示卡

🍃 参考照片

2 奇怪的汽车

设计意图

3—4岁幼儿对汽车主题比较感兴趣。引导幼儿借助形象的各类实物图片,结合有趣的故事情节,进行口语讲述练习。让幼儿根据句式提示卡完整地进行句式练习,讲述过程中幼儿运用自己的想象力,扩充句式词汇。活动中讲述的句子格式是重复的,让幼儿在替换图片的过程中不断练习、巩固。

材料准备

图片、背景板、句式提示卡

参考照片

3 😊 去动物园

🍃 设计意图

　　3—4岁幼儿喜欢动物,他们经常与身边熟悉的小动物一起玩耍,抱抱它们,抚摸它们,跟它们说悄悄话,愿意亲近小动物。讲述活动以"去动物园"为情景,引导幼儿大胆说出各种动物的名称,说出动物活动的场所,说出动物在干什么。通过这种看一看、玩一玩的游戏方式,提高幼儿的口语讲述能力。

🍃 材料准备

　　图片、背景板、句式提示卡

🍃 参考照片

4 喜欢的食物

设计意图

　　3—4岁幼儿对动物的食物喜好有基本的了解。给幼儿提供各种动物图片及各种动物喜欢吃的食物的图片,让幼儿在操作过程中尝试一一匹配对应后,根据句式提示讲述完整句子。同时,鼓励幼儿在生活、游戏情境中加入形容词后学说完整句式,从而提高幼儿的语言表达能力。

材料准备

　　图片、背景板、句式提示卡

参考照片

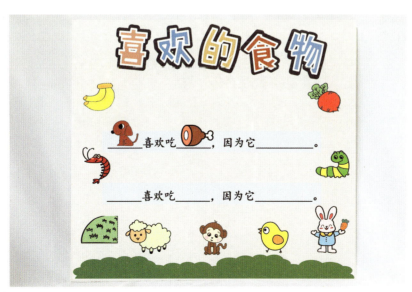

3—4岁（下）

三

亲子讲述活动设计

# 1 三月话题仿说：
我爱你，妈妈

仿说准备及要求

1. 让幼儿选择一张妈妈的照片，贴在调查表中。

2. 引导幼儿说一说自己的妈妈，家长协助用文字记录在调查表中。

3. 能用连贯、完整的语言进行讲述，可适当丰富词汇量。

仿说提纲

1. 这是我的妈妈，她……（介绍妈妈外貌特点）

2. 我的妈妈本领很大，她会……，还会……

3. 我爱我的妈妈，我的妈妈也爱我！

话题仿说

仿说记录表

贴一张妈妈的照片

2 四月话题仿说：我喜欢的动物

仿说准备及要求

1. 让幼儿选择一张自己喜欢的动物图片,贴在调查表中。

2. 引导幼儿说一说自己喜欢的动物,家长协助用文字记录在调查表中。

3. 能用连贯、完整的语言进行讲述,可适当丰富词汇量。

仿说提纲

1. 我喜欢的动物是……

2. 它的样子是……,它生活在……,它会……（介绍动物的外形特点、生活地点和本领）

3. 我喜欢……

话题仿说

仿说记录表

贴幼儿喜欢的动物照片

3 五月话题仿说：我喜欢的玩具

仿说准备及要求

1. 让幼儿选择一张自己喜欢的玩具照片,贴在调查表中。

2. 引导幼儿说一说自己喜欢的玩具的名称、外形、玩法,家长协助用文字记录在调查表中。

3. 能用连贯、完整的语言进行讲述,可适当丰富词汇量。

仿说提纲

1. 我最喜欢的玩具是……

2. ……是……样子的,它的玩法是……

3. ……真好玩!

话题仿说

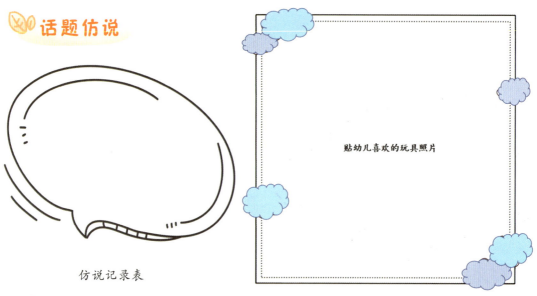

仿说记录表

贴幼儿喜欢的玩具照片

4 六月话题仿说：夏天的······

仿说准备及要求

1. 让幼儿选择一张关于夏天的照片，贴在调查表中。

2. 引导幼儿说一说夏天会吃什么、穿什么、做什么，家长协助用文字记录在调查表中。

3. 能用连贯、完整的语言进行讲述，可适当丰富词汇量。

仿说提纲

1. 夏天来了，我们可以吃······，我们可以穿······，我们可以······（游泳、打水仗、看萤火虫······）

2. 夏天真美好呀，我喜欢夏天！

话题仿说

贴一张关于夏天的照片

仿说记录表

3—4岁（下）

四

字宝宝图文讲述

三月字宝宝图文讲述：
新年到

新年快到了，听！谁打来了电话？原来，山羊要回家，打来电话请袋鼠开着飞机去接他。

飞机从滑梯上面飞过，停下后，山羊拿出四个气球，一个黄气球，一个红气球，一个蓝气球，还有一个绿气球。

袋鼠对山羊说："新年好！这是送你的新年礼物。"袋鼠开心地说："谢谢！"

2 四月字宝宝图文讲述：横横和荷荷

　　早上，太阳露出了笑脸，横横和荷荷急忙从床上爬起来，然后去刷牙、洗脸。妈妈做好了早饭等他们，妈妈摸摸横横的头，亲亲荷荷的脸。横横拿起一片面包吃起来，荷荷喝了她最喜欢的山羊奶。吃完早饭后，他们就去公园里滑滑梯、跑步和袋鼠跳。

　　愉快的一天又快结束了，月亮和星星慢慢地爬上了树梢……

3 五月字宝宝图文讲述：去理发

春天的雨后,风和日丽,河边游泳的小鸭子"嘎嘎"地叫着。

它对岸上的小刺猬说:"亲爱的小刺猬,我们一起去理发吧!"

小刺猬说:"好的呀!"

于是,它们拿上自己心爱的玩具,放入背包里,高高兴兴地出发啦!

六月字宝宝图文讲述：
蘑菇伞

一天下午,小熊和小青蛙在山上玩耍,小熊把草地当作床,横躺在上面吃着面包,啃着苹果,小青蛙在一旁玩着荷叶。

突然,"轰隆隆"一声,雷公公响了,没一会儿,雨点落下来了,雨越下越大。

这时,采完蘑菇正要回家的小兔发现了它们,赶紧拿出蘑菇伞为小熊和小青蛙挡雨。于是,三个好朋友一起高高兴兴地回家了。

后 记

苏州市实验小学教育集团各民办校(园)在徐天中校长的带领下,自2011年起,以"语言发展"为研究点开展"儿童语言发展小幼衔接的实验研究"。该课题研究的申报单位为苏州明珠学校。课题组由苏州明珠学校、苏州明珠幼儿园等四家单位组成,苏州明珠幼儿园主要承担完成了课题中3—6岁年龄段的实验研究。

徐天中校长是教育部首届骨干校长高级研修班成员,全国29位校长带头人之一,中国教育学会全国实验学校教育科学研究专业委员会副理事长,中国教育学会小学教育专业委员会副会长,全国骨干校长工作研究会副理事长,苏州市专家咨询团成员,教育部小学校长培训中心(北京师范大学校长培训学院)兼职教授,苏州大学兼职教授、硕士生导师,苏州市实验小学校教育集团原总校长。

徐天中校长创造性地提出了"生活认读""环境认读""游戏认读""三步认读"四种模块的学习方式。四模块的学习,遵循了儿童的生理和心理发展规律,符合汉字、汉语文化的学习特征,将符号辨识和内容体验有机统一。四模块的学习,建立了小幼衔接语言教学共同体,儿童在活生生的多元动态环境中实现高效地识字、快速地阅读、流利地表达,从而充分开发儿童语言、思维等潜能,促进儿童全面可持续发展,为终身学习打下坚实的基础。

本丛书由徐天中校长担任编委会总主编,他对本丛书的指导思想、框架结构、内容审定、文字撰写等方面做出了具体指导和详细安排。赵洪、丰新娜、丁文群、王莉、王静、过坚、朱月龙、屈雅琴、钱春玲、钱晶莹参与了本丛书各书册的编写与审校工作。谈莉莉、葛建平、宋怡、周莉、周璇、戴莉萍、沈琴、周玉婷、陆丽亚、范兰珍、顾敏娴、吴国英、程浏、杨斐、张雯婷、沈建芳、翁娟芳、潘宏参与了课题的教学研究工作。课题组全体成员在推进课题研究的过程中,展现了对孩子的认真观察、对教法的认真琢磨、对经验的认真提炼。本丛书中的每一篇活动设计、每一件游戏材料、每一个指导要求,都凝聚着教师们对于课题研究的独特观点。

课题研究开展期间,课题组得到了幼儿科学认读发起人,原江苏省教育委员会副主任、江苏省教育学会原会长周德藩先生,苏州大学朱月龙教授,以及北京师范大学、中国教育科学研究院、江苏省教育科学研究院等单位有关专家的指导。他们为课题研究提供了科学认读的成果借鉴、为课题推进提供了广阔的研究思路,也在丛书编写过程中提供了许多建设性的修改意见,我们在此表示衷心的感谢!

本丛书在编写过程中得到了很多专家、学者、老师的支持和帮助,在此向各位表示诚挚的谢意!

由于编者水平和时间的限制,丛书在理论的探索和实践的操作上还有提升的空间,不足之处敬请专家和读者不吝赐教!

编　者

2023 年 8 月

儿童语言发展
小幼衔接的实验研究丛书

绘本阅读

3—4岁

徐天中 总主编
本书编委会 编

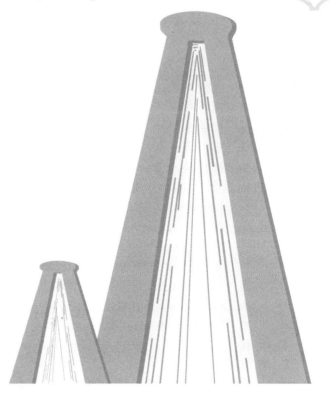

浙江工商大学 出版社
ZHEJIANG GONGSHANG UNIVERSITY PRESS
·杭州·

图书在版编目（CIP）数据

儿童语言发展小幼衔接的实验研究丛书. 3—4岁 6

绘本阅读 / 徐天中总主编;本书编委会编. -- 杭州：

浙江工商大学出版社,2024. 10. -- ISBN 978-7-5178

-6123-2

Ⅰ. G613.2

中国国家版本馆CIP数据核字第2024J1N912号

儿童语言发展小幼衔接的实验研究丛书
绘本阅读（3—4岁）

HUIBEN YUEDU（3—4 SUI）

徐天中 总主编　本书编委会 编

策划编辑	周敏燕
责任编辑	周敏燕
责任校对	都青青
封面设计	蔡思婕
责任印制	祝希茜
出版发行	浙江工商大学出版社
	（杭州市教工路198号　邮政编码310012）
	（E-mail：zjgsupress@163.com）
	（网址：http://www.zjgsupress.com）
	电话：0571-88904980,88831806（传真）
排　　版	杭州朝曦图文设计有限公司
印　　刷	杭州捷派印务有限公司
开　　本	787mm×1092mm　1/16
总 印 张	43.25
总 字 数	593千
版 印 次	2024年10月第1版　2024年10月第1次印刷
书　　号	ISBN 978-7-5178-6123-2
总 定 价	160.00元（共六册）

"儿童语言发展小幼衔接的实验研究丛书"编委会

顾　　问：周德藩

总　主　编：徐天中

副总主编：赵　洪　丰新娜

编　　委：（按姓氏笔画排序）

　　　　　丁文群　王莉　王静　过坚　朱月龙

　　　　　屈雅琴　钱春玲　钱晶莹

本书编委会

主　　编：丁文群

编　　委：（按姓氏笔画排序）

　　　　　杨斐　张雯婷　程浏

序

　　一个人的语文素养根基在于阅读,儿时阅读兴趣的激发和习惯的养成至关重要。孩子是天生的学习者。脑科学研究成果表明,幼儿正处于语言学习的敏感期,充分利用汉字图形表意的优势,在儿童生活和游戏过程中,开展"随风潜入夜"式的认读活动,既能激发孩子的阅读兴趣,又有利于培养孩子的阅读习惯。

　　为此,我们曾组织几十所幼儿园和小学,以"科学认读"为课题进行早期阅读的实验研究。十数年的坚持,改变了我们汉字难学的认知,其实汉字存有认读和书写的相位差,可先认读不书写,或者后书写。阅读的入门并不难。据此,我们在幼儿园开展科学认读汉字词的活动,这激发了孩子们认读汉字词的热情。做得好的幼儿园,大班的孩子普遍可以认读近千个汉字。有些小学主动对接幼儿园继续实验,到二年级学年末,学生认读可超两千字,从而实现自主阅读。这项研究结题时,教育部原副总督学郭振有说,此项研究小切口、意义大。

　　结题之后,由于环境的影响,继续参与研究的很少。但是徐天中校长凭借他丰富的教育经历和学识,充分认定这项研究的价值,抓住小切口,依靠教育集团的优势,设计出小幼衔接的大文章,坚持做了十多年。他主持开展的江苏省教育科学"十二五"规划重点课题"儿童语言发展小幼衔接的实验研究",抓住儿童口头语言发展的关键期,在不增加儿童学习负担的前提下,建立了一套

符合儿童身心发展特征、小幼间无缝对接的科学认读目标、内容、方法、评价休系，让3—6岁语言教学与小学语文教学在展示自身特色基础上实现无缝衔接，建立小幼衔接语言教学共同体，开发儿童语言思维等潜能，促进儿童全面可持续发展，为终身学习打下坚实的基础。

徐天中校长从"字""人""环境"这三个方面着手研究，创造性地在3—6岁阶段科学认读研究中提出了"生活认读""环境认读""游戏认读""三步认读"四种模块的学习方式，在这些学习方式的互通与互补过程中，6岁幼儿轻松而高效地达到1000多个常见字的认读目标。正是通过抓住关键期，从3岁开始的有效语言教育，幼儿从3岁就逐步开始了自主阅读绘本、报纸、书册，到6岁积累了近10万字的阅读量。这充分开发了幼儿的学习潜能，促进了其形象思维、逻辑思维等的快速发展。3—6岁的早期认读和早期阅读成果，让幼儿进入小学一二年级后语文学习优势明显，轻松完成2500个常用字的学习，课外阅读量超100万字，这也很好地推进和提高了学生学习其他学科的兴趣、速度和质量，从而进一步全面提升了学生的综合素养。

徐天中校长领衔的这项课题成果丰硕，课题组编撰了《小幼衔接语言发展之科学认读》《小幼衔接语言发展之绘本阅读》《小幼衔接语言发展之口语讲述》等共计18册的系列丛书，制作了与之配套的电子课件、挂图卡片、音频视频、游戏盒子等学习辅助材料。这些课题研究成果集聚了严谨规范的教学流程、系统高效的教学方式、生动有趣的教学材料、多元灵活的教学评价，具有极大的实操性和可推广性。我希望这项课题研究能长期进行下去，它的探索和深化必将对基础教育体系改革产生重大意义！

周德藩

（原江苏省教委副主任）

目 录

3—4岁（上）

一、故事阅读活动教案

1 抱抱 ……………………………………………… 2

2 大卫不可以 ……………………………………… 4

3 你好 ……………………………………………… 6

4 尿床了 …………………………………………… 8

5 谁哭了 …………………………………………… 10

6 我的幼儿园 ……………………………………… 12

二、故事阅读环境设计

1 抱抱 ……………………………………………… 16

2 你好 ……………………………………………… 17

3 尿床了 …………………………………………… 18

4 我的幼儿园 ……………………………………… 19

三、故事阅读亲子指导

1 点点点 …………………………………………… 22

2 好饿的毛毛虫 …………………………………… 24

3　好神奇的石头 ……………………………………………… 27

4　晚安,大猩猩 …………………………………………… 30

3—4岁(下)

一、故事阅读活动教案

1　过生日 …………………………………………………… 34

2　好朋友 …………………………………………………… 36

3　拉屁屁 …………………………………………………… 38

4　哪里有洞 ………………………………………………… 40

5　排好队一个接一个 ……………………………………… 42

6　刷牙 ……………………………………………………… 44

7　睡觉 ……………………………………………………… 46

8　叶子鸟 …………………………………………………… 48

二、故事阅读环境设计

1　过生日 …………………………………………………… 52

2　哪里有洞 ………………………………………………… 53

3　刷牙 ……………………………………………………… 54

4　叶子鸟 …………………………………………………… 55

三、故事阅读亲子指导

1　鸽子捡到一个热狗! ……………………………………… 58

2　亲爱的小鱼 ……………………………………………… 60

3　是谁嗯嗯在我的头上 …………………………………… 62

4　猜猜我有多爱你 ………………………………………… 64

后　记 ……………………………………………………………… 66

3—4岁（上）

一

故事阅读活动教案

抱抱

活动目标

1. 理解故事内容,学说句式:"……妈妈和……宝宝一起抱抱。"

2. 回忆和自己喜欢的人抱抱时愉悦的感受。

活动准备

绘本、课件

活动过程

一、趣味导入(2分钟)

师:小猩猩有点调皮,它独自偷偷地跑到森林里去,会遇到些什么事情呢?

——出示小猩猩图片,激发幼儿阅读兴趣。

二、阅读绘本(5分钟)

1. 整体阅读

师:小猩猩跑到森林里,看到了哪些动物?让我们一起来看一看、听一听这个故事吧。

——出示PPT,教师讲述绘本。

2. 分页阅读

师:小猩猩看到每个小动物都和自己的妈妈做了一个什么动作?谁来学一学?

——引导幼儿仔细观察图片,进一步理解故事内容。

三、讲述巩固(5分钟)

师:小动物的这个动作代表什么意思?猜一猜小动物会怎么说。

——出示句式:"……妈妈和……宝宝一起抱抱。"引导幼儿完整讲述。

师:让我们一起来扮演小动物,表演这个有趣的故事吧!

——师生一起表演故事,重点练习句式:"……妈妈和……宝宝一起抱抱。"

四、经验拓展(3分钟)

师:小动物喜欢和妈妈一起抱抱。小朋友,你们喜欢抱抱吗?生活中你会和谁一起抱抱?

——引导幼儿重点讲述句式:"……和……一起抱抱。"

师:生活中除了能和自己的妈妈抱抱以外,还可以和其他家人抱抱,并且告诉他们:"我喜欢你,我爱你!"

2 大卫不可以

活动目标

1. 能根据故事内容学说句式："……，不可以！"
2. 理解故事内容，会用连贯的语言进行简短的讲述。

活动准备

绘本、课件

活动过程

一、趣味导入（2分钟）

师：今天我给大家介绍一位新朋友，他的名字叫"大卫"。

——出示封面，激发幼儿阅读兴趣。

二、阅读绘本（5分钟）

1. 整体阅读

师：大卫在干什么呢？妈妈会说什么？

——出示PPT，教师讲述绘本。

2. 分页阅读

师：故事中大卫出现了哪些情况，妈妈会说什么？

——引导幼儿仔细观察图片，进一步理解故事内容。

三、讲述巩固(5分钟)

师:看到图片中大卫这个动作,妈妈会说什么?

——出示句式:"……,不可以!"引导幼儿完整讲述。

师:我们一起来扮演妈妈,和绘本中的大卫进行对话吧。

——幼儿为妈妈配音,重点练习句式:"大卫,不可以!"

四、经验拓展(3分钟)

师:在幼儿园里、家里、商场里、公园里……还有哪些事情是不可以做的呢?

——引导幼儿联系自己的生活经验,说说在不同场所还有哪些是不可以做的,并使用"……,不可以!"进行讲述。

师:最后,大卫投入妈妈的怀抱,妈妈又说了什么?

师:妈妈不是真的生气了。老师对你们也是一样的,怕你们受伤,所以老师也经常会说"……,不可以!"妈妈、老师都是希望你们能保护好自己,健康成长。

——引导幼儿了解妈妈及其他成人对孩子的关爱。

3 你好

活动目标

1.在看看、听听、讲讲中理解故事内容,并学习问候的句式:"……你好!""……你们好!"

2.积极参与阅读活动,能在活动中大胆地想象和表达自己的想法。

3.在理解故事的基础上,愿意尝试用语言、肢体动作与朋友们打招呼,感受交往的快乐。

活动准备

绘本、课件

活动过程

一、趣味导入(2分钟)

师:老师请来了一只小动物,猜猜看它是谁! 让我们一起用好听的声音叫出他的名字。

——出示小动物图片,激发幼儿阅读兴趣。

二、阅读绘本(5分钟)

1.整体阅读

师:这么好听的声音被小熊听到了,他见到小动物会说什么?

——出示PPT，教师讲述绘本。

2. 分页阅读

师：小动物听到小熊有礼貌地问好，他会怎么对小熊说？

——引导幼儿根据PPT内容，进一步理解故事内容。

三、讲述巩固（5分钟）

师：故事里，小熊见到了谁？她们怎么说的？

——出示句式："……你好！""……你们好！"引导幼儿完整讲述。

师：小熊见到了哪些新朋友，他们有谁？我们一起来学一学他们是怎么问好的。

——师生一起表演故事，巩固句式："……你好！""……你们好！"

四、经验拓展（3分钟）

师：朋友见面要说"你好"。小朋友在幼儿园会对谁问好？你是怎么说的？

——引导幼儿用句式："……你好！""……你们好！"

师：如果好朋友送你东西，你应该说什么呀？

师：在操场上奔跑时不小心碰到了别人，又要怎么说呢？

——引导幼儿学习使用礼貌用语。

师：小朋友们学会使用礼貌用语，大家都成为有礼貌的小宝贝。

 尿 床 了

活动目标

1.观察绘本图画了解故事内容,能根据食物猜出小动物。

2.能根据故事内容学说句式:"哦!是……尿的。"

活动准备

绘本、课件、图示

活动过程

一、趣味导入(2分钟)

师:今天老师给我们小朋友请来了一群小动物朋友,来看看第一个好朋友是谁。

——出示小熊图片,激发幼儿阅读兴趣。

二、阅读绘本(5分钟)

1. 整体阅读

师:你们看到了哪些小动物啊,他们在干吗呢?

——出示PPT,教师讲述绘本。

2. 分页阅读

师:小动物尿床了。让我们再来看看被子上有什么图案。

——引导幼儿仔细观察图片,进一步理解故事内容。

三、讲述巩固(5分钟)

师:被子上不同的图案,是哪些小动物尿床了?

——出示句式:"哦!是……尿的。"引导幼儿完整讲述。

师:看,老师把小动物们说的话都带来了,我们跟着小动物一起学一学吧。

——师生一起表演故事,重点练习句式:"哦!是……尿的。"

四、经验拓展(3分钟)

师:看,小动物们又看到一条被子,这条被子有什么不同?

——引导幼儿发现小动物没有尿床。

师:小朋友来猜猜看,小熊为什么没有尿床?

——引导幼儿学会午睡前及时如厕的好办法。

师:我们在幼儿园里都要及时如厕,不要憋尿。

5 谁哭了

活动目标

1.能根据故事情节复述句式:"不过,我不哭了,我不是小宝宝了!"

2.能想出解决问题的方法,并用"我……,我会……。"进行表达。

3.体会成长的自豪感。

活动准备

课件、小熊头饰

活动过程

一、趣味导入(2分钟)

师:小朋友,我是谁啊?

——老师戴上小熊头饰出场,激发幼儿阅读兴趣。

二、阅读绘本(5分钟)

1. 整体阅读

师:小熊的好朋友都发生了什么呢? 我们一起来看看吧。

——出示PPT,教师讲述绘本。

2. 分页阅读

师:小动物们为什么都不哭了?

——引导幼儿仔细观察图片,进一步理解故事内容。

三、讲述巩固(5分钟)

师:小熊遇到了什么麻烦?

——出示句式"我……,我会……。"引导幼儿完整讲述。

师:没错,遇到事情我们要想办法解决。哭是不能解决问题的,那我们一起来帮动物朋友想一想办法,好吗?

——观察画面内容,重点练习句式:"我……,我会……。"

四、经验拓展(3分钟)

师:如果你的玩具坏了,你会怎么办?

——引导幼儿用句式"我……,我会……。"进行讲述。

师:看来我们小朋友真的是长大了,遇到麻烦不再哭了,而是想办法解决,真棒!

6 我的幼儿园

活动目标

1.能根据故事内容学说句式:"幼儿园是……的地方。"

2.感受幼儿园的快乐,喜欢上幼儿园。

活动准备

绘本、课件

活动过程

一、趣味导入(2分钟)

师:小朋友都在哪里呢? 他们的表情怎么样?

——出示幼儿园图片,激发幼儿阅读兴趣。

二、阅读绘本(5分钟)

1. 整体阅读

师:一位大姐姐把她在幼儿园的生活用图画记录下来了,我们来看看吧。

——出示PPT,教师讲述绘本。

2. 分页阅读

师:幼儿园里有谁? 小朋友在幼儿园里干什么呢?

——引导幼儿仔细观察图片,进一步理解故事内容。

三、讲述巩固(5分钟)

师:大姐姐在绘本里是怎么说的?

——出示句式:"幼儿园是……的地方。"引导幼儿完整讲述。

师:在幼儿园,你高兴的时候会怎样?不开心的时候呢?

——幼儿大胆表述,重点练习句式:"幼儿园是……的地方。"

四、经验拓展(3分钟)

师:小朋友心中的幼儿园是怎样的地方呢?

——引导幼儿重点讲述句式:"幼儿园是……的地方。"

师:幼儿园里充满着欢声笑语,是快乐的地方。我们在幼儿园成为幸福的一家人。

二

故事阅读环境设计

抱 抱

设计意图

结合3—4岁幼儿的年龄特点,为幼儿提供温馨的阅读场景,将绘本《抱抱》与环境创设有机整合,激发幼儿喜欢抱抱的情感。引导幼儿在阅读中迁移抱抱的经验,提高语言表达的水平,爱上阅读,在阅读中得到发展。

材料准备

动物世界背景图、KT板、各色彩纸、记号笔、玩具小动物等

指导意见

1. 制作指导

以动物世界为背景、动物们欢迎页面为绘本的名称,每种动物背景按序依次出现,描绘绘本前半段故事情节,后面空白页面的动物背景图为幼儿提供续编故事环境。

2. 阅读指导

在幼儿操作时,引导其先尝试看图讲述故事情节,理解故事内容,猜测故事情节,学一学故事中抱抱的动作,感受画面中温馨的场景、简单的语言。鼓励幼儿学习绘本中的句式,最后尝试用简单的语言较为清晰地讲述故事。

3. 创编指导

引导幼儿看图描述画面内容,能根据故事内容进行创编,用动物的口吻学习"抱抱"。也可操作玩具小动物在"动物世界"背景下与同伴进行互动,合作创编,丰富故事情节。

2 你好

设计意图

结合3—4岁幼儿的年龄特点,为幼儿提供温馨的阅读场景,将绘本《你好》与环境创设有机整合,激发幼儿喜欢使用礼貌用语的兴趣。引导幼儿在阅读中迁移使用礼貌用语的经验,提高在活动中的语言表达水平,在阅读中学会交流,在阅读中得到发展。

材料准备

栅栏背景图、KT板、各色彩纸、记号笔、玩具小熊等

指导意见

1. 制作指导

以栅栏为背景,将"小动物躲在栅栏里打招呼"设置为名称,每个栅栏按序依次描述故事前半段情节,后面空白栅栏为幼儿提供续编故事环境。

2. 阅读指导

在幼儿操作时,引导其先尝试看图讲述故事情节,理解故事内容,猜测即将发生的情节,学习在场景中使用"你好"等礼貌用语,感受绘本中温馨的场景、简单的语言。鼓励幼儿学习故事中的句式,最后尝试用简单的语言较为清晰地讲述故事。

3. 创编指导

引导幼儿看图描述画面内容,能根据故事的内容简单地创编,并结合猜想画面简单地续编故事。也可操作玩具小熊在"栅栏"的背景下与同伴进行互动,合作创编,丰富故事情节。

3 尿床了

设计意图

结合3—4岁幼儿的年龄特点,为幼儿提供温馨的阅读场景,将绘本《尿床了》与环境创设有机整合,让幼儿了解出现"尿床"后可以如何做。引导幼儿在阅读中迁移相关生活经验,提高阅读的水平,爱上阅读,在阅读中得到发展。

材料准备

小动物的家背景图、KT板、各色彩纸、记号笔、玩具小动物等

指导意见

1. 制作指导

以卡通小动物的家为背景,依次出现故事情节。空白小动物家的背景为幼儿提供续编故事环境。

2. 阅读指导

在幼儿操作时,引导其先尝试看图讲述故事情节,理解故事内容,猜测后续情节,理解故事中出现尿床后要勇于表达的情感,感受故事中趣味的场景、简单的语言。鼓励幼儿学习故事中的句型,最后尝试用简单的语言较为清晰地讲述故事。

3. 创编指导

幼儿将小动物尿床的印记画出来进行续编情节。幼儿将自己画出的印记画插入空白小动物家,并用流利连贯的语言续编讲述故事。也可操作玩具小动物在"小动物的家"背景下与同伴进行互动,合作创编,丰富故事情节。

 **我的幼儿园**

设计意图

结合3—4岁幼儿的年龄特点,为幼儿提供温馨的阅读场景,将绘本《我的幼儿园》与环境创设有机整合,激发幼儿喜欢上幼儿园的情感。引导幼儿在阅读中迁移上幼儿园时的有趣经验,提高语言表达的水平,爱上阅读,在阅读中得到发展。

材料准备

卡通对话框背景图、KT板、彩纸、记号笔、背书包的小朋友等

指导意见

1. 制作指导

以卡通对话框为背景,按序插入故事重要情节的图片,后面空白框为幼儿提供续编故事环境。

2. 阅读指导

在幼儿操作时,引导其先尝试看图讲述故事重要情节,理解故事内容,猜测后续情节,感受上幼儿园的趣味场景,能说一说故事中上幼儿园的感受。鼓励幼儿学习故事中的句式,最后尝试用简单的语言较为清晰地讲述故事。

3. 创编指导

结合幼儿的生活经验选择图片涂色,并用句式"幼儿园是……地方"来续编故事。也可将"背书包的小朋友"放在"卡通对话框"背景下操作,与同伴进行互动,合作创编,丰富故事情节。

3—4岁（上）

三

故事阅读亲子指导

点点点

内容简介

　　这是一本适合亲子共读互动的游戏书。书中简单的文字和画面,可以分化出颜色、排序、点数等多个方面游戏内容。绘本像变魔术一般,通过简单的文字描述,使幼儿在每次阅读时都有不同的体会。绘本巧妙地运用了视觉暂留现象,每一页画面像走马灯似的变换,能让幼儿充分地参与进来。

分页式阅读指导

　　第一页,封面上有什么? 有几个点点? 什么颜色的? 这三个点会发生什么样的故事呢?

　　第二页,它是谁? 黄点点说:按一下这个黄点,翻到下一页。

　　——请幼儿按要求做。

　　第三页,出现了几个黄点点? 很好! 再按一下。

　　——幼儿按要求做。

　　第四页,非常棒! 现在用手指轻轻地摸摸左边的黄点。

　　——认知左右。

　　第五页,就是这样! 再来摸摸右边的黄点。

　　——认知颜色。

　　第六页,太棒啦! 现在按五次黄点。

　　——练习数数。

　　第七页,再按五次红的……

第八页,然后按五次蓝的。

第九页,好极啦! 现在拿起书摇一摇。

——互动模式改变,不再只是"点"了。

第十页,看,发现了什么? 不错! 再用力摇摇……

第十一页,好嘞! 非常好! 现在把书向左边倾斜,看看会发生什么……再往右呢? 你要试试看吗?

拓展式阅读指导

1.家长鼓励幼儿尝试自己讲述故事内容,并按照要求做出相应动作,让孩子跟随故事一起"玩游戏",感受到书原来还可以是这个样子! 书原来还可以这样玩! 太新鲜,太有创意了!

2.家长可以准备一些彩纸,让小朋友们动手剪一剪,贴一贴,制作一本属于自己的《点点点》!

2 好饿的毛毛虫

内容简介

这是一本蕴含着自然知识的绘本。绘本以"毛毛虫"为主线。一只毛毛虫刚孵化后,会开始觅食。绘本巧妙地用数量的变化,来演示毛毛虫觅食由少到多的过程。而在觅食的过程中,毛毛虫的身体也开始发生了变化。当毛毛虫长大后会发生什么变化呢?绘本最后用破茧成蝶,为幼儿编织了一个经历成长、惊艳蜕变的美丽故事。

分页式阅读指导

第一页,它是谁?你们认识吗?

第二页,你们注意到了吗,图上有什么?为什么会有洞?

第三页,有什么形状和颜色?

——家长可以和幼儿探讨哪些是空心的圆形,哪些是实心的圆形,让幼儿通过对比更深入理解。

第四页,我们的故事开始喽!

第五页,你看到了什么?月光下,一颗小小的蛋,躺在叶子上。这会是什么蛋呢?知道这是什么时间吗?

——通过观察,看到有月亮。

第六页,星期天的早上,暖和的太阳升起来了,"啵"一声,一条又小又饿的毛毛虫从蛋里爬了出来。毛毛虫是怎样从卵里出来的?它要爬去哪里呢?

——引导幼儿说出"啵"这个象声字。

第七页，它要去找一些东西吃。星期一，毛毛虫吃了什么食物，数量是多少？如果你是毛毛虫，星期二你会想吃什么？吃几个？星期三呢？……

第八页，星期二，他吃了什么？

——幼儿会对"毛毛虫的破坏"非常感兴趣，从而对毛毛虫吃过的食物种类和每种食物吃了多少有一个更加深刻的印象。

第九页，星期三，它又吃了什么？还是好饿！

第十页，星期四，它咬穿了四个草莓，你们猜它吃饱了吗？

第十一页，星期五，它咬穿了几个橘子？可它还是饿呀。

第十二页，星期六，它吃了很多，有什么？吃了这么多，你们看它怎么了？

——引导幼儿观察绘本，本来毛毛虫的脸是红色的，可是肚子疼的时候，变成了很痛的土粉色，可怜兮兮的。

第十三页，星期天。毛毛虫咬穿了一片可爱的绿树叶，这一回它感觉好多了。你从哪里看出它好多了？

——对比前后毛毛虫的表情与脸色，让幼儿学会观察与比较。

第十四页，现在的毛毛虫怎么样了呀？

第十五页，它绕着自己的身子，造了一座叫"茧"的小房子。它在那里面待了两个多星期。小朋友猜一猜毛毛虫会发生什么变化。然后，它就在茧壳上啃出一个洞，钻了出来……

第十六页，它变成了什么？破茧而出！毛毛虫变成了一只非常漂亮的蝴蝶。漂亮的蝴蝶的翅膀上有些什么颜色？

——引导幼儿观察因为毛毛虫吃了各种颜色的食物，所以它的翅膀上有一个一个圆圈图案的小洞，和毛毛虫吃东西时的图是一样的。

拓展式阅读指导

1.家长鼓励幼儿自己根据图片讲述绘本内容,也可结合绘本一起玩点数游戏。

2.家长可以打印好蝴蝶的简笔画,与孩子一起用颜料、蜡笔等装饰蝴蝶,也可家长画一半、小朋友画一半,感知蝴蝶对称的关系。

3 好神奇的石头

内容简介

小时候你玩过石头吗？当妈妈说"脏！"你还是"置若罔闻"地捡起一个，左看右看，上下比画，能独自玩耍很久呢！作家左伟老师也捡到一颗石头，不知道为什么，心中的喜欢油然而生，耳畔响起了：我是一颗小小的石头……依依不舍，小心呵护。一块平常普通的小石头，到底有什么样的魔力呢？我们一起掉进这本洞洞书里，感受图画书的创意之妙吧！

分页式阅读指导

第一页，封面上有什么？有几颗石头？什么颜色的？我们一起来数一数，猜猜石头之间会发生什么样的故事呢？

第二页，小石头变成了什么颜色？变变变，小石头变成了灰色。大家看，灰色的小石头这里其实是个洞洞。

第三页，洞洞里面藏的是什么？猜猜看。

——不要翻页，引导幼儿想象。

第四页，哇，灰色的小石头变成什么小动物呢？

——幼儿翻阅下一页。

第五页，小石头变成了什么颜色？

第六页，哇，粉色的小洞洞里变出了什么？

——幼儿翻看下一页。

第七页，小洞洞又变成了什么颜色？那这个洞洞里的黄色，又藏着的是什

绘本阅读

么东西？

——引导幼儿想象。

第八页，哇，黄色的小洞洞里又变出了什么呢？

——幼儿翻页。

第九页，这一次洞洞又变成了什么颜色？我们猜猜看，是谁藏在了里面？

——引导幼儿猜测想象。

第十页，洞洞里变出了什么？

第十一页，小石头一转身，变成了什么颜色？

第十二页，咖啡色的洞洞里变出了什么？小刺猬身上背了什么？

第十三页，小石头一转身，变成了什么颜色？

第十四页，绿色的洞洞里又变出了什么？

——幼儿翻页并讲述。

第十五页，小石头一转身，又变成了什么颜色？

第十六页，橙色的洞洞里变出了什么？

——幼儿翻页并讲述。

第十七页，小石头一转身，又变成了什么颜色？

第十八页，黑色洞洞里会变出什么？

——幼儿翻页并讲述。

第十九页，小石头一转身，又变成了什么颜色？

第二十页，小石头一转身，又变成了什么颜色？

第二十一页，蓝色洞洞里变出了什么？

——引导幼儿翻页观察。

第二十二页，小石头一转身，变成了什么颜色？

第二十三页，红色石头变成了什么？

——幼儿翻页观察讲述。

第二十四页，最后你猜猜热气球会飞到哪里去呢？

——幼儿大胆想象。

拓展式阅读指导

1.家长鼓励幼儿回忆故事的内容并学会讲述故事的概要,让孩子感受到故事里的小石头转啊转啊,颜色变啊变,样子会发生改变。幼儿在一页页翻看时,跟随小石头在动物的王国里嬉戏,在儿歌的乐园里律动,在色彩的花园里徜徉。

2.家长可以准备若干张"石头"的简笔画和一些蜡笔工具,让幼儿先按照故事中出现的洞洞颜色进行涂色,然后幼儿和家长可进行"石头"添画的活动,将"石头"变成老鼠、小汽车、梨等事物。最后可引导幼儿说一说:小洞洞一转身变成……颜色,里面藏了……

晚安，大猩猩

内容简介

《晚安，大猩猩》讲述了幽默、温情的故事。故事的画面很有质感，作者用活泼可爱、俏皮生动的动物形象让读者眼前一亮；而一系列充满童真童趣的巧妙细节，让孩子们深深地融入其中。欣赏完这个热闹趣味的睡前故事，大家一定会哈哈大笑！

分页式阅读指导

第一页，先看看封面，封面上都有哪些人物呢？他们在做什么？你觉得会发生什么有趣的故事呢？

第二页，看到这个扉页，你怎么想呢？这个大猩猩走路的样子，你觉得熟悉吗？

第三页，图片中你都看到了什么？大猩猩偷了管理员的钥匙，会发生什么事情呢？

第四页，大猩猩跟着管理员走了，管理员看见了吗？

第五页，大象看见大猩猩，也不和小象玩了，似乎在说，带上我吧！你觉得大猩猩在想什么呢？会不会做一些事情呢？

第六页，咦，大象被放出来啦！大猩猩又在开谁的门呀？

第七页，管理员继续迷糊着，可是动物园的动物已经在大猩猩的带领下开始了狂欢。大猩猩又把在笼子里的动物放出来了。

第八页，大家跟在管理员的后面，来到了谁的家呢？

第九页，它们来到了哪里呀？原来管理员有一个甜蜜的家，你都看见了谁？

第十页，故事结束了吗？不，更精彩的故事开始啦！

第十一页，谁醒来了？小动物们被发现了吗？

第十二页，大猩猩被送回了动物园。

第十三页，迷糊的管理员还在迷糊着和老婆说"晚安"。你发现了还有谁钻进了被子里？

拓展式阅读指导

1.家长可以和孩子们一起画一画故事中的小动物们。

2.将画出来的小动物们制作成卡片，引导孩子排一排小动物们的出场顺序，讲一讲故事内容。

3—4岁（下）

一

故事阅读活动教案

过生日

活动目标

1. 理解故事内容,会进行简短的讲述。

2. 引导幼儿根据绘本内容提炼"……今天要过生日了"的句式并进行模仿讲述。

3. 提升幼儿口语表达的能力。

活动准备

绘本课件、图片、句卡

活动过程

一、趣味导入(2分钟)

师:今天有一个小动物要过生日,我们一起来看看是谁。

——出示小熊生日图片,激发幼儿阅读兴趣。

二、阅读绘本(5分钟)

1. 整体阅读

师:小熊在干什么?小兔子在干什么?小兔子说了一句什么话?

——出示PPT,教师讲述绘本。

2. 分页阅读

师:大家说一说谁过生日。我们会送上什么祝福的话?

——引导幼儿仔细观察图片,进一步理解故事内容。

三、讲述巩固(5分钟)

师:说一说小动物们准备好礼物后都说了一句什么话。

——出示句式:"……今天要过生日了。"引导幼儿完整讲述。

师:看,老师把小动物们说的话带来了,我们跟着小动物一起学一学吧。

——师生一起表演故事,重点练习句式:"……今天要过生日了。"

四、经验拓展(3分钟)

师:又有很多小动物赶来参加小熊的生日会。小朋友们,谁来学一学,小动物们会怎么说?

——引导幼儿用句式"……今天要过生日了"进行讲述。

师:还有谁也要给小熊过生日呢?我们回家和爸爸妈妈一起讨论吧。

2 😊 好朋友

🌿 活动目标

1. 熟悉故事内容,会用连贯的语言进行简短的讲述。

2. 能根据绘本内容学习句式:"我也一起玩,好吗?"并进行练习模仿。

3. 体验绘本内容,感受其中友情的温暖和美好。

🌿 活动准备

绘本、课件

🌿 活动过程

一、趣味导入(2分钟)

师:小兔和小熊在哪里? 他们在干什么?

——出示封面图片,激发幼儿阅读兴趣。

二、阅读绘本(5分钟)

1. 整体阅读

师:小动物都想玩沙,怎么办?

——出示PPT,教师讲述绘本。

2. 分页阅读

师:哪些小动物在一起玩呢? 我们再来找一找。

——引导幼儿仔细观察图片,进一步理解故事内容。

三、讲述巩固(5分钟)

师:小动物们说了一句神奇的话,然后就一起玩游戏了。小朋友们会说吗?

——出示句式:"我也一起玩,好吗?"引导幼儿用小动物的语气完整讲述。

师:小兔和小熊在玩堆沙子。躲在树后的小狸猫说……,小鼹鼠走过来说……,小猪走过来说……,小象走过来说……。

——师生一起表演故事,重点练习句式:"我也一起玩,好吗?"

四、经验拓展(3分钟)

师:游戏时间开始了,小朋友,如果你也想加入其他小朋友的游戏,你要怎么说?

——引导幼儿说出句式"我也一起玩,好吗?"来加入游戏。

师:和其他小朋友一起时,我们如果有礼貌地提出请求,大家也会很乐意和你一起游戏的。

3 ☁ 拉屁屁

🍃 活动目标

1.学习故事内容,理解故事情节,并结合对话进行故事讲述。

2.学说对话:"咚咚咚,……色门儿快快开,谁在里面呀?""我是……""你在干啥呀?""我在拉屁屁。"

3.知道有事先敲门,不能随便进入别人的私密空间。

🍃 活动准备

绘本、课件、生活经验

🍃 活动过程

一、趣味导入(2分钟)

师:小熊一副很着急的样子,它为什么事情着急呀?

——出示小熊图片,激发幼儿阅读兴趣。

二、阅读绘本(5分钟)

1. 整体阅读

师:小熊着急地来到厕所门口,它想干什么? 应该怎么做呢?

——出示PPT,教师讲述绘本。

2. 分页阅读

师:绘本中小动物进入厕所前,要干什么?

——引导幼儿仔细观察图片,进一步理解故事内容。

三、讲述巩固(5分钟)

师:小熊是怎么敲门的? 里面有谁? 他是怎么说的?

——出示句式:"咚咚咚,……色门儿快快开,谁在里面呀?""我是……""你在干啥呀?""我在拉屁屁。"引导幼儿完整讲述。

师:这是什么颜色的门? 我们一起帮助小熊问一问吧。

——幼儿情境表演,重点练习句式:"咚咚咚,……色门儿快快开,谁在里面呀?""我是……""你在干啥呀?"

四、经验拓展(3分钟)

师:小朋友,如果你在幼儿园或者其他公共厕所,看到门关着,你要怎么说呢?

引导幼儿用对话"咚咚咚,……色门儿快快开,谁在里面呀?""我是……""你在干啥呀?""我在拉屁屁。"进行情境表演,练习对话。

哪里有洞

活动目标

1.通过绘本阅读,了解故事内容,理解"洞"的不同含义。

2.在阅读过程中,学习句式:"……有一个洞,它可以用来……"

活动准备

绘本、课件

活动过程

一、趣味导入(2分钟)

师:这是什么? 猜猜这是哪里的洞。

——出示四个不同形状的"洞",激发幼儿阅读兴趣。

二、阅读绘本(5分钟)

1. 整体阅读

师:哪里有一个洞? 它可以用来干什么?

——出示PPT,教师讲述绘本。

2. 分页阅读

师:故事中出现了哪些"洞",你记住了吗?

——引导幼儿仔细观察图片,进一步理解故事内容。

三、讲述巩固（5分钟）

师：故事中什么地方有洞？它有什么用？

——出示句式"……有一个洞，它可以用来……"，引导幼儿完整讲述。

师：我们发现了"洞"的不同功能，一起再来说一说。

——根据画面，重点练习句式："……有一个洞，它可以用来……"

四、经验拓展（3分钟）

师："洞"真神奇！生活中你还知道哪些"洞"？它们可以用来干什么？

——引导幼儿用"……有一个洞，它可以用来……"来回答，巩固句式。

师：生活中有无数的"洞"。有的"洞"必不可少，非常有用，比如储蓄罐、球门、魔术帽、笛子上的洞；而裤子、玻璃、牙齿、马路上的这些"洞"，则是破坏造成的，这些"洞"是无用甚至是有危险的；更有一些"洞"是想象出来的，不存在的，比如心破了一个"洞"，则表示我们很伤心。我们可以成为生活中的有心人，发现身边不同的"洞"。

5 排好队一个接一个

活动目标

1.根据画面内容,大胆用语言表达自己的理解和发现。

2.能学习说短句式:"在⋯⋯的时候排好队,一个接一个。"

3.理解故事,梳理丰富有关排队的经验,愿意主动参加排队活动。

活动准备

绘本PPT、音乐《排队歌》

活动过程

一、趣味导入(2分钟)

师:小朋友们排好队,一个接一个地进来,真是有礼貌的好孩子!

——引导幼儿排队,激发幼儿阅读兴趣。

二、阅读绘本(5分钟)

1.整体阅读

师:今天老师带来了一个故事,我们来听一下是什么故事呢。

——出示PPT,教师讲述绘本。

2.分页阅读

师:故事里的小动物学会了什么本领?

——引导幼儿仔细观察图片,进一步理解故事内容。

三、讲述巩固(5分钟)

师:小动物在什么的时候要排好队一个接一个呢?

——出示句式:"在……的时候排好队,一个接一个。"引导幼儿完整讲述。

师:这是哪里? 需要排队吗?

——观察画面,重点练习句式:"在……的时候排好队,一个接一个。"

四、经验拓展(3分钟)

师:那我们一起来看看,平时在幼儿园的哪些地方也是需要排队的呢?

师:我们在生活中还看到哪些地方是需要排队的呢?

——引导幼儿完整地说句式:"在……的时候排好队,一个接一个。"

师:排队真是一个好办法,我们也要像书里的小动物一样,学会排好队,一个接一个。我们小朋友在幼儿园也学会了排队,我们都是好孩子。

b 刷牙

活动目标

1. 学习词语"刷牙",练习句式:"……刷牙,刷刷刷。"

2. 了解故事内容,知道刷牙的重要性,培养良好的卫生习惯。

活动准备

绘本、课件

活动过程

一、趣味导入(2分钟)

师:画面中是谁?在干什么?

——出示小熊刷牙的图片,激发幼儿阅读兴趣。

二、阅读绘本(5分钟)

1. 整体阅读

师:故事中都出现了哪些动物?他们忘了什么事情呢?那要怎么办呢?

——出示PPT,教师讲述绘本。

2. 分页阅读

师:小动物们都回家刷牙了,那我们来猜猜,谁第一个刷牙?

——引导幼儿仔细观察图片,进一步理解故事内容。

三、讲述巩固(5分钟)

师:小熊刷牙的时候发出了什么声音? 我们来学一学小熊说的那句好听的话。

——出示句式:"……刷牙,刷刷刷。"引导幼儿完整讲述。

师:故事中,都有谁来刷牙了? 我们一起来表演。

——幼儿情景表演,重点练习句式:"……刷牙,刷刷刷。"

四、经验拓展(3分钟)

师:小朋友,你们觉得还有哪些小动物需要刷牙?

师:我们班级的小朋友每天刷牙吗?

——引导幼儿用句式"……刷牙,刷刷刷"进行回答。

师:看来,我们小朋友都喜欢刷牙,我们一起来做一个刷牙操吧。回家后,记得每天刷牙,让我们的牙齿亮晶晶的。

 睡 觉

活动目标

1.学习画面内容,会用连贯的语言进行简短的讲述。

2.能根据故事内容学说句式:"呵,……打了一个哈欠。"

3.理解故事内容,愿意参与故事的表演。

活动准备

绘本、课件

活动过程

一、趣味导入(2分钟)

师:看,这是谁呀?它在干什么?它睡在哪里?

——出示图片,激发幼儿阅读兴趣。

二、阅读绘本(5分钟)

1. **整体阅读**

师:这是谁?它在干什么?

——出示PPT,教师讲述绘本。

2. **分页阅读**

师:小动物打完哈欠,去干什么了?

——引导幼儿仔细观察图片,进一步理解故事内容。

三、讲述巩固(5分钟)

师:绘本中有哪些小动物困了呢?你记得吗?

——出示句式:"呵,……打了一个哈欠。"引导幼儿完整讲述。

师:又有哪些动物困了呢?我们一起去看看。

——观察画面,重点练习句式:"呵,……打了一个哈欠。"

四、经验拓展(3分钟)

师:啊,好困啊!天黑了,还有哪些小动物困了?

——出示PPT,请幼儿根据图片练习句式:"呵,……打了一个哈欠。"

师:小动物都打哈欠,睡觉了。小朋友也一起睡觉吧,记得要盖好被子,不要着凉感冒哦!

 **叶子鸟**

活动目标

1.理解故事内容,感受故事的语言美和情趣美。

2.学习句式:"有的……,有的……,还有的……"

3.体验叶子鸟舞蹈的快乐,创编叶子鸟随风舞动的动作。

活动准备

绘本、课件

活动过程

一、趣味导入(2分钟)

师:这是什么季节? 你是怎么知道的?

——出示图片"叶子",激发幼儿阅读兴趣。

二、阅读绘本(5分钟)

1. 整体阅读

师:呼呼! 一阵秋风吹来了,叶子鸟们到哪儿去了?

——出示PPT,教师讲述绘本。

2. 分页阅读

师:叶子鸟随着秋风跳起了舞。舞会这就开始了,你最喜欢哪个动作? 它像在跳什么舞？

——引导幼儿仔细观察图片,进一步理解故事内容。

三、讲述巩固(5分钟)

师:我觉得叶子鸟跳舞的时候,有的像在跳机器人舞,有的像在跳圆圈舞,还有的像在跳双人舞。你们觉得呢？

——出示句式:"有的……,有的……,还有的……"引导幼儿完整讲述。

师:你们想来学一学叶子鸟跳舞吗？风越大,叶子鸟就跳得越高兴。风小了,叶子鸟就慢慢地舞蹈。叶子鸟可以自己跳,也可以两个或者几个一起合作舞蹈。

——教师当秋风,幼儿当叶子鸟,师生游戏。重点练习句式"有的……,有的……,还有的……"表述同伴跳舞的动作。

四、经验拓展(3分钟)

师:秋天,许多树的叶子都要飘落下来了。让我们一起去操场欣赏这些美丽的落叶,和它们·起舞蹈吧！

——欣赏落叶时,可用"有的……,有的……,还有的……"表述。

3—4岁（下）

二

故事阅读环境设计

1 过生日

设计意图

结合3—4岁幼儿的年龄特点,为幼儿提供过生日的场景,将绘本《过生日》与环境创设有机整合,激发幼儿愿意阅读的情感。引导幼儿在阅读中迁移过生日的经验,提高语言表达水平,爱上阅读,在阅读中得到发展。

材料准备

生日背景图、KT板、各色彩纸、记号笔、生日礼物等

指导意见

1. 制作指导

以生日的大蛋糕为背景,生日装饰的气球为绘本名称,在蛋糕中依次描述故事的主要情节,后面空白蛋糕页为幼儿提供续编故事环境。

2. 阅读指导

在幼儿操作时,引导其先尝试看图讲述过生日的场景,理解故事内容,猜测后续情节,说一说故事中过生日时会发生的情节,感受过生日的温馨场景及简单的生日祝福语。鼓励幼儿使用故事中的句式来表达,最后尝试用简单的语言较为清晰地复述故事的内容。

3. 创编指导

引导幼儿看图描述画面内容,说一说谁想送给小熊什么礼物,能用流利连贯的语言续编故事。也可利用生日礼物在"生日"背景下与同伴进行互动,合作创编,丰富故事情节。

2 ☁ 哪 里 有 洞

🍃 设计意图

结合3—4岁幼儿的年龄特点,为幼儿创设有趣的阅读场景,将绘本《哪里有洞》与环境创设有机整合,激发幼儿爱阅读的情感。引导幼儿在阅读中迁移经验,在阅读中提高表达水平,在阅读中得到发展。

🍃 材料准备

黑白胶卷背景图、KT板、各色彩纸、记号笔、有洞的玩具等

🍃 指导意见

1. 制作指导

以黑白胶卷为背景,放映机为故事的名称,胶卷内按序依次描述故事前半段情节,后面空白胶卷为幼儿提供续编故事的环境。

2. 阅读指导

在幼儿操作时,引导其先尝试看图讲述故事情节,理解故事内容,猜测后续情节,感受绘本中"洞洞"的创意场景以及能使用简单的语言描述"洞洞"的功能。鼓励幼儿尝试用完整的句式表达,最后能完整清晰地复述绘本内容。

3. 创编指导

引导幼儿看图描述画面内容,将自己联想的"洞洞"画下来插入空白胶卷中,并用流利连贯的语言续编故事。也可操作有洞的物品在"黑白胶卷"背景下与同伴进行互动,合作创编,丰富故事情节。

3 刷 牙

设计意图

结合3—4岁幼儿的年龄特点,为幼儿创设温馨的阅读场景,将《刷牙》与环境创设有机整合,激发幼儿爱刷牙的情感,并引导幼儿迁移刷牙的生活经验,在与环境互动阅读中培养幼儿主动表达的情感,使幼儿爱上阅读,在阅读中获得愉快的体验。

材料准备

小熊嘴巴背景图、KT板、各色彩纸、记号笔、玩具牙刷等

指导意见

1. 制作指导

以小熊嘴巴为背景,张开嘴巴的小熊为故事名称,小熊画板依次描述绘本前半段故事情节和幼儿创作的手工和涂色作品,后部画板为幼儿创编的区域。

2. 阅读指导

引导幼儿理解刷牙的重要性,说一说刷牙的方法,感受故事中刷牙的生活场景,能使用简单的语言描述动物的表情、动作。鼓励幼儿用完整的句式表达自己的想法,最后尝试用完整、清晰的语言复述故事的内容。

3. 创编指导

引导幼儿看图描述故事内容,将自己创作牙齿粘贴画和牙齿的涂色插入空白画板中,并用流利连贯的语言续编故事情节。也可操作玩具牙刷在"小熊嘴巴"里刷一刷,与同伴进行互动,合作创编,丰富故事情节。

4 叶子鸟

设计意图

结合3—4岁幼儿的年龄特点,为幼儿创设温馨的阅读场景,将《叶子鸟》与环境创设有机整合,引导幼儿感受故事的美丽的意境,迁移阅读中"落叶"的有效经验,使幼儿爱上阅读,在阅读中获得愉快的体验。

材料准备

大树背景图、KT板、各色彩纸、记号笔、玩具小鸟等

指导意见

1. 制作指导

以树为背景,大树树干为故事名称,树叶边框按序依次描述故事的前半段情节,后面空白叶子边框为幼儿提供续编故事环境。

2. 阅读指导

引导幼儿理解故事中"叶子鸟"跳的不同舞蹈,猜测后续情节,尝试讲述故事情节。感受故事中小鸟与大树的情感,能用简单的语言描述故事画面。鼓励幼儿用新学习的句式表达自己的想法,最后尝试用完整的、清晰的语言复述故事内容。

3. 创编指导

引导幼儿看图描述"叶子鸟"跳的舞蹈,绘画"叶子鸟"创意画插入空白大树中,并用流利连贯的语言续编讲述故事。也可操作玩具小鸟在"大树"背景下与同伴进行互动,合作创编,丰富故事情节。

3—4岁（下）

三

故事阅读亲子指导

 # 鸽子捡到一个热狗！

内容简介

故事中,一只特别的鸽子得到了很多人的喜爱,为什么? 莫·威廉斯的鸽子系列运用极简的画风、清晰的情节将故事娓娓道来,而这种简单幽默的风格,更能吸引幼儿和家长的目光。虽然只有《别让鸽子开巴士》获得了凯迪克大奖,但该系列中的其他绘本同样精彩。今天给大家推荐这本《鸽子捡到一个热狗!》。

分页式阅读指导

第一页,封面上有谁? 你猜想发生了一件什么样的事情呢。

第二页,鸽子捡到热狗是怎样的心情? 请你学一学它的动作。

第三页,当它迫不及待要把这个热狗吞下的时候,谁出场了? 小鸭子的出现让你觉得会发生一个什么样的有趣的事情?

第四页,你觉得小鸭子想吃这个热狗吗? 为什么?

第五页,请你猜一猜,小鸭子和小鸽子在谈论什么?

第六页,你吃过热狗吗? 什么味道的?

第七页,鸽子对热狗是怎样描述的?

第八页,鸽子说"等等……"时,你觉得发生了怎样的事情?

第九页,鸽子会分享热狗吗? 聪明的小伙伴们都能猜到它的目的吗?

第十页,鸽子不愿意分享它的热狗,你觉得小鸭子会想别的办法吃鸽子的热狗吗? 有什么好办法?

第十一页,假如你有一个热狗,你会分享给其他的小朋友吗?

第十二页,看起来鸽子有点发怒了,它有嫌弃小鸭子吗?你会不会这样对待朋友?

第十三页,小鸭子吃到热狗了吗?你觉得鸽子会生气吗?

第十四页,鸽子的表情是怎么了?

第十五页,鸽子和小鸭子的表情有什么区别?你觉得小鸭子取得成功了吗?

第十六页,猜一猜小鸭子想出了一个什么好主意。

第十七页,经过努力与争取,最后小鸭子吃到热狗了吗?

拓展式阅读指导

1.家长鼓励幼儿尝试自己欣赏绘本,再和幼儿一起分角色扮演讲述绘本内容。

2.家长和幼儿一起讨论什么样的分享才是愉悦的,也可以和孩子一起画一画分享的快乐场景。

2 亲爱的小鱼

内容简介

绘本中的猫咪很爱鱼缸里的小鱼,但是小鱼却向往广阔的大海,这为故事铺满了感情色彩。故事画面使用了蓝色的基调,安静、舒畅、和谐。而书中文字不是很多,只有短短14句,将所有的语言都融入画面中;而所有的关爱都在举手投足之间展现得淋漓尽致,让我们一起来感受猫和小鱼间浓浓的爱。

分页式阅读指导

第一页,封面上有什么？小猫和小鱼会发生什么样的故事呢？

第二页,小猫生活在哪里？小鱼生活在哪里？

第三页,小猫在干什么呢？他喂小鱼吃什么？

第四页,小猫每天都会亲吻小鱼,可是当小鱼长大了,小猫想到了什么？

第五页,小猫做了什么？

第六页,小鱼去了哪里？

第七页,小猫在干吗呢？

第八页,月亮升起来了,小猫在干什么呢？

第九页,小猫把他的帽子抛进了大海,他想干什么呢？

第十页,看,谁回来啦？

第十一页,小鱼长大了好多好多,小猫要做什么呢？

第十二页,小猫坐在小鱼的身上,他们要去哪里呢？

第十三页,他们来到了一座漂亮的岛屿上,快乐地生活在一起。

第十四页,我给你自由,你却还是愿意回到我这里。

拓展式阅读指导

1.家长鼓励幼儿尝试模仿小猫和小鱼的动作形态,并尝试自己讲述绘本内容。

2.家长可以和幼儿分别扮演小猫和小鱼,结合绘本情节来演绎绘本内容,在互动中增进亲子感情。

3 是谁嗯嗯在我的头上

内容简介

这是一本蕴含生理知识的科普绘本,作者用"嗯嗯"这一词语巧妙描述了生理现象,并用不同动物产生的不同"嗯嗯"作为故事趣味情节展现给幼儿。故事开头用诙谐的画面展示了一坨"嗯嗯",这引起了幼儿的好奇心,在一路探寻中,让孩子学会以科学的眼光来看待平时难以启齿的生理问题。

分页式阅读指导

第一页,绘本的封面上有什么? 这会是一个什么样的故事呢?

第二页,看看,这个"嗯嗯"是什么样子的?

第三页,看看谁飞过来了啊? 小鼹鼠会怎么问它? 它的"嗯嗯"是什么样的?

第四页,山羊的"嗯嗯"是怎么样的?

第五页,马的"嗯嗯"又是怎么样的呢?

第六页,野兔的"嗯嗯"是什么样的?

第七页,奶牛的"嗯嗯"是什么样的呢?

第八页,猪的"嗯嗯"是什么样的?

第九页,让我们看看小鼹鼠到底请谁帮忙。

——可以提示幼儿:平时谁喜欢在"嗯嗯"上面飞来飞去? 鼓励幼儿大胆猜测想象,苍蝇、蚊子、屎壳郎等可以帮忙。

第十页,原来这是谁的"嗯嗯"啊?

第十一页,来看看小鼹鼠是怎样找大狗理论的,发生了什么有意思的事情。

——引导幼儿思考:故事有趣吗?你觉得哪个地方最有趣?你发现了什么?

拓展式阅读指导

1.家长和孩子一起完整欣赏一遍绘本。

2.讨论:你今天嗯嗯了吗?大狗随便嗯嗯,对吗?动物和我们人类不一样,我们应该嗯嗯在哪里呢?嗯嗯完以后应该怎样做呢?

3.与孩子共同表演故事《是谁嗯嗯在我的头上》,家长旁白,孩子表演。

猜猜我有多爱你

内容简介

这是一本温馨而充满童趣的绘本,一大一小两只兔子短短的对话,浓缩生命中最复杂,也是最伟大的情感。讲述了小兔子和大兔子之间通过比较谁的爱更多来展现爱的深度和广度。小兔子认真地向大兔子表达"我爱你",并用各种身体动作和看得见的静物表达自己对大兔子的爱。而大兔子则以更加深沉和细腻的方式回应,最终展现了爱的不可衡量与无限。

分页式阅读指导

第一页,看,封面上的小兔子和大兔子在做什么呢?它们看起来好亲密,让我们一起猜猜它们有多爱对方吧。

第二页,小兔子要上床睡觉了,但它紧紧抓着大兔子的耳朵不放,它要说什么呢?

第三页,小兔子让大兔子猜猜自己有多爱大兔子。宝宝猜猜看大兔子要怎么说呢?

第四页,小兔子说它的爱有这么多(张开手臂),我们也来学小兔子,看看你的爱有多少。

第五页,大兔子怎么做的?这代表什么意思?

第六页,小兔子举起了双手,它在做什么?

第七页,大兔子又是怎么做,怎么说的?

第八页,小兔子又做了什么有趣的动作?它为什么这么做?

第九页,大兔子这次有学小兔子做一样的动作吗? 它是怎么做的?

第十页,小兔子跳呀跳,它边跳边对大兔子说什么?

第十一页,大兔子这次怎么做的? 小兔子看到大兔子跳得比自己高,心里会怎么想呢?

第十二页,小兔子看远方,它想到了什么? 它会怎么说?

第十三页,大兔子是怎么回应小兔子的?

第十四页,太晚了,小兔子在大兔子怀里睡着了,大兔子说了什么?

第十五页,大兔子把小兔子放在草地上,它怎么做的?

第十六页,看到大兔子在小兔子身边躺下,你觉得小兔子躺在大兔子怀里是什么感觉?

拓展式阅读指导

1.请家长鼓励幼儿自己翻阅,尝试和家长一起分角色讲述故事的内容,说一说绘本中小兔子和大兔子之间的对话。

2.请鼓励孩子用自己的方式表达对家人的爱,可以是抱一抱、亲一亲等,然后对家人说出自己的爱语。

3.可以组织家庭成员一起参与,每个人轮流说出自己爱对方的方式和程度,然后进行"爱的比较",增进家庭成员之间的情感交流。

绘本阅读

后 记

　　苏州市实验小学教育集团各民办校（园）在徐天中校长的带领下，自2011年起，以"语言发展"为研究点开展"儿童语言发展小幼衔接的实验研究"。该课题研究的申报单位为苏州明珠学校。课题组由苏州明珠学校、苏州明珠幼儿园等四家单位组成，苏州明珠幼儿园主要承担完成了课题中3—6岁年龄段的实验研究。

　　徐天中校长是教育部首届骨干校长高级研修班成员，全国29位校长带头人之一，中国教育学会全国实验学校教育科学研究专业委员会副理事长，中国教育学会小学教育专业委员会副会长，全国骨干校长工作研究会副理事长，苏州市专家咨询团成员，教育部小学校长培训中心（北京师范大学校长培训学院）兼职教授，苏州大学兼职教授、硕士生导师，苏州市实验小学校教育集团原总校长。

　　徐天中校长创造性地提出了"生活认读""环境认读""游戏认读""三步认读"四种模块的学习方式。四模块的学习，遵循了儿童的生理和心理发展规律，符合汉字、汉语文化的学习特征，将符号辨识和内容体验有机统一。四模块的学习，建立了小幼衔接语言教学共同体，儿童在活生生的多元动态环境中实现高效地识字、快速地阅读、流利地表达，从而充分开发儿童语言、思维等潜能，促进儿童全面可持续发展，为终身学习打下坚实的基础。

　　本丛书由徐天中校长担任编委会总主编，他对本丛书的指导思想、框架结

构、内容审定、文字撰写等方面做出了具体指导和详细安排。赵洪、丰新娜、丁文群、王莉、王静、过坚、朱月龙、屈雅琴、钱春玲、钱晶莹参与了本丛书各书册的编写与审校工作。谈莉莉、葛建平、宋怡、周莉、周璇、戴莉萍、沈琴、周玉婷、陆丽亚、范兰珍、顾敏娴、吴国英、程浏、杨斐、张雯婷、沈建芳、翁娟芳、潘宏参与了课题的教学研究工作。课题组全体成员在推进课题研究的过程中,展现了对孩子的认真观察、对教法的认真琢磨、对经验的认真提炼。本丛书中的每一篇活动设计、每一件游戏材料、每一个指导要求,都凝聚着教师们对于课题研究的独特观点。

课题研究开展期间,课题组得到了幼儿科学认读发起人,原江苏省教育委员会副主任、江苏省教育学会原会长周德藩先生,苏州大学朱月龙教授,以及北京师范大学、中国教育科学研究院、江苏省教育科学研究院等单位有关专家的指导。他们为课题研究提供了科学认读的成果借鉴、为课题推进提供了广阔的研究思路,也在丛书编写过程中提供了许多建设性的修改意见,我们在此表示衷心的感谢!

本丛书在编写过程中得到了很多专家、学者、老师的支持和帮助,在此向各位表示诚挚的谢意!

由于编者水平和时间的限制,丛书在理论的探索和实践的操作上还有提升的空间,不足之处敬请专家和读者不吝赐教!

编　者

2023 年 8 月

儿童语言发展
小幼衔接的实验研究丛书

生活认读

3—4岁

徐天中 总主编
本书编委会 编

浙江工商大学 出版社
ZHEJIANG GONGSHANG UNIVERSITY PRESS
· 杭州 ·

图书在版编目(CIP)数据

儿童语言发展小幼衔接的实验研究丛书.3—4岁 1

生活认读 / 徐天中总主编;本书编委会编. -- 杭州：

浙江工商大学出版社,2024. 10. -- ISBN 978-7-5178

-6123-2

Ⅰ. G613.2

中国国家版本馆CIP数据核字第2024L5Y490号

儿童语言发展小幼衔接的实验研究丛书
生活认读(3—4岁)
SHENGHUO RENDU (3—4 SUI)

徐天中 总主编　本书编委会 编

策划编辑	周敏燕
责任编辑	周敏燕
责任校对	都青青
封面设计	蔡思婕
责任印制	祝希茜
出版发行	浙江工商大学出版社
	（杭州市教工路198号　邮政编码310012）
	（E-mail：zjgsupress@163.com）
	（网址：http://www.zjgsupress.com）
	电话：0571-88904980,88831806(传真)
排　　版	杭州朝曦图文设计有限公司
印　　刷	杭州捷派印务有限公司
开　　本	787mm×1092mm　1/16
总 印 张	43.25
总 字 数	593千
版 印 次	2024年10月第1版　2024年10月第1次印刷
书　　号	ISBN 978-7-5178-6123-2
总 定 价	160.00元(共六册)

"儿童语言发展小幼衔接的实验研究丛书"编委会

顾　　问：周德藩

总　主　编：徐天中

副总主编：赵　洪　丰新娜

编　　委：(按姓氏笔画排序)

丁文群　王　莉　王　静　过　坚　朱月龙

屈雅琴　钱春玲　钱晶莹

本书编委会

主　　编：王　莉

编　　委：(按姓氏笔画排序)

吴国英　范兰珍　顾敏娴

序

　　一个人的语文素养根基在于阅读,儿时阅读兴趣的激发和习惯的养成至关重要。孩子是天生的学习者。脑科学研究成果表明,幼儿正处于语言学习的敏感期,充分利用汉字图形表意的优势,在儿童生活和游戏过程中,开展"随风潜入夜"式的认读活动,既能激发孩子的阅读兴趣,又有利于培养孩子的阅读习惯。

　　为此,我们曾组织几十所幼儿园和小学,以"科学认读"为课题进行早期阅读的实验研究。十数年的坚持,改变了我们汉字难学的认知,其实汉字存有认读和书写的相位差,可先认读不书写,或者后书写。阅读的入门并不难。据此,我们在幼儿园开展科学认读汉字词的活动,这激发了孩子们认读汉字词的热情。做得好的幼儿园,大班的孩子普遍可以认读近千个汉字。有些小学主动对接幼儿园继续实验,到二年级学年末,学生认读可超两千字,从而实现自主阅读。这项研究结题时,教育部原副总督学郭振有说,此项研究小切口、意义大。

　　结题之后,由于环境的影响,继续参与研究的很少。但是徐天中校长凭借他丰富的教育经历和学识,充分认定这项研究的价值,抓住小切口,依靠教育集团的优势,设计出小幼衔接的大文章,坚持做了十多年。他主持开展的江苏省教育科学"十二五"规划重点课题"儿童语言发展小幼衔接的实验研究",抓住儿童口头语言发展的关键期,在不增加儿童学习负担的前提下,建立了一套

符合儿童身心发展特征、小幼间无缝对接的科学认读目标、内容、方法、评价体系，让3—6岁语言教学与小学语文教学在展示自身特色基础上实现无缝衔接，建立小幼衔接语言教学共同体，开发儿童语言思维等潜能，促进儿童全面可持续发展，为终身学习打下坚实的基础。

徐天中校长从"字""人""环境"这三个方面着手研究，创造性地在3—6岁阶段科学认读研究中提出了"生活认读""环境认读""游戏认读""三步认读"四种模块的学习方式，在这些学习方式的互通与互补过程中，6岁幼儿轻松而高效地达到1000多个常见字的认读目标。正是通过抓住关键期，从3岁开始的有效语言教育，幼儿从3岁就逐步开始了自主阅读绘本、报纸、书册，到6岁积累了近10万字的阅读量。这充分开发了幼儿的学习潜能，促进了其形象思维、逻辑思维等的快速发展。3—6岁的早期认读和早期阅读成果，让幼儿进入小学一二年级后语文学习优势明显，轻松完成2500个常用字的学习，课外阅读量超100万字，这也很好地推进和提高了学生学习其他学科的兴趣、速度和质量，从而进一步全面提升了学生的综合素养。

徐天中校长领衔的这项课题成果丰硕，课题组编撰了《小幼衔接语言发展之科学认读》《小幼衔接语言发展之绘本阅读》《小幼衔接语言发展之口语讲述》等共计18册的系列丛书，制作了与之配套的电子课件、挂图卡片、音频视频、游戏盒子等学习辅助材料。这些课题研究成果集聚了严谨规范的教学流程、系统高效的教学方式、生动有趣的教学材料、多元灵活的教学评价，具有极大的实操性和可推广性。我希望这项课题研究能长期进行下去，它的探索和深化必将对基础教育体系改革产生重大意义！

周德藩

（原江苏省教委副主任）

目　录

3—4岁(上)

一、生活认读校园版

1 学儿歌 ……………………………………………… 2

2 玩游戏 ……………………………………………… 3

3 我爱老师 …………………………………………… 4

4 找朋友 ……………………………………………… 5

5 小苹果 ……………………………………………… 6

6 爱洗手 ……………………………………………… 7

7 有几个 ……………………………………………… 8

8 小金鱼 ……………………………………………… 9

9 小猴玩球 …………………………………………… 10

10 娃娃家 …………………………………………… 11

11 在哪里 …………………………………………… 12

12 全家福 …………………………………………… 13

13 不倒翁 …………………………………………… 14

14 小鸡真可爱 ……………………………………… 15

15 小狗吃骨头 ……………………………………… 16

生活认读

16 不挑食 ……………………………………………………17

17 鼻子 ……………………………………………………18

二、生活认读家庭版

1 学儿歌 ……………………………………………………20

2 玩游戏 ……………………………………………………21

3 我爱老师 …………………………………………………22

4 找朋友 ……………………………………………………23

5 小苹果 ……………………………………………………24

6 爱洗手 ……………………………………………………25

7 有几个 ……………………………………………………26

8 小金鱼 ……………………………………………………27

9 小猴玩球 …………………………………………………28

10 娃娃家 …………………………………………………29

11 在哪里 …………………………………………………30

12 全家福 …………………………………………………31

13 不倒翁 …………………………………………………32

14 小鸡真可爱 ……………………………………………33

15 小狗吃骨头 ……………………………………………34

16 不挑食 …………………………………………………35

17 鼻子 ……………………………………………………36

3—4岁（下）

一、生活认读校园版

1 过新年 ……………………………………………………38

2 打电话 ……………………………………………………39

3 纸飞机 ······40

4 躲猫猫 ······41

5 玩滑梯 ······42

6 小绵羊 ······43

7 猜谜 ······44

8 上学歌 ······45

9 夜晚 ······46

10 歌唱春天 ······47

11 小鸭 ······48

12 理发 ······49

13 玩具 ······50

14 吃点心 ······51

15 小池塘 ······52

16 蘑菇伞 ······53

17 下雨啦 ······54

18 小青蛙 ······55

二、生活认读家庭版

1 过新年 ······58

2 打电话 ······59

3 纸飞机 ······60

4 躲猫猫 ······61

5 玩滑梯 ······62

6 小绵羊 ······63

7 猜谜 ······64

8 上学歌 ······65

生活认读

9 夜晚 …………………………………………………………… 66

10 歌唱春天 ………………………………………………… 67

11 小鸭 ………………………………………………………… 68

12 理发 ………………………………………………………… 69

13 玩具 ………………………………………………………… 70

14 吃点心 …………………………………………………… 71

15 小池塘 …………………………………………………… 72

16 蘑菇伞 …………………………………………………… 73

17 下雨啦 …………………………………………………… 74

18 小青蛙 …………………………………………………… 75

后　记 …………………………………………………………… 76

3—4岁（上）

一

生活认读校园版

学儿歌

🍃 生活环节

阅读活动

🍃 设计意图

阅读是幼儿自主活动的环节之一,幼儿在轻松自由的氛围中观察图片、阅读文字、理解情节,既培养了自主阅读的能力,同时有助于独立地思考。借助读物学习图文并茂的儿歌,在指读过程中认读字词,提高了幼儿自主认读的能力。

认识与读物相关的字词。

🍃 材料准备

儿歌读物

🍃 活动过程

一、激发幼儿阅读的兴趣

师:小朋友,你们喜欢看书吗?

师:今天我们来到了阅读区,这里有很多新图书,自己去选一本吧。

二、自由阅读,自主认读

师:打开图书,找找藏在书里的儿歌。

师:书里的儿歌你看懂了吗?

师:有没有不认识的字,可以请老师帮忙。

三、分享交流

师:今天你选择了一本什么书?

师:在书中你学到了什么儿歌?谁来说一说,和你的同伴一起分享。

2 玩游戏

🍃 生活环节

角色游戏

🍃 设计意图

角色游戏是幼儿园游戏活动的一种形式,游戏中培养幼儿的语言表达能力、社会交往能力和解决问题的能力。在小剧场玩扮演游戏,让幼儿在快乐愉悦的游戏中认识动物角色,激发认读角色的兴趣。

认识与动物相关的字词。

🍃 材料准备

标有字卡的动物服装箱

🍃 活动过程

一、激发幼儿参与游戏的兴趣

师:游戏时间开始了,今天的小剧场将上演"动物音乐会"。

师:哪些动物会来参加呢?

二、寻找角色,剧场排练

师:小剧场的动物角色真多,你想扮演谁?

师:每个动物都有自己的服装箱,你能通过字宝宝找到它吗?

师:穿上衣服,戴上头饰,让我们一起来表演。

三、剧场演出

师:演出开始了,欢迎小朋友都来观看。

师:今天的演出精彩吗?你最喜欢"动物音乐会"里的哪个角色呢?

师:让我们一起将掌声送给今天的"小动物们"。

3 我爱老师

生活环节

散步活动

设计意图

散步活动氛围轻松自然,散步的过程既利于食物的消化,还可以帮助幼儿熟悉幼儿园环境。在幼儿园散步会遇到很多老师,向老师问好、观察老师的工作证,激发幼儿了解老师的兴趣。

认识与职务相关的字词。

活动过程

一、激发幼儿参观幼儿园的兴趣

师:小朋友,我们一起去散步吧。

师:散步的时候会遇到很多人,可以采访他们。

二、采访散步途中的老师

师:小朋友,遇到老师我们可以怎么问好?

师:小朋友,可以采访老师,你准备了哪些问题?

师:从老师的工作证上你能得到哪些信息?

师:请你去试一试吧。

三、散步结束,回教室

师:你采访了谁?你在老师工作证上发现了什么?

师:你问了老师哪些问题?

师:他们是怎么回答的?

师:你还想采访幼儿园里的谁?让我们下次再来试一试吧。

 找 朋 友

生活环节

谈话活动

设计意图

谈话活动氛围轻松自然,便于幼儿之间进行交流互动。借助生活中的谈话环节,开展贴近幼儿生活的"朋友"话题,激发幼儿主动讲述的欲望。

认识与朋友相关的字词。

材料准备

字卡

活动过程

一、导入

师:小朋友,你有好朋友吗?

二、介绍我的好朋友

师:谁是你的好朋友? 请你来介绍一下吧。

——幼儿讲述:我有一个好朋友,他/她的名字叫……,他/她是男孩(女孩)。

师:请这位好朋友来说说自己的兴趣、爱好及特长,让每一个人都更加了解你。

——幼儿讲述:我喜欢……颜色,我喜欢……美食,我喜欢……运动,我的特长是……

三、拥抱我的好朋友

师:你们都找到自己的好朋友了吗?

师:快去拥抱一下自己的好朋友吧。

5 小苹果

🌿 生活环节

午餐活动

🌿 设计意图

午餐是幼儿园一日生活中的重要环节,餐前活动时与幼儿一同谈论美食,有助于提升幼儿的进餐兴趣。水果是餐点的一部分,分发水果的同时开展"分享"教育,提升幼儿的品德素养。

认识与人物和水果相关的字词。

🌿 材料准备

水果、字卡

🌿 活动过程

一、导入

师:小朋友,美味的水果时间又到啦!

师:猜猜今天吃什么水果?

二、幼儿讨论

师:好吃的水果大家都喜欢,在幼儿园我们可以怎么分水果?

——提供水果,请个别幼儿分发水果。

师:在家里,你会怎么分? 都会分给谁?

——出示人物、水果字卡,请幼儿玩匹配游戏。

三、教师小结

师:我们都是爱分享的好孩子。好吃的东西要学会与人分享,分享让人快乐。

6 爱洗手

生活环节

盥洗活动

设计意图

盥洗是幼儿园一日生活中最常见的一个环节。借助洗手的过程,用图文并茂的方式让幼儿阅读或背诵洗手儿歌,培养其卫生习惯的同时激发其认读的兴趣。

认识与洗手相关的字词。

材料准备

洗手儿歌

活动过程

一、洗手导入

师:每次绘画结束,小朋友的手上都脏脏的,我们应该怎么办呢?

师:除了绘画后要洗手,还有什么时候需要洗手?

师:为什么需要洗手呢? 手上有很多细菌,洗手可以保持手部清洁。

二、如何洗手

——老师边读儿歌边示范洗手。

——幼儿学习儿歌并练习洗手动作。

——请个别幼儿进行示范。

三、盥洗室洗手

——引导幼儿有序洗手。

师:每个小朋友都来洗手,看看图片、念念儿歌,把小手洗干净。

师:我们要爱护自己的小手,让它帮助我们做更多有趣的事情。

 **有几个**

🍃 生活环节

午睡活动

🍃 设计意图

午睡是幼儿园一日生活中的重要环节,起床时与幼儿开展愉悦的活动,能够快速转换幼儿起床情绪。起床时开展扣纽扣比赛,在游戏情境中提升幼儿认读兴趣。

认识与数量相关的字词。

🍃 材料准备

字卡

🍃 活动过程

一、学习扣纽扣

师:小朋友,你们会扣纽扣吗?跟着老师一起来学一学。

——幼儿在教师的引导下,掌握扣纽扣的方法。

二、扣纽扣比赛

1. 了解比赛内容

师:今天我们要进行一个比赛,根据数量提示进行扣纽扣,先扣完的获胜。

2. 分组进行扣纽扣比赛

分组比赛,教师出示数量字卡,幼儿按数字提示扣纽扣。

三、活动小结

师:我们的小手真能干,每天起床后都要自己穿衣服、扣纽扣哦。

 **小金鱼**

🍃 生活环节

户外活动

🍃 设计意图

户外活动场地宽广自然,便于幼儿进行跑、跳、投掷、攀爬等全身性活动。在户外玩"吹泡泡"的游戏,便于幼儿观察泡泡,在与泡泡的互动中巩固儿歌,增加了认读的趣味性。

认识与泡泡相关的字词。

🍃 材料准备

泡泡水、吸管

🍃 活动过程

一、活动导入

师:小朋友,我们一起到户外吹泡泡吧。

二、和泡泡玩游戏

1. 认识吹泡泡工具

师:小朋友,这是一瓶神奇的水,谁来认一认、读一读?

——出示泡泡水,认读字词"泡泡"。

2. 吹泡泡

师:泡泡水怎么变成泡泡呢?谁会吹?嘟起嘴巴,吹一吹。

——分发泡泡水与吸管,幼儿尝试吹泡泡。

3. 泡泡飞啊飞

师:谁可以让泡泡飞得更高?试试用嘴巴吹一吹,看谁的泡泡飞得高。

三、户外活动结束,回教室

 **小猴玩球**

🍃 生活环节

户外活动

🍃 设计意图

户外活动场地宽广,便于幼儿进行跑、跳、投掷、攀爬等全身性活动。在户外玩球类游戏,便于幼儿认识球类器械,在玩球、整理球的过程中潜移默化地认读字词。

认识与球类器械相关的字词。

🍃 材料准备

贴有文字标识的球类收纳筐

🍃 活动过程

一、谈话导入

师:小朋友,今天我们一起来玩球吧,你们想怎么玩?

二、幼儿玩球

认识各种不同的球。

用多种方法自由玩球。

用多种游戏集体玩球。

三、指导幼儿整理球

师:游戏结束了,我们要把球宝宝送回家。

师:你手上拿的是什么球,请你把它送回家。

——贴有文字标识的球类收纳筐,如篮球、足球、羊角球、皮球、榴莲球等的收纳筐,引导幼儿看懂文字标识,能够整理球类器械。

师:我们在整理的时候,不能用丢、扔等方法,要一个个轻轻地摆放进收纳筐里。

娃娃家

🍃 生活环节

角色游戏

🍃 设计意图

角色游戏是幼儿园游戏活动的一种形式,游戏中培养幼儿的语言表达能力、社会交往能力和解决问题的能力。娃娃家是幼儿最喜欢的角色游戏,游戏情境贴近幼儿生活,便于幼儿参与和交流。

认识与娃娃家相关的字词。

🍃 材料准备

创设娃娃家场景

🍃 活动过程

一、认识娃娃家

师:小朋友,娃娃家游戏要开始啦!娃娃的家里都有些什么呢?又住着谁呢?

师:你今天去娃娃家准备干些什么?

二、娃娃家游戏

幼儿进行游戏,教师观察幼儿的交往水平和使用工具的能力。

三、游戏反馈

师:你今天在娃娃家扮演了谁?

师:在娃娃家发生了什么有趣或困难的事,谁愿意来分享一下?

师:今天的娃娃家发生了许多有趣的事情。下一次,可以交换角色再进行游戏哦。

在 哪 里

🍃 生活环节

散步活动

🍃 设计意图

散步活动氛围轻松自然,散步的过程既利于食物的消化,还可以帮助幼儿熟悉幼儿园环境。每次散步幼儿都会有新奇的发现,"……在哪里",走走停停、找找玩玩,轻松愉悦地寻找字词。

认识与标牌相关的字词。

🍃 活动过程

一、激发幼儿参观幼儿园的兴趣

师:小朋友,我们一起去散步吧。

二、观察游戏:……在哪里

经过种植园,寻找植物标牌。

经过饲养园,寻找动物标牌。

经过走廊,寻找教室标牌。

经过大厅,寻找专业室场标牌。

三、散步回教室,回顾幼儿园的各个场所

12 全家福

生活环节

谈话活动

设计意图

谈话活动氛围轻松自然,便于幼儿之间进行交流互动。"家庭成员"是幼儿比较熟悉的话题,以个人经验为主要内容的谈话,可以调动幼儿表达的积极性。认识与家庭成员相关的字词。

材料准备

全家福照片、字卡

活动过程

一、导入引出话题

师:小朋友,什么是全家福?

师:全家福是指家庭成员在一起的合影。

二、介绍我的家庭成员

1. 展示我的家庭成员

师:小朋友,你的全家福里都有谁?

——出示家庭成员字卡,集体读一读、指一指、找一找。

2. 说说我的家庭成员

师:小朋友,我们一起看看这是谁的全家福? 谁来介绍介绍自己的家庭成员?

——幼儿介绍,如我妈妈是一名……,她每天的工作是……

三、情感提升

师:每位小朋友都有自己的全家福,都有家人的陪伴,有一个幸福的家。

13 不倒翁

🌿 生活环节

散步活动

🌿 设计意图

　　餐后的散步活动氛围轻松自然,散步的过程既利于食物的消化,还可以帮助幼儿熟悉幼儿园环境。幼儿园的环境中隐藏着许多文明标语,适合幼儿边散步边学习,激发了幼儿自主认字的欲望。

　　认识与文明标语相关的字词。

🌿 活动过程

一、谈话激发兴趣

师:小朋友,我们的幼儿园可漂亮啦,你喜欢幼儿园哪个地方呢?

二、散步认读文明标语

1. 散步幼儿园入口,认读禁烟标语

师:这是幼儿园入口,一起读一读标语"禁止吸烟",幼儿园是无烟单位。

2. 散步大厅,认读禁止攀爬标语

师:这是幼儿园大厅,一起读一读标语"禁止攀爬",不能做危险动作。

3. 散步办公区,认读禁止大声喧哗标语

师:这是老师办公的地方,一起读一读标语"禁止大声喧哗",不能影响他人工作。

4. 散步楼梯,认读禁止推挤标语

师:这是幼儿园楼梯,一起读一读标语"禁止推挤",上下楼梯注意安全。

三、散步结束,回教室

14　小鸡真可爱

生活环节

专室活动

设计意图

专室活动为幼儿提供专门的场地、专业的工具和材料,支持幼儿的探索和创作。在小动物饲养室观察和喂养小动物,幼儿既萌发了爱心,又在潜移默化中了解到动物的相关知识。

认识与动物相关的字词。

活动过程

一、活动导入

师:小朋友,你们喜欢小动物吗?

师:今天我们去和小动物交朋友。

二、认识小动物

师:饲养园里的小动物真多呀?你认识谁?你在哪里看到了它的名字?

——幼儿互相谈论,自主认读字词。

师:谁愿意来说一说,你找到了哪个小动物?

三、照顾小动物

师:你知道……喜欢吃什么吗?

师:请你找到它喜欢的食物,试着喂喂它。

四、与小动物合影

师:动物是我们的好朋友,我们要爱护小动物。

师:小动物真可爱,让我们与它们合影吧。

15 小狗吃骨头

生活环节

午餐活动

设计意图

　　午餐是幼儿园一日生活中的重要环节,餐后活动时与幼儿一同整理餐具,有利于提升幼儿的自理能力。清理骨头、收拾碗勺是幼儿力所能及的事,也是幼儿乐于尝试的劳动,在劳动中学习按文字提示归类摆放,在潜移默化中习得生活中的字词。

　　认识与餐具相关的字词。

材料准备

标有字词的餐具收纳筐

活动过程

一、认识餐具

师:小朋友,今天午餐吃什么?请你看一看,说一说。

师:除了食物,我们的桌子上还有什么?这些餐具分别叫什么名字?

二、餐后整理

师:用餐后,我们要将剩下的食物残渣和餐具进行分类摆放,请小朋友看清楚每个分类框上的字宝宝,试着放一放。

16 不挑食

🌿 生活环节

谈话活动

🌿 设计意图

谈话活动氛围轻松自然,便于幼儿之间进行交流互动。蔬菜和水果是幼儿熟悉的食物,大家聊一聊喜欢的食物,激发幼儿讲述的愿望,培养幼儿良好的饮食习惯。

认识与食物相关的字词。

🌿 材料准备

食物图片、字卡

🌿 活动过程

一、出示蔬菜、水果的图片,引起幼儿兴趣

师:小朋友,你们认识这些蔬菜和水果吗?

二、说说我喜欢的蔬菜和水果

师:你最喜欢什么蔬菜和水果?

——教师根据幼儿讲述,出示图片和字卡,幼儿进行认读。

三、说说喜欢蔬菜和水果的理由

师:你知道这是什么蔬菜/水果吗?念一念字卡宝宝。

师:你喜欢它吗?为什么?

——观察图片和字卡,幼儿展开讨论。

四、教师小结

师:蔬菜和水果中含有丰富的营养,小朋友要多吃蔬菜和水果,做个不挑食的好宝宝。

17 鼻子

🍃 生活环节

专室活动

🍃 设计意图

专室活动为幼儿提供专门的室场、专业的工具和材料,支持幼儿的探索和创作。科学发现室设有各种观察探索工具,适合幼儿在其中互相观察了解五官的外形特征,摆弄五官模型认识相关字词。

认识与五官相关的字词。

🍃 材料准备

五官模型

🍃 活动过程

一、谈话导入

师:小朋友,五官是什么,你认识它们吗? 今天我们去科学发现室寻找它们的秘密。

二、出示模型,认识五官

师:你认识它吗? 它叫什么? 你的……在哪里?

——出示模型,幼儿认一认、读一读。

三、互相合作,观察五官

师:现在我们知道五官都在我们的脸上,请你和好朋友两两结对,互相观察五官有什么特征。

四、交流总结,保护五官

师:小朋友,你知道哪些保护五官的方法?

二

3—4 岁（上）

生活认读家庭版

学 儿 歌

🍃 生活场景

图书馆

🍃 设计意图

图书馆内环境安静舒适,书籍种类繁多,非常适合开展亲子阅读活动。在图书馆里,借阅图文并茂的儿歌读本,在亲子互动中看一看、学一学、念一念、认一认,阅读优秀文学作品的同时扩展习得更多的字词。

🍃 指导意见

一、谈话引起幼儿兴趣

家长:宝贝,你知道哪个地方的书最多吗?

家长:今天我们就去图书馆吧。

二、寻找儿歌读本

家长:在幼儿园你最喜欢念儿歌了,今天我们来找找有关儿歌的书,一起来看一看吧。

三、亲子阅读活动

——选几本儿歌读物,选一个舒适的地方,家长与幼儿进行亲子阅读活动。

家长:先观察图片,你能看懂哪一首儿歌?

家长:自己看书,遇到不认识的字可以请我帮忙。

四、儿歌接龙游戏

家长:我们今天在图书馆收获了很多儿歌,我念一首,你也接着念一首,比比谁学会的儿歌多。

2 ☁ 玩 游 戏

❧ 生活场景

动物园

❧ 设计意图

动物园有各种各样可爱的动物,是幼儿常去且喜欢游玩的场所。在动物园里,幼儿与家长身临其中观察和了解各种动物,在轻松愉快的环境中认读更多关于动物的字词。

❧ 指导意见

一、话题导入

家长:宝贝,你想去动物园玩吗?

家长:动物园里有什么?

——亲子谈话,回顾动物名称。

家长:这次去动物园,你准备和哪些小动物做朋友?

——亲子谈论,制定参观路线。

二、参观动物园

家长:根据你的路线找到小动物,你可以观察也可以阅读动物标牌上的文字,了解动物的习性。

三、寻找字宝宝

家长:宝贝,找一找你认识哪些字宝宝。

——参观过程中,引导幼儿认读动物标牌上的字词,如"孔雀""东北虎""黑熊"等。

四、保护小动物

家长:动物是人类的朋友,我们要爱护它们。

3 我爱老师

🍃 生活场景

培训中心

🍃 设计意图

培训中心设立在小区、商场、文化中心,随处可见,也是幼儿比较熟悉的活动场所。在培训中心接触不同专业的老师,了解老师的工作,说说老师的本领,进一步提升社会交往能力。

🍃 指导意见

一、谈话引起幼儿兴趣

家长:宝贝,除了自己幼儿园的老师,你还认识其他老师吗?

家长:他们在哪里工作?

二、参加培训中心的学习活动

家长:这里有很多老师,他们的工作是什么呢?我们可以通过工作挂牌来了解。

——引导幼儿用认读文字或采访等形式认识新老师。

家长:你新认识的老师是做什么工作的?有什么本领?你想学一学吗?

三、课程体验,学习新本领

家长:你刚刚体验了什么新本领?

家长:老师是如何教你的呢?你还想学一学、试一试其他新本领吗?

四、课程结束,交流回顾

家长:每一位老师都有不同的本领,我们跟着老师认真学习,将来也能和老师一样厉害。

 **找 朋 友**

🍃 **生活场景**

朋友家

🍃 **设计意图**

去好朋友家做客是幼儿在生活中喜欢的社交活动。在做客的过程中,学习运用礼貌用语,通过赠送贺卡的形式,增加了做客的趣味性,同时也能增进朋友之间的感情。

🍃 **指导意见**

一、谈话引起幼儿兴趣

家长:今天我们去你的好朋友家做客吧,记得带上你自己制作的贺卡哦!

二、讨论做客的流程

家长:到了朋友家门口,我们需要说些什么?

——引导幼儿学说礼貌用语"你好"。

家长:我们出发吧。

三、去朋友家做客

1. 敲门

家长:你可以说"你好,我的朋友"。

2. 送贺卡

家长:快把你的贺卡送给好朋友吧,说一说上面的话。

3. 进屋做客

家长:和好朋友一起游戏,要懂得分享和谦让。

四、结束做客

家长:和好朋友一起玩,开心吗?下次我们也可以邀请他们来我们家做客。

5 小苹果

生活场景

水果店

设计意图

水果店是人们日常生活中常去购买水果的场所,幼儿也有相关采购经验。在水果店里,家长与幼儿一同认识水果名称,了解水果价格,认读与水果相关的字词,同时在买卖过程中培养幼儿的语言交往能力。

指导意见

一、谈话引起幼儿兴趣

家长:宝贝,今天想吃什么水果?

家长:我们一起去水果店买水果吧。

二、挑选水果

家长:今天请你做小主人,由你来挑选水果。

家长:水果的种类很多,选购时可以通过水果标牌了解水果的名称,有不认识的字可以问我。

——家长引导幼儿通过认读水果标牌选购需要的水果。

三、购买水果

家长:水果选好了,你需要向营业员询问价格。

——家长鼓励幼儿大胆与他人交往。

四、品尝水果

家长:自己买回来的水果特别甜。

6 爱洗手

🌿 生活场景

公用卫生间

🌿 设计意图

公用卫生间是公共场所的必备设施,也是幼儿外出时常去的地方。在寻找和使用公用卫生间时,认识不同的标识、文字,学习区分男女卫生间,了解卫生设施设备,对公用设施感兴趣。

🌿 指导意见

一、问题导入

幼儿:妈妈,我想上厕所啦。

家长:那我们一起去找找商场里的卫生间在哪里吧。

二、寻找公用卫生间

家长:我们可以通过商场里的提示牌找到卫生间的位置。

——引导幼儿认读商场提示牌。

家长:卫生间门口有不同的标识和文字,代表着男女性别,你能区分吗?

——引导幼儿认读男女提示牌。

家长:这里有一个特殊的卫生间,你能看懂吗?

——引导幼儿认读儿童卫生间提示牌。

家长:原来"儿童洗手间"是小朋友的专属卫生间。

三、如厕后洗手

家长:上完厕所后,记得要洗手,你去找找在哪里洗手吧。

——引导幼儿认读设施提示牌。

四、解决问题,继续游玩

 有几个

🌿 生活场景

超市

🌿 设计意图

超市是人们日常生活中常去购买生活物品的场所,幼儿也有相关采购经验。逛超市时,幼儿在家长的陪同下自由挑选商品,通过认读了解商品价格,能积累丰富的生活经验。

🌿 指导意见

一、谈话引起幼儿兴趣

家长:宝贝,你喜欢的零食、妈妈需要的牙刷、爸爸想要的拖鞋,可以去哪里购买呢?

家长:今天我们就去超市找一找吧。

——亲子制定购物清单。

二、寻找对应购买区

家长:超市到了,我们需要的物品在哪个区域可以找到?

——家长引导幼儿通过认读物品分类指示牌来找到相应的物品。

三、选购物品

家长:同一种物品有不同的品种和价格,我们怎么挑选?

——家长引导幼儿通过认读产品介绍、保质期、价格或咨询导购等方法来选到心仪的物品。

四、购买结束,回顾交流

家长:今天我们一起去超市买了什么?你是怎么买的?

 **小金鱼**

生活场景

花鸟市场

设计意图

花鸟市场是比较大型的娱乐场所,市场内有品种繁多的花鸟鱼虫,深受幼儿喜欢。在花鸟市场进行亲子游玩活动,在芬芳香甜的环境中走一走、逛一逛,寻找鱼类区,观察了解不同种类的金鱼,让幼儿体验美好、享受生活。

指导意见

一、猜谜引起幼儿兴趣

家长:宝贝,我们一起来猜个谜语。

——通过猜谜,引出幼儿对小金鱼的兴趣。

家长:你喜欢小金鱼吗?今天我们去花鸟市场寻找金鱼吧。

二、逛花鸟市场

家长:花鸟市场好大呀!你看到了什么?

家长:你知道金鱼区在哪里吗?我们比比谁先找到它。

——家长引导幼儿通过认读标识牌找到金鱼区。

三、观察小金鱼

家长:小金鱼好可爱,它们是怎么游泳的?

家长:小金鱼都长得不一样,它们的名字一样吗?

——家长引导幼儿认读金鱼介绍牌,并选一条心仪的金鱼买回家。

四、照顾小金鱼

家长:小金鱼住我们家了,我们要好好照顾它,一起找找照顾它的方法吧。

——家长与幼儿一同查阅资料,了解照顾金鱼的注意事项。

9 小猴玩球

🍃 生活场景

体育用品商店

🍃 设计意图

体育用品商店是大型体育类商品大卖场,深受现代人的青睐。球是幼儿身边常见的一种体育玩具,种类有很多,不同种类的球有不同的玩法。在体育用品商店,幼儿不但能见识到各种类型的球,还能认读各类球的名称。

🍃 指导意见

一、谈话引起幼儿兴趣

家长:宝贝,你知道球有哪些种类吗?

家长:今天我们就去体育用品商店,找一找各种各样的球吧。

二、寻找各种各样的球

家长:体育用品商店到了,让我们一起来找一找不同的球吧。

1. 亲子一起认读字宝宝:篮球

家长:这是什么球?它是什么颜色的?让我们一起读一读。

2. 亲子一起认读字宝宝:足球

家长:这又是什么球?它和"篮球"有什么不一样的地方?我们一起读一读。

3. 亲子找一找其他类型的球

家长:货架上还有哪些球?你认识哪一种球?

家长:我们一起来找一找、读一读。

三、采购结束,回顾交流

家长:体育用品商店除了球还有很多用品,下次我们再来认识吧。

娃娃家

生活场景

家中客厅

设计意图

客厅是幼儿熟悉的生活场所,通常幼儿会在客厅玩玩具。积木是幼儿非常熟悉的玩具,亲子一起拼搭,感受亲子间互动的乐趣,同时在整理玩具时学习分类、认读名称。

指导意见

一、谈话引起幼儿兴趣

家长:宝贝,愉快的游戏时间又到了。

家长:我们一起来搭积木吧。

二、亲子游戏

1.亲子一起寻找积木的种类

家长:我们一起数一数有几个品种的积木,它们分别是什么?

2.亲子合作搭建积木

家长:今天你准备搭什么作品?我们一起合作。

三、整理玩具

家长:我们把玩具拆除,送到积木箱子里。

家长:要将同一个种类的积木整理在一起。

家长:你能看懂积木箱上的名字吗?

——引导幼儿分类整理玩具。

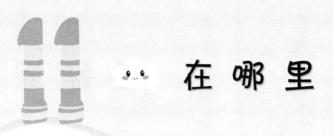

在哪里

🌿 生活场景

公园

🌿 设计意图

    公园是户外玩耍时幼儿常去的场所。公园内丰富的自然景观和设施为幼儿提供了多样化的活动空间。设计这个生活场景的目的是让幼儿在享受户外活动乐趣的同时，培养他们对自然环境的热爱和尊重。在轻松愉悦的氛围中，家长与幼儿一起认一认、念一念各种标语，了解生活常识。

🌿 指导意见

一、谈话引起幼儿兴趣

家长：宝贝，今天天气真好，我们去公园玩吧。

二、引导幼儿找一找公园里的各种指示牌

家长：宝贝，公园里有好多指示牌，你能找到吗？

三、以"猜一猜"游戏的形式，请幼儿猜测指示牌或警示牌的含义

家长：每个指示牌上都有不同的文字，你能看懂吗？

家长：这块指示牌上写的是"请勿在此处大小便"，就是提醒大家做个文明人，不能在草坪上大小便哦，猫猫狗狗也不可以。

家长：这块指示牌上写的是"公用卫生间"，就是告诉大家卫生间的位置。

四、游玩回家，回顾交流

家长：公园里有很多不同的指示牌，也有不同的作用，给人们带来很多帮助。

家长：除了公园，还有许多地方有指示牌，下次我们再一起去找一找。

12 全家福

生活场景

照相馆

设计意图

照相馆是专业的拍照场所,幼儿有去照相馆拍照的经验。亲子携手去照相馆拍全家福,既能增进亲子情感,又能对拍照艺术有新的认识。

指导意见

一、谈话引起幼儿兴趣

家长:宝贝,你知道什么是全家福吗?

家长:今天我们一起去照相馆拍一张全家福吧。

二、邀请家庭成员

家长:你知道全家福里都有谁吗?

家长:全家福里谁也不能少,你去邀请他们吧。

——家长引导幼儿用完整的语言邀请家人去照相馆拍照,没有同住的爷爷奶奶可以通过查找通讯录打电话邀请。

三、摄影棚拍照

家长:宝贝,你知道拍照的流程吗?仔细阅读拍照须知,有不认识的字可以问我。

家长:我们都准备好了,让我们一起换上好看的衣服,拍一张美美的全家福吧。

四、情感提升

家长:我们有一个幸福的家,是相亲相爱的一家人。

31

13 不倒翁

生活场景

地铁

设计意图

地铁是城市基本交通工具,幼儿有乘坐经验。家长带领幼儿坐地铁,能让幼儿树立绿色出行理念,在乘坐过程中,引导幼儿主动为他人让座,培养尊老爱幼的良好品德,并潜移默化地认读爱心座位等标识。

指导意见

一、谈话引起幼儿兴趣

家长:宝贝,今天我们一起坐地铁出行吧。

二、文明乘坐地铁

家长:宝贝,你知道我们乘坐的是几号线吗?

家长:上车时要注意什么?

家长:下车时要注意什么?

三、寻找爱心座位标识,主动为他人让座

家长:找一找爱心座位,上面写了什么?

家长:你知道这些座位是给谁设立的吗?

家长:你现在可以坐在特殊爱心座位上,等下要给有需求的乘客让座。

四、公共交通安全知识

家长:宝贝,我们怎样安全乘坐地铁呢?

家长:其他交通工具应该如何安全乘坐呢?

家长:下次我们再乘坐其他的交通工具出行。

 **小鸡真可爱**

🍃 生活场景

萌宠世界

🍃 设计意图

萌宠世界是近年各大商场流行的幼儿与小动物的互动场所,幼儿有较多的相关类似经验。亲子一起走进萌宠世界,在了解亲近动物的同时潜移默化地认读小动物的名字,真正做到让幼儿在玩中学,在学中玩。

🍃 指导意见

一、谈话引起幼儿兴趣

家长:宝贝,今天我们一起去"萌宠世界"吧,你还记得上次去看到了哪些小动物吗?

二、萌宠世界探秘

1. 寻找鸡

家长:这是什么小动物,你认识它吗?这是"狮头鸡",它原产于波兰,我们一起读一读。

家长:你知道狮头鸡最爱吃的食物是什么吗?让我们一起看看萌宠专属介绍吧。

2. 寻找其他萌宠

家长:萌宠世界里还有许多其他的小动物呢,我们继续看一看、找一找吧。

家长:你找到了什么小动物?你发现它有什么特点?

三、分享参观心得

家长:今天我们一起参观了萌宠世界,可真开心啊!你最喜欢的小动物是哪个?

15 小狗吃骨头

生活场景

超市

设计意图

超市是人们日常生活常去购买生活物品的场所,幼儿也有相关采购经验。家长与幼儿一同到肉类售卖区,通过找一找售卖柜中的标签名称及相对应的肉类,从而在日常生活加深中学习。

指导意见

一、探索超市

家长:你知道这是什么地方吗?这里有售卖许多的食材。

家长:今天我们去肉类的售卖柜看看吧!

二、寻找肉类售卖柜

家长:哪里有肉类售卖柜,我们一起去找一找吧。

三、了解肉类食材

1. 了解种类

家长:这是什么肉?原来是"猪肉",一起来读一读吧!

家长:你看,有些肉是带骨头的,有些肉是没有骨头的,让我们一起找一找哪些是带骨头的肉吧。

2. 了解标签

家长:除了用"眼睛"看,我们还可以通过不同的商品标签来辨别,找一找、读一读,区分带骨肉和无骨肉。

3. 眼力比赛

家长:我们来比一比谁找的带骨肉最多。

16 不挑食

生活场景

家中厨房

设计意图

每个家中都有厨房,幼儿也有进厨房参与美食制作的生活经验。亲子厨房活动,能在互动中增进亲子情感,同时通过解读食谱、制作美食,使幼儿对食物感兴趣,进而养成不挑食的好习惯。

指导意见

一、谈话引起幼儿兴趣

家长:今天我们一起去厨房制作美食吧。

二、阅读食谱,了解制作过程

家长:打开食谱,挑一挑你想做的美食。

家长:你能看懂这道美食的制作过程吗? 遇到不认识的字可以问我。

三、准备食材

家长:我们一起根据食谱上的说明准备食材。

四、制作美食

家长:让我们根据食谱准备合适的工具和适量的食材。

家长:我们一起动手来做一做。

五、品尝美食

家长:每一种食材通过加工都能成为一道好吃的美食,我们以后都要爱惜粮食,不挑食。

17 鼻子

🍃 生活场景

动物园

🍃 设计意图

　　动物园有各种各样可爱的动物,是幼儿常去且喜欢游玩的场所。幼儿和家长在动物园寻找大象,身临其中观察和了解,便于在轻松愉快的环境中认读关于大象的字词。

🍃 指导意见

一、谈话引起幼儿兴趣

家长:宝贝,在哪里可以看到大象呢?

家长:今天我们就全家总动员,去动物园找一找大象吧。

二、寻找大象

家长:动物园已经到了,大象区在哪里呢?我们一起在动物园景区地图上找一找吧。

家长:宝贝,你找到了吗?哪里有"大象"区呢?我们一起读一读。

三、了解大象

家长:我们一起看看大象区的这块介绍牌,一起读一读。

家长:今天我们认识了大象,知道大象原来有这么多秘密。

四、游玩结束,回顾交流

家长:你喜欢大象吗?大象是我们人类的好朋友,我们要保护它。下次我们还可以来认识其他动物哦。

3—4岁（下）

一

生活认读校园版

过 新 年

🍃 生活环节

谈话活动

🍃 设计意图

谈话活动氛围轻松自然,便于幼儿之间进行交流互动。过完年,我们又长大一岁了,借助"过新年"这个话题,鼓励幼儿积极表达,分享自己的成长。

认识与新年相关的字词。

🍃 活动过程

一、导入

师:小朋友,又快要过新年啦!

师:你们知道什么是新年吗?

二、教师与幼儿讨论"新年"

1. 聊聊过年的习俗

师:过新年,你印象最深刻的是什么?

师:你们还知道哪些新年习俗,谁来介绍一下?

——教师出示新年习俗图片与文字,和幼儿一起回顾新年习俗。

2. 谈论过年的活动

师:刚过完年,小朋友新年见面都会说什么?

——教师请幼儿进行情景表演。

3. 说说新年的变化

师:新的一年我们又长大一岁了,有哪些变化呢?

师:长大了一岁,你学会了什么新本领吗?

2 打电话

生活环节

角色游戏

设计意图

角色游戏是幼儿园游戏活动的一种形式,游戏中可以培养幼儿的语言表达能力、社会交往能力和解决问题的能力。在角色区开展打电话情景游戏,帮助幼儿学会使用礼貌用语,了解同伴的电话号码。

认识与姓名相关的字词。

材料准备

自制班级电话本

活动过程

一、了解什么时候打电话

师:小朋友,爸爸妈妈不在身边,我们可以通过什么办法和他们讲话呢?

二、了解打电话的基本礼仪

师:你们知道打电话需要哪些步骤吗?

师:你知道爸爸妈妈的电话号码吗?

师:电话接通以后要说什么呢?

师:电话结束前要说什么呢?

三、打电话游戏

师:我们一起来给爸爸妈妈打个电话吧。

师:你还想给谁打电话?我们看看班级电话本,试着打电话吧。

——幼儿玩打电话的游戏,尝试认读班中幼儿的姓名和电话号码。

3 ☁ 纸飞机

🍃 生活环节

户外活动

🍃 设计意图

户外活动场地宽广,便于幼儿进行跑、跳、投掷、攀爬等全身性活动。玩纸飞机游戏,既能练习投掷动作,又能通过纸飞机开展趣味认读活动。

认识与方位相关的字词。

🍃 材料准备

字卡制作成纸飞机

🍃 活动过程

一、交流坐飞机的经验

师:小朋友,你们坐过飞机吗?你到哪里去坐飞机了?坐飞机的感受是什么样的?请你们来介绍一下吧。

二、游戏活动

1. 师生一起玩纸飞机

师:老师为你们准备了纸飞机,比比谁的飞机飞得高。

2. 纸飞机里的小秘密

师:打开你手上的纸飞机,你发现了什么?

师:纸飞机里藏了字宝宝,是这架飞机的飞行方向,谁来说一说。

3. 纸飞机回家

师:我们请"向上"/"向下"飞机队来准备,把你的飞机往上/下飞。

师:我们请"向左"/"向右"飞机队来准备,把你的飞机往左/右飞。

40

 躲猫猫

🍃 生活环节

户外活动

🍃 设计意图

户外活动场地宽广,便于幼儿进行跑、跳、投掷、攀爬等全身性活动。"小孩真爱玩"是幼儿非常喜欢的游戏,既有助于幼儿运动,又能反复巩固字宝宝,真正做到玩中学、学中玩。

认识与颜色有关的字词。

🍃 材料准备

气球上贴好字宝宝、绑带

🍃 活动过程

一、活动导入

师:小朋友,今天我们要玩"小孩真爱玩"的游戏。我们一起来念儿歌吧。

二、听指令,幼儿摸气球

1. 教师讲解游戏规则,师幼共同念儿歌

师:小孩小孩真爱玩,摸摸这摸摸那……

师:请你摸一摸红色气球,并大声念红气球,然后跑回来!

师:请你摸一摸蓝色气球,并大声念蓝气球,然后跳回来!

师:请你摸一摸黄色气球,并大声念黄气球,然后爬回来!

师:请你摸一摸绿色气球,并大声念绿气球,然后飞回来!

2. 活动迁移

师:请你想一想,你还在什么地方见过气球?

三、幼儿交流讨论

师:请你来说一说你喜欢什么颜色的气球?你在哪里看到的?

5 玩滑梯

生活环节

户外活动

设计意图

户外活动场地宽广,便于幼儿进行跑、跳、投掷、攀爬等全身性活动。滑滑梯是幼儿喜欢的游戏,在玩滑梯时,引导幼儿阅读安全提示,增强安全意识。

认识与滑梯规则有关的字词。

活动过程

一、谈话导入

师:小朋友,今天天气真好,我们去玩滑梯好吗?

二、讨论如何安全玩滑梯

师:小朋友,你是怎么滑的?

师:滑梯旁有玩游戏的安全提示,我们一起去读一读吧。

——教师根据幼儿的游戏情况进行引导,并总结如何安全游戏。

师:上次我们学过一首关于滑滑梯的儿歌。我们一起把儿歌里教我们玩滑梯的方法来念一念吧。

三、幼儿练习玩滑梯,教师指导

1.教师在旁辅助,及时纠正幼儿的错误动作。

2.教师鼓励幼儿用正确的方式玩滑梯。

四、放松活动

1.教师组织幼儿遵守秩序排队,以开火车形式慢慢离场。

师:小朋友,滑梯好玩吗?我们边念儿歌,边玩个开火车的游戏吧。

6 小绵羊

生活环节

专室活动

设计意图

专室活动为幼儿提供专门的室场、专业的工具和材料,支持幼儿的探索和创作。在动物饲养园观察和喂养小动物,幼儿既萌发了爱心,也在潜移默化中了解到动物的相关知识。

认识与动物相关的字词。

活动过程

一、活动导入

师:小朋友,你们喜欢绵羊吗?

师:今天我们去和小绵羊交朋友,它就住在我们的饲养园里。

二、认识小动物

师:饲养园里的小动物真多呀!你认识哪个?你在哪里看到了它的名字?

——幼儿互相谈论,自主认读字词。

师:你最喜欢哪个小动物,谁来说一说。

三、认识小绵羊

师:你们找到小绵羊了吗?和它打个招呼吧。

师:小绵羊喜欢吃什么?请你找到它喜欢的食物,试着喂喂它。

师:小绵羊的胆子比较小,我们要文明喂食。

四、与小动物合影

师:小动物真可爱,让我们与它们合影吧。

# 猜 谜

🍃 生活环节

午睡活动

🍃 设计意图

午睡是幼儿园一日生活中的重要环节,睡前与幼儿开展温馨阅读等活动,为幼儿营造轻松的入睡环境。猜谜活动是适合幼儿闭上眼睛,通过倾听,想象画面,在睡前开展的安静的语言游戏。

认识与谜底相关的字词。

🍃 材料准备

图文字卡

🍃 活动过程

一、午睡前准备

师:午睡时间到了,请小朋友找到自己的小床睡觉啦。

二、睡前猜谜游戏

师:请小朋友闭上小眼睛,老师和你们一起玩猜谜游戏。仔细听,认真想,知道答案的小朋友把答案放在心里,等起床后我们再来揭秘。

——教师轻声念出谜面,引导幼儿闭眼倾听。

三、播放音乐,助眠入睡

——伴随着轻音乐,幼儿缓缓入睡。

四、幼儿午睡,教师巡视

师:小朋友,快快闭上眼睛做个美梦吧。

五、午睡起床,分享谜底

师:谁还记得睡前老师说的谜语是什么? 谁来说一说?

师:你猜到了吗? 谁来说一说?

——教师出示图文谜底,引导幼儿认读字词。

 **8** 上 学 歌

🍃 生活环节

谈话活动

🍃 设计意图

谈话活动氛围轻松自然,便于幼儿之间进行交流互动。生活中每天上学前,家长对天气的关注、气温的变化感受也会潜移默化着幼儿。利用谈话活动"小小气象员",能更好地激发幼儿的观察与思考,锻炼幼儿的思维能力。

认识与天气相关的字词。

🍃 材料准备

气象墙

🍃 活动过程

一、谈话导入

师:今天是几月几日呀? 天气怎么样?

师:谁愿意来当今天的小小气象员?

二、引导幼儿认识天气符号

师:这个天气符号是什么意思? 我们一起来认识一下"晴"字。

师:太阳照在脸上时,你有什么感觉呢?

师:你还认识哪些天气符号呢?

——教师引导幼儿通过符号认读相关天气的字词。

三、引导幼儿认识汉字"今日天气",并能完整地播报天气预报

师:今天是星期×,"今日天气"很晴朗。

9 夜晚

🍃 生活环节

午睡活动

🍃 设计意图

　　午睡是幼儿园一日生活中的重要环节,睡前与幼儿开展温馨阅读等活动,为幼儿营造轻松的入睡环境。午睡时教师拉上窗帘,为幼儿营造光线昏暗、夜晚星空的感觉,有助于幼儿入睡。

　　认识与星空相关的字词。

🍃 材料准备

窗帘上布置星空场景

🍃 活动过程

一、午睡前准备

师:午睡时间到了,请小朋友找到自己的小床睡觉啦。

二、拉上窗帘,感受星空

——教师拉上窗帘,营造适宜的午睡环境。

师:拉上窗帘,白天变成了黑夜,你们看,"星空"出现了。

师:你在"星空"里找到了什么? 谁来认一认、念一念。

——教师引导幼儿边看星空图片边认读字词。

师:星星、月亮都来陪小朋友午睡了,我们一起闭上眼睛,祝你们做个好梦。

三、播放音乐,幼儿入睡

——教师播放轻音乐,帮助幼儿缓缓入睡。

歌唱春天

🍃 生活环节

散步活动

🍃 设计意图

散步活动氛围轻松自然,散步的过程既利于食物的消化,又可以帮助幼儿熟悉幼儿园环境。春天来了,万物复苏,幼儿园里到处生机勃勃。利用午间散步的时光,带领幼儿共同欣赏每个教室不同的春季环境布置,既可以陶冶幼儿的情操,又可以复习巩固字宝宝。

认识与春天相关的字词。

🍃 活动过程

一、师幼一起散步

师:小朋友,我们一起去散步吧。每个班级的主题墙都好好看呀,让我们一起欣赏。

——教师引导幼儿欣赏春天的主题墙。

师:小朋友,你们看到主题墙上有什么?

——教师引导幼儿用完整的话描述自己的观察,如"春天到了,我看到了……"。

师:春天真美呀,墙上的美景都是什么?谁来认一认、念一念?

——教师引导幼儿认读字词。

二、寻找幼儿园里的春天

师:那我们再去幼儿园其他地方找找春天吧。

——教师带领幼儿去种植园寻找春天。

——教师带领幼儿去操场寻找春天。

——教师带领幼儿去走廊寻找春天。

小鸭

🍃 生活环节

谈话活动

🍃 设计意图

谈话活动氛围轻松自然,便于幼儿之间进行交流互动。"小鸭"是幼儿熟悉的动物,一起谈论春天中小鸭的活动,既可以发展幼儿的语言表达能力,又可以将认读活动融入其中。

认识与鸭相关的字词。

🍃 材料准备

"潜鸭"图片

🍃 活动过程

一、晨间谈话导入

师:春天是踏青游玩的好时节,这个周末你们都去哪里踏青了? 有什么有趣的事可以分享吗?

二、教师分享,引出春日"潜鸭"

师:老师周末去了太湖边游玩,发现了特别的小鸭子,你们见过吗?

——教师出示图片,引导幼儿认读。

师:这是"潜鸭",它们可是保护动物呢! 头上毛色为绿褐色的是"青头潜鸭",头上毛色发红的是"红头潜鸭"。我们一起念它们的名字,和它们打个招呼吧。

三、幼儿交流分享

师:有很多小朋友见过"潜鸭",谁来说说它们喜欢什么?

师:它们喜欢吃小鱼小虾,喜欢生活在干净的太湖边,所以我们一起保护环境、保护它们吧。

12 理发

生活环节

午睡活动

设计意图

午睡是幼儿园一日生活中的重要环节,起床时与幼儿开展愉悦朗读等活动,让幼儿快速转换起床情绪。结合日常生活"梳头"这个环节,帮助幼儿提高生活自理能力,学习分类整理梳头的相关用具,同时帮助幼儿在生活中进行认读,激发学习的兴趣。

认识与发饰相关的字词。

材料准备

标志"发圈""发夹"

活动过程

一、谈话激发兴趣

师:小朋友,你们知道梳头需要哪些工具吗?

师:请你选择需要的材料和工具,老师来帮你梳头。

二、学习整理

1. 认识整理标志

师:这里的发圈、发夹太多了,都绕在了一起,我们一起整理一下。

师:我们一起认一认、读一读"发圈""发夹"。

2. 幼儿按标志整理

师:谁愿意帮忙整理,把发圈和发夹分类放在对应的筐里。

三、经验拓展

师:我们都长大了,能够自己的事情自己做。你在家里还会做什么?

13 ☁ 玩 具

🍃 生活环节

来园活动

🍃 设计意图

　　来园活动是幼儿入园后自主进行的游戏活动,活动材料丰富多元,在操作中培养幼儿的动手、交往及认知能力。玩具区是最受幼儿欢迎的区域,引导幼儿游戏时自主取放玩具,游戏后整理玩具,愿意参与区域游戏活动。

　　认识与收纳相关的字词。

🍃 活动过程

一、幼儿自主选择游戏

师:早上好,选一个你喜欢的区域开始游戏吧。

二、关注玩具区

1. 我认识的玩具

师:教室的玩具可真多,你们认识吗? 它可以怎么收纳?

2. 我会分玩具

师:你们的想法都很不错,老师也有一个好办法,看看老师是怎么将这些玩具收纳起来的呢? 将玩具按照不同的功能来整理,会更加合理。

师:在玩玩具的时候又有哪些注意事项呢?

师:大家说得都很棒,我们记录下来变成了小贴士,一起来看看吧。我们一起读一读,你找到"拿"和"放"在哪里了吗? 我们还要爱惜我们的玩具,做到轻轻拿,轻轻放,这是"轻",和我一起念一念。

三、结束活动

师:今天我们一起学习了玩具的不同分法,还讨论了玩玩具时的许多注意事项,让我们一起遵守规则,从我做起,爱护玩具吧。

14 吃点心

🍃 生活环节

午点活动

🍃 设计意图

　　午点是幼儿园一日生活中的重要环节之一,午点前与幼儿一同谈论美食,有助于提升幼儿的进餐兴趣。结合幼儿园午点常规,在用餐前,帮助幼儿通过观察食物的发放方式,对字词内容进行内化巩固,在日常活动环节中复习字词。

　　认识与食物相关的字词。

🍃 活动过程

　　一、观察食谱

　　1. 教师引导幼儿观察本周幼儿园食谱

　　师:小朋友,这周的下午点心都有什么? 让我们一起来看看食谱。

　　2. 幼儿观察并交流,如面包、粥、梨水等

　　二、午点活动

　　1. 帮助幼儿了解食物名称

　　师:今天我们的下午点心是什么? 请你仔细观察,并说出食物的名称。

　　2. 引导幼儿分组拿取食物

　　师:请你拿取属于自己的食物,每个食物的旁边有字宝宝提示。请小朋友根据提示念一念并领取相应的食物,祝小朋友用餐愉快!

　　三、午点结束,整理餐盘

　　师:吃完点心的小朋友,请将餐盘送回家。

　　师:还要用纸巾擦拭自己的小嘴巴。

15 小池塘

生活环节

户外活动

设计意图

户外活动场地宽广,便于幼儿进行跑、跳、投掷、攀爬等全身性活动。在小池塘主题的游戏中引导幼儿对字词进行复习和巩固,真正做到玩中学、学中玩。

认识与池塘相关的字词。

材料准备

玩具荷叶、字

活动过程

一、出示荷叶引发兴趣

师:小朋友,我们今天要玩一个新的游戏,看看我带来了什么,猜猜它可以怎么玩。

二、玩游戏

1. 复习跳动作——双脚并拢跳

师:青蛙有什么本领? 它是怎么跳的?

——教师强调动作要点,并腿、屈膝、向前跳、轻轻落地,幼儿练习。

2. 教师介绍游戏玩法

师:荷叶是小青蛙的蹦床,今天我们也来当一回小青蛙,两脚并拢站好,轻轻跳过去,念出字宝宝,再跳下一个,直到对岸。

3. 幼儿玩游戏

师:小青蛙们来跳一跳,看谁拿到的字宝宝多。

——教师根据幼儿的运动情况调整荷叶的间距和字宝宝的顺序。

52

16 蘑菇伞

生活环节

种植活动

设计意图

种植活动是幼儿亲近大自然的一种方式,种植过程呈现幼儿间的互动与交往,为幼儿提供了语言交流的环境。在种植园种植小蘑菇,一边可以观察植物生长情况,一边可以认识植物名称,充分利用环境资源促进幼儿的发展。

认识与植物相关的字词。

材料准备

自制蘑菇插牌

活动过程

一、引发幼儿兴趣

师:小朋友,我们上周种的蘑菇现在情况怎么样了呢? 我们一起去种植园看看它吧。

二、给小蘑菇插牌

1. **找找小蘑菇**

师:你找到小蘑菇了吗? 它有什么变化?

——教师引导幼儿用完整的语言讲述自己的发现。

2. **给小蘑菇插牌**

师:为了让更多的小朋友看到小蘑菇,我们给小蘑菇插牌吧。插一插,念一念字宝宝。

三、认识更多植物

师:你们还发现哪些小植物也在慢慢长出小芽芽了呢?

师:你们认识它们吗? 知道它们的名字吗? 我们一起念一念吧。

下 雨 啦

🍃 生活环节

谈话活动

🍃 设计意图

　　谈话活动氛围轻松自然,便于幼儿之间进行交流互动。春雨连绵,在谈话中幼儿能够发现身边的自然现象,引发对各种事物进行科学现象的探索,激发表达的欲望。

　　认识与天气相关的字词。

🍃 材料准备

气象角

🍃 活动过程

一、提问导入

　　师:小朋友,今天的天气怎么样?

　　师:外面天气灰蒙蒙的,滴答滴答地下着雨,而且还伴随着一声一声的春雷,所以今天的天气是雷阵雨。

二、引导幼儿认识气象角的天气及标志

　　师:气象角有许多的天气标志,你们还记得这个标志及字词表示的是什么吗? 我们一起来看一看吧。

　　师:我们应该用哪个标志和字词表示今天的天气呢?

　　师:小朋友好厉害,云朵下面一道闪电并且伴随着下雨的天气就是雷阵雨,一起念一念、摆一摆吧。

三、谈话结束

　　师:天气每天都会变化,我们明天再一起来观察天气并标出来吧。

18 小青蛙

生活环节

专室活动

设计意图

专室活动为幼儿提供专门的室场、专业的工具和材料,支持幼儿的探索和创作。下雨天撑伞、踏水是幼儿非常喜欢的活动之一,美术专业室陈列了各种类型的伞,以此为幼儿提供创作素材。

认识与伞相关的字词。

活动过程

一、谈话导入

师:今天下雨了,你用雨伞了吗?

师:生活中除了雨伞,还有什么伞呢?

师:今天我们去创意美劳室寻找答案吧。

二、观察各种各样的伞

师:你还见过哪些伞? 在哪里见过呢?

师:这是遮阳伞,在炎热的户外可以帮助我们遮挡太阳。一起读一读:"遮阳伞"。

师:这是滑翔伞,是一项体育运动。一起读一读:"滑翔伞"。

师:这是油纸伞,现在很多美术作品会借用油纸伞来呈现。一起读一读:"油纸伞"。

三、美术创作

师:你们也来创作自己喜欢的小伞吧。

3—4岁（下）

二

生活认读家庭版

过 新 年

生活场景

超市

设计意图

超市是人们日常生活中常去购买生活物品的场所,幼儿也有相关采购经验。新年期间,超市到处张灯结彩,设立了对联专售区,家长与幼儿一同选购对联,解读对联的寓意,感受过年的热烈氛围。

指导意见

一、谈话引起幼儿兴趣

家长:宝贝,要过春节啦。春节要做些什么事情?

家长:你知道家家户户为什么要张贴对联吗?

家长:我们去超市选购对联吧。

二、逛超市,购买对联

家长:超市里有好多对联,你能读懂它们吗? 它们是什么意思? 遇到不认识的字可以问我。

家长:选一副你最喜欢的对联吧,你知道它的寓意吗?

——幼儿在家长的引导下购买对联。

三、张贴对联

家长:新年要有新的气象,贴对联代表红红火火过新年。在新年里我们要说"吉祥"的话,祝福身边的亲人和朋友。

家长:你也来说些吉祥的话祝福你的好朋友吧。

2 ☁ 打电话

🍃 生活场景

电子产品专卖店

🍃 设计意图

信息化时代,电子产品专卖店随处可见,幼儿也有与父母一同参观电子产品的经验。在店内试用手机、游戏机、电脑的过程中,了解品牌、产品的不同名称,知道适度使用电子产品。

🍃 指导意见

一、谈话引起幼儿兴趣

家长:我们今天一起去商场里逛一逛、玩一玩。

家长:你想去玩什么呢?

二、参观电子产品专卖店

1. 寻找手机

家长:你能找到手机吗?你知道手机有什么作用吗?

家长:手机的品牌有很多,你知道爸爸妈妈手机的品牌吗?

家长:你可以通过观察货架上的文字来分辨。

2. 体验游戏机

家长:游戏机和手机有什么不同?

家长:今天我们可以在这里来一场游戏比赛。

三、使用教育

家长:原来在专卖店里试玩电子产品也可以很开心,平时我们要适度游戏,不能沉迷地使用电子产品,这对我们的健康和学习都有非常大的影响。

3 纸飞机

生活场景

飞机场

设计意图

飞机场是专供飞机起飞和降落的场地,亲子出游时在飞机场了解乘坐飞机的流程、观察飞机、学习机场标识,是在生活情境中学习文字的一种途径。

指导意见

一、谈话引起幼儿兴趣

家长:全家人要出去旅游,你知道有哪些交通工具可以选择吗?

家长:这次我们选择飞机出行,你去过机场吗? 机场里有什么?

二、参观机场

家长:我们一起通过标牌来找一找出票处、安检处、寄存处、登机处、候机处等。

家长:机场还有很多安全标志和注意事项,你能看懂吗? 遇到不认识的字可以问我。

三、乘坐飞机

家长:坐飞机的流程你还记得吗?

家长:乘坐飞机要遵守各项规则,为自己和他人的生命安全负责。

家长:乘坐飞机时不要大声喧哗,做一个文明的小乘客。

 躲 猫 猫

🍃 生活场景

撸猫馆

🍃 设计意图

撸猫馆是近期流行起来的以猫为主题的宠物馆,吸引幼儿驻足观看。家长与幼儿一同在撸猫馆撸猫是一次关爱小动物、热爱生命的经历,在欢乐有趣的氛围中了解猫的种类与习性。

🍃 指导意见

一、谈话引起幼儿兴趣

家长:宝贝,你喜欢猫吗?

家长:今天我们去撸猫馆和猫猫一起做游戏吧。

二、参观撸猫馆

家长:撸猫馆到了,我们参观一圈,看看这和其他宠物馆有什么不一样?

——引导幼儿观察撸猫馆,发现有树、有房、有秋千。

三、和猫猫一起玩游戏

家长:撸猫馆有好多好多猫,它们的品种都不一样,让我们通过介绍牌认识一下它们吧。

家长:现在你能区分这些猫猫了吗?

家长:给你一个撸猫棒,和小猫一起做游戏吧。

四、喂小猫

家长:小猫们肚子饿了,你愿意去喂小猫吗? 喂猫之前,你要仔细解读喂养注意事项,有不认识的字可以问我。

五、撸猫结束,回顾交流

家长:小猫太可爱了,但想要照顾好它们还需要很多专业的知识。

5 ☺ 玩 滑 梯

🍃 生活场景

小区游玩区

🍃 设计意图

居民小区里的儿童游玩区是基本设施,也是幼儿常去的场所。在小区玩滑梯、荡秋千,了解公用设施安全使用制度,在玩耍中注重安全教育。

🍃 指导意见

一、谈话引起幼儿兴趣

家长:宝贝,午餐过后你想去哪里玩一玩?

家长:我们一起去楼下的滑梯玩一下吧。

二、学习设施安全使用提示

家长:宝贝,玩之前先来看看这里写了什么？遇到不认识的字可以问我。

家长:什么是安全提示？滑滑梯、荡秋千的安全提示是什么？

三、玩滑梯

家长:宝贝,现在你可以去玩滑梯啦,记得在玩的时候要注意安全哦。

四、休息

家长:玩好滑梯要记得多喝水,注意休息哦。

6 小绵羊

生活场景

动物园

设计意图

动物园有各种各样可爱的动物,是幼儿常去且喜欢游玩的场所。幼儿和家长在动物园寻找羊,身临其中观察和了解,便于在轻松愉快的环境中认读关于羊的字词。

指导意见

一、谈话引起幼儿兴趣

家长:宝贝,在哪里可以找到羊呢?

家长:今天我们就全家总动员去动物园找一找羊吧。

二、寻找羊

家长:动物园已经到了,羊区在哪里呢?宝贝,我们一起在动物园景区地图上找一找吧。

家长:宝贝,你找到了吗?哪里有羊呢?我们一起读一读。

三、了解羊

家长:羊的种类有很多,山羊、羚羊、绵羊……你能找到它们,读一读它们的介绍吗?

家长:今天我们认识了羊,知道羊有这么多秘密。

四、游玩结束,回顾交流

家长:你喜欢羊吗?下次我们还可以来认识其他动物哦。

 猜 谜

生活场景

书店

设计意图

书店内环境安静舒适,书籍种类繁多,非常适合开展亲子阅读活动。在书店里,寻找图文并茂的谜语读本,在亲子互动中看一看、念一念、认一认、猜一猜,积累谜语的同时扩展习得更多的字词。

指导意见

一、谈话引起幼儿兴趣

家长:宝贝,你知道哪个地方的书最多吗?

家长:今天我们就去书店吧。

二、寻找谜语读本

家长:你喜欢猜谜语吗,今天我们一起来找找有关谜语的书,一起来看一看吧。

三、亲子阅读活动

——选几本谜语读物,选一个舒适的地方,家长与幼儿进行亲子阅读活动。

家长:先观察图片,你能看懂哪一首谜语?

家长:自己看书,遇到不认识的字可以请我帮忙。

四、猜谜游戏

家长:在这里我们找到了好多谜语,你猜一个,我猜一个,比比谁猜得多。

五、购买谜语书

家长:谜语书里藏着许多的谜语,我们一起来选一本你喜欢的吧。

 **上学歌**

生活场景

KTV

设计意图

KTV是当下流行的娱乐场所,亲朋好友聚会时会选择KTV唱唱歌,联络联络感情。KTV的歌单里有很多适合幼儿演唱的儿童歌曲,亲子歌唱活动有助于幼儿在轻松愉悦的环境中感受音乐的美好,同时浏览歌词时能潜移默化地习得更多的字词。

指导意见

一、谈话引起幼儿兴趣

家长:宝贝,你喜欢唱歌吗?

家长:今天我们去专门唱歌的地方,一起玩一玩吧。

二、选择曲目

家长:电脑里有很多的儿歌,你去找一找歌单,选择你想唱的歌曲。

——家长指导幼儿如何选择歌曲。

三、练习唱歌

家长:马上要唱歌了,唱歌时要学会倾听前奏、看懂歌词,跟着音乐看着歌词,一句一句唱出来就行。

——幼儿尝试独立演唱歌曲。

家长:你有不认识的字吗?

家长:我们再来唱一遍吧。

9 夜晚

🍃 生活场景

儿童科技体验馆

🍃 设计意图

　　儿童科技体验馆是一个让孩子们通过互动尝试、共同合作,激起无限创意的体验场所,能给予孩子新鲜、有趣、快乐的体验和感受。在科技馆,幼儿可以参与到各种富有创意的科技活动中,激发他们对科技的好奇心和探索欲望。幼儿和家长一边用心体验科学的神奇,一边认读关于星空的相关知识,寓教于乐。

🍃 指导意见

一、谈话引起幼儿兴趣

家长:宝贝,你喜欢月亮和星星吗? 月亮和星星住在哪里呢?

家长:今天我们一起去儿童科技体验馆看一看吧。

二、科技体验游戏

家长:儿童科技体验馆已经到了,这里有很多主题场馆,你能找到吗?

——家长引导幼儿观看场馆指引图,并制定参观路线。

家长:星球馆里有很多星球,你认识它们吗? 找到了一起读一读。

家长:我们用望远镜来近距离观看星球吧,仔细观察星球的外形特征,还可以通过文字介绍了解星球的秘密,有不认识的字可以问我。

三、参观结束,回顾交流

家长:今天我们去了什么主题场馆?

家长:你记住了哪颗星球? 它有什么特别的地方?

家长:今天的活动你喜欢吗? 下次我们来体验更多的科学活动。

歌唱春天

🍃 生活场景

公园

🍃 设计意图

公园是户外玩耍时幼儿常去的场所。春暖花开,清明时节是带着幼儿去郊外游玩踏青的好时节,在轻松愉悦的氛围中,感受春天、享受春天,认读与春天有关的字词,寓教于乐两相宜。

🍃 指导意见

一、谈话引起幼儿兴趣

家长:清明,既是节气,也是节日。

家长:清明节有游春赏景、踏青游艺等很多民俗活动,我们一起去踏青游玩吧。

二、踏青赏景

家长:春天是收获美景的季节,我们一起用小眼看世界,你看到了什么?

——家长引导幼儿分享春日里的美景,还可以用自己喜欢的形式记录下来。

三、踏青游艺

家长:公园里有丰富多彩的游艺活动,我们一起去玩一玩吧,你最喜欢玩什么?

——家长引导幼儿参与游艺活动,体验春天的美好。

四、踏青美食

家长:春天还有很多美食,我们一起去认一认,比比谁找到的美食多。

——家长引导幼儿通过广告牌了解春天的美食。

五、踏青心得

家长:春天让人心旷神怡,四季的变化让这个世界变得更加美好。

小鸭

🌿 生活场景

萌宠世界

🌿 设计意图

萌宠世界是近年各大商场流行的幼儿与小动物互动的场所,幼儿有较多的相关类似经验。亲子一起走进萌宠世界,在了解亲近动物的同时潜移默化地认读小动物的名字,真正做到让幼儿在玩中学,在学中玩。

🌿 指导意见

一、谈话引起幼儿兴趣

家长:宝贝,今天我们一起去"萌宠世界"吧,你还记得上次去看到了哪些小动物?

二、萌宠世界探秘

1. 寻找鸭

家长:这是什么小动物,你认识它吗? 这是"柯尔鸭",那是"绿头鸭",我们一起读一读。

家长:你知道小鸭子最爱吃的食物是什么? 让我们一起看看萌宠专属介绍吧。

2. 给小鸭子喂食

家长:小鸭子有些胆小,我们要文明喂食。

3. 寻找其他萌宠

家长:萌宠世界里还有许多其他的小动物呢,我们继续一起看一看、找一找吧。

家长:你找到了什么小动物? 你发现它有什么特点?

三、分享参观心得

家长:今天我们一起参观了萌宠世界,可真开心! 你最喜欢的小动物是哪个?

12 理 发

生活场景

理发店

设计意图

理发店是人们生活所需的服务场所,幼儿也有很多理发的生活经验。在理发时,通过观察理发店的环境,培养幼儿观察能力,尝试观看理发店发型书、价目表,了解理发服务项目,体验理发服务在我们生活中的作用。

指导意见

一、谈话引起幼儿兴趣

家长:宝贝,你去过理发店吗？ 去理发店干什么？

二、观察理发店环境

1. 了解理发店的作用和标志

家长:理发店在我们生活中有什么用？

家长:为什么理发店门口都有转动的灯？

2. 观察理发价目表

家长:宝贝,找一找价目表上有哪些内容？

家长:图片上有什么发型？ 遇到不认识的字可以问我。

三、体验理发服务

家长:今天我们请理发师帮我们理发,理发时头要保持不动,要配合理发师的要求。

四、理发结束,回顾交流

家长:理完头发让我们变得干净整洁,我们需要定期来理发哦。

13　玩 具

🌿 生活场景

玩具反斗城

🌿 设计意图

玩具反斗城是大型玩具主题大卖场,深受幼儿的喜欢。家长与幼儿一同选购玩具,琳琅满目的玩具能让幼儿充分地观察、比较、认读,在挑选玩具时潜移默化地习得很多关于玩具的字词。

🌿 指导意见

一、谈话引起幼儿兴趣

家长:宝贝,你喜欢玩具吗?

家长:今天我们去"玩具反斗城"逛一逛,你愿意吗?

二、玩具总动员探秘

家长:这里有许多好玩的玩具,让我们一起来看一看吧! 要轻拿轻放哦。

家长:你找到玩具的小秘密了吗? 玩具的种类有很多,工作人员会根据玩具的品牌、功用等将玩具进行分类。

家长:每一个玩具都有自己独特的小标签,上面记录着它的名称、产地、价格等信息,让我们一起读一读。

家长:有些玩具可以试玩,玩好后要归回原位,做个文明的小顾客。

家长:你找到了什么玩具? 它可以怎么玩? 它是多少钱?

三、分享购买心得

家长:今天我们一起购买了心仪的玩具,可真开心。

家长:你最喜欢的玩具是什么? 为什么?

14 吃点心

🍃 生活场景

面包店

🍃 设计意图

面包店是人们日常生活所需的食品商店,幼儿也有购买面包的生活经验。家长与幼儿一同找到身边的面包店,在购买的过程中观察标签,了解面包名称,生活中进行认读活动。

🍃 指导意见

一、参观面包店

家长:有一个地方,会售卖好吃的面包,是哪里呢?

家长:今天我们去面包店看看吧。

家长:你喜欢吃面包吗? 喜欢什么味道的面包?

二、寻找各式面包

家长:面包店里都卖什么呢,我们一起去找一找吧。

家长:每一款面包都有它的名称标签,请你看一看、读一读,找到不同种类的面包。

家长:我找到了小面包、吐司面包、羊角面包、碱水面包、肉松面包,你找到了什么面包?

家长:面包里还有不同的馅,你能在标签上找到秘密吗?

家长:你想购买的面包是什么? 它的售价是多少?

三、吃面包

家长:你买了什么面包?

家长:面包好吃吗? 下次我们还可以来选购面包。

15 小池塘

生活场景

公园

设计意图

公园是户外玩耍时幼儿常去的场所。在轻松愉悦的氛围中,家长与幼儿一起到池塘边玩耍,认一认、念一念安全标语,开展安全教育。

指导意见

一、谈话引起幼儿兴趣

家长:宝贝,今天天气真好,我们去公园玩吧。

二、寻找池塘

家长:公园的池塘在哪里? 我们看一看公园地形图,一起找一找吧。

三、池塘边玩耍

家长:小池塘真漂亮,你看到了什么美丽的风景?

家长:在池塘边一定要注意安全,我们一起来读一读安全提示,有不认识的字可以问我。

家长:池塘的风景很美,但也有安全隐患,我们欣赏美景时一定遵守安全提示。

16 蘑菇伞

生活场景

菜场

设计意图

菜场是人们生活所需的服务场所,也是幼儿十分好奇的一个地方。菜市场的每个划分区域都有明确的标识,特别是每种蔬菜前都有一个介绍牌。幼儿和家长在菜市场寻找蘑菇,既有亲子间互动,又增加生活认读的趣味性。

指导意见

一、谈话引起幼儿兴趣

家长:宝贝,在哪里可以找到蘑菇呢?

家长:今天我们就全家总动员到菜市场去找一找蘑菇吧。

二、寻找蘑菇

家长:菜市场已经到了,看一看菜场的名字和介绍,找一找蘑菇区在哪里,比比谁先找到蘑菇。

三、挑选采购蘑菇

1. 亲子一起看蘑菇的介绍牌

家长:我们一起看一看蘑菇介绍牌,遇到不认识的字可以问我。

2. 亲子一起认识蘑菇的种类

家长:今天我们认识了好多的蘑菇,知道蘑菇原来有这么多的种类。

3. 引导幼儿与营业员交涉,购买蘑菇

四、品尝蘑菇

家长:蘑菇有营养又好吃,我们下次再购买更多的蔬菜。

17 ☁ 下雨啦

🍃 生活场景

超市

🍃 设计意图

超市是人们日常生活常去购买生活物品的场所,幼儿也有相关采购经验。在超市售卖伞的柜台有各种不同功能、不同图案的伞,家长与幼儿一同探讨,让幼儿对雨伞产生兴趣。

🍃 指导意见

一、谈话引起幼儿兴趣

家长:宝贝,最近经常下雨,我们去超市购买雨伞吧。

二、逛超市,购买雨伞

1. 寻找雨伞

家长:你能找到伞类销售区吗? 看一看超市标牌,能帮助你快速找到。

2. 挑选雨伞

家长:雨伞的种类很多,颜色也很多,我们仔细挑选一下适合自己的雨伞。

家长:雨伞还有一些特殊的功能,我们可以通过雨伞标牌来解读,遇到不认识的字可以问我。

——引导幼儿区分遮阳伞、遮雨伞。

三、购买雨伞

家长:雨伞选好了,你试着去结账吧。

——引导幼儿与营业员交涉,购买雨伞。

四、用伞感悟

家长:今天户外的阳光很强烈哦,我们一起用遮阳伞来遮挡太阳。

家长:在遮阳伞里有什么感觉?

家长:对,遮阳伞里能遮挡炎热的太阳,让我们觉得凉快。

18 小青蛙

生活场景

家中卧室

设计意图

卧室是家中最温馨舒适的区域,也是睡觉前亲子互动最自然的场所。在卧室的时候,人们往往会感到轻松自在,可以充分放松身心。在卧室进行睡前亲子共读绘本故事,利于增进亲子间的情感。

指导意见

一、谈话引起幼儿兴趣

家长:睡觉时间到啦,我们一起进卧室。

家长:今天你想听什么故事? 我们到小床上去听故事吧。

二、选择绘本

家长:今天,我们准备了很多以小动物为主角的绘本,我们一起看看吧。

家长:你看到了哪些小动物,你认识它们吗?

家长:选一个你喜欢的主角,读一读这本绘本的名称。

——家长引导幼儿选择绘本。

三、闭上眼睛,倾听故事

家长:闭上小眼睛,今天就来听一听你选的绘本故事。

四、第二天回顾交流

家长:昨天的故事你还记得吗?

家长:故事里有哪些小动物? 你最喜欢谁? 为什么?

后 记

　　苏州市实验小学教育集团各民办校（园）在徐天中校长的带领下，自2011年起，以"语言发展"为研究点开展"儿童语言发展小幼衔接的实验研究"。该课题研究的申报单位为苏州明珠学校。课题组由苏州明珠学校、苏州明珠幼儿园等四家单位组成，苏州明珠幼儿园主要承担完成了课题中3—6岁年龄段的实验研究。

　　徐天中校长是教育部首届骨干校长高级研修班成员，全国29位校长带头人之一，中国教育学会全国实验学校教育科学研究专业委员会副理事长，中国教育学会小学教育专业委员会副会长，全国骨干校长工作研究会副理事长，苏州市专家咨询团成员，教育部小学校长培训中心（北京师范大学校长培训学院）兼职教授，苏州大学兼职教授、硕士生导师，苏州市实验小学校教育集团原总校长。

　　徐天中校长创造性地提出了"生活认读""环境认读""游戏认读""三步认读"四种模块的学习方式。四模块的学习，遵循了儿童的生理和心理发展规律，符合汉字、汉语文化的学习特征，将符号辨识和内容体验有机统一。四模块的学习，建立了小幼衔接语言教学共同体，儿童在活生生的多元动态环境中实现高效地识字、快速地阅读、流利地表达，从而充分开发儿童语言、思维等潜能，促进儿童全面可持续发展，为终身学习打下坚实的基础。

　　本丛书由徐天中校长担任编委会总主编，他对本丛书的指导思想、框架结

构、内容审定、文字撰写等方面做出了具体指导和详细安排。赵洪、丰新娜、丁文群、王莉、王静、过坚、朱月龙、屈雅琴、钱春玲、钱晶莹参与了本丛书各书册的编写与审校工作。谈莉莉、葛建平、宋怡、周莉、周璇、戴莉萍、沈琴、周玉婷、陆丽亚、范兰珍、顾敏娴、吴国英、程浏、杨斐、张雯婷、沈建芳、翁娟芳、潘宏参与了课题的教学研究工作。课题组全体成员在推进课题研究的过程中,展现了对孩子的认真观察、对教法的认真琢磨、对经验的认真提炼。本丛书中的每一篇活动设计、每一件游戏材料、每一个指导要求,都凝聚着教师们对于课题研究的独特观点。

课题研究开展期间,课题组得到了幼儿科学认读发起人,原江苏省教育委员会副主任、江苏省教育学会原会长周德藩先生,苏州大学朱月龙教授,以及北京师范大学、中国教育科学研究院、江苏省教育科学研究院等单位有关专家的指导。他们为课题研究提供了科学认读的成果借鉴、为课题推进提供了广阔的研究思路,也在丛书编写过程中提供了许多建设性的修改意见,我们在此表示衷心的感谢!

本丛书在编写过程中得到了很多专家、学者、老师的支持和帮助,在此向各位表示诚挚的谢意!

由于编者水平和时间的限制,丛书在理论的探索和实践的操作上还有提升的空间,不足之处敬请专家和读者不吝赐教!

编 者

2023 年 8 月

儿童语言发展
小幼衔接的实验研究丛书

环境认读

3—4岁

徐天中 总主编
本书编委会 编

浙江工商大学 出版社
ZHEJIANG GONGSHANG UNIVERSITY PRESS
·杭州·

图书在版编目(CIP)数据

儿童语言发展小幼衔接的实验研究丛书. 3—4岁 2

环境认读 / 徐天中总主编;本书编委会编. -- 杭州：

浙江工商大学出版社,2024. 10. -- ISBN 978-7-5178

-6123-2

Ⅰ. G613.2

中国国家版本馆CIP数据核字第2024QQ6379号

儿童语言发展小幼衔接的实验研究丛书
环境认读(3—4岁)

HUANJING RENDU (3—4 SUI)

徐天中 总主编　本书编委会 编

策划编辑	周敏燕	
责任编辑	周敏燕	
责任校对	都青青	
封面设计	蔡思婕	
责任印制	祝希茜	
出版发行	浙江工商大学出版社	
	(杭州市教工路198号　邮政编码310012)	
	(E-mail:zjgsupress@163.com)	
	(网址:http://www.zjgsupress.com)	
	电话:0571-88904980,88831806(传真)	
排　　版	杭州朝曦图文设计有限公司	
印　　刷	杭州捷派印务有限公司	
开　　本	787mm×1092mm　1/16	
总 印 张	43.25	
总 字 数	593千	
版 印 次	2024年10月第1版　2024年10月第1次印刷	
书　　号	ISBN 978-7-5178-6123-2	
总 定 价	160.00元(共六册)	

序

　　一个人的语文素养根基在于阅读,儿时阅读兴趣的激发和习惯的养成至关重要。孩子是天生的学习者。脑科学研究成果表明,幼儿正处于语言学习的敏感期,充分利用汉字图形表意的优势,在儿童生活和游戏过程中,开展"随风潜入夜"式的认读活动,既能激发孩子的阅读兴趣,又有利于培养孩子的阅读习惯。

　　为此,我们曾组织几十所幼儿园和小学,以"科学认读"为课题进行早期阅读的实验研究。十数年的坚持,改变了我们汉字难学的认知,其实汉字存有认读和书写的相位差,可先认读不书写,或者后书写。阅读的入门并不难。据此,我们在幼儿园开展科学认读汉字词的活动,这激发了孩子们认读汉字词的热情。做得好的幼儿园,大班的孩子普遍可以认读近千个汉字。有些小学主动对接幼儿园继续实验,到二年级学年末,学生认读可超两千字,从而实现自主阅读。这项研究结题时,教育部原副总督学郭振有说,此项研究小切口、意义大。

　　结题之后,由于环境的影响,继续参与研究的很少。但是徐天中校长凭借他丰富的教育经历和学识,充分认定这项研究的价值,抓住小切口,依靠教育集团的优势,设计出小幼衔接的大文章,坚持做了十多年。他主持开展的江苏省教育科学"十二五"规划重点课题"儿童语言发展小幼衔接的实验研究",抓住儿童口头语言发展的关键期,在不增加儿童学习负担的前提下,建立了一套

符合儿童身心发展特征、小幼间无缝对接的科学认读目标、内容、方法、评价体系，让3—6岁语言教学与小学语文教学在展示自身特色基础上实现无缝衔接，建立小幼衔接语言教学共同体，开发儿童语言思维等潜能，促进儿童全面可持续发展，为终身学习打下坚实的基础。

徐天中校长从"字""人""环境"这三个方面着手研究，创造性地在3—6岁阶段科学认读研究中提出了"生活认读""环境认读""游戏认读""三步认读"四种模块的学习方式，在这些学习方式的互通与互补过程中，6岁幼儿轻松而高效地达到1000多个常见字的认读目标。正是通过抓住关键期，从3岁开始的有效语言教育，幼儿从3岁就逐步开始了自主阅读绘本、报纸、书册，到6岁积累了近10万字的阅读量。这充分开发了幼儿的学习潜能，促进了其形象思维、逻辑思维等的快速发展。3—6岁的早期认读和早期阅读成果，让幼儿进入小学一二年级后语文学习优势明显，轻松完成2500个常用字的学习，课外阅读量超100万字，这也很好地推进和提高了学生学习其他学科的兴趣、速度和质量，从而进一步全面提升了学生的综合素养。

徐天中校长领衔的这项课题成果丰硕，课题组编撰了《小幼衔接语言发展之科学认读》《小幼衔接语言发展之绘本阅读》《小幼衔接语言发展之口语讲述》等共计18册的系列丛书，制作了与之配套的电子课件、挂图卡片、音频视频、游戏盒子等学习辅助材料。这些课题研究成果集聚了严谨规范的教学流程、系统高效的教学方式、生动有趣的教学材料、多元灵活的教学评价，具有极大的实操性和可推广性。我希望这项课题研究能长期进行下去，它的探索和深化必将对基础教育体系改革产生重大意义！

周德藩

（原江苏省教委副主任）

目 录

3—4岁（上）

一、环境认读设计 ………………………………………………………………… 1

1 学儿歌 …………………………………………………………………………… 2

2 玩游戏 …………………………………………………………………………… 4

3 我爱老师 ………………………………………………………………………… 6

4 找朋友 …………………………………………………………………………… 8

5 小苹果 …………………………………………………………………………… 10

6 爱洗手 …………………………………………………………………………… 12

7 有几个 …………………………………………………………………………… 14

8 小金鱼 …………………………………………………………………………… 16

9 小猴玩球 ………………………………………………………………………… 18

10 娃娃家 …………………………………………………………………………… 20

11 在哪里 …………………………………………………………………………… 22

12 全家福 …………………………………………………………………………… 24

13 不倒翁 …………………………………………………………………………… 26

14 小鸡真可爱 ……………………………………………………………………… 28

15 小狗吃骨头 ……………………………………………………………………… 30

环境认读

16　不挑食　……………………………………………………………　32

17　鼻子　……………………………………………………………　34

二、班级环创参考图集　……………………………………………　37

　1　主题环境　………………………………………………………　38

　　（1）娃娃乐　……………………………………………………　38

　　（2）光盘行动　…………………………………………………　39

　　（3）可爱的动物　………………………………………………　39

　　（4）我爱我家　…………………………………………………　40

　　（5）幼儿园里朋友多　…………………………………………　40

　2　创游环境　………………………………………………………　41

　　（1）建筑工地　…………………………………………………　41

　　（2）糖果屋　……………………………………………………　42

　　（3）书店　………………………………………………………　42

　　（4）美食屋　……………………………………………………　43

　　（5）点心店　……………………………………………………　43

　3　区角环境　………………………………………………………　44

　　（1）食堂　………………………………………………………　44

　　（2）挖沙区　……………………………………………………　45

　　（3）午睡区　……………………………………………………　45

　　（4）益智区　……………………………………………………　46

　　（5）阅读区　……………………………………………………　46

3—4岁（下）

一、环境认读设计　………………………………………………　47

　1　过新年　…………………………………………………………　48

2 打电话 ……………………………………… 50

3 纸飞机 ……………………………………… 52

4 躲猫猫 ……………………………………… 54

5 玩滑梯 ……………………………………… 56

6 小绵羊 ……………………………………… 58

7 猜谜 ………………………………………… 60

8 上学歌 ……………………………………… 62

9 夜晚 ………………………………………… 64

10 歌唱春天 …………………………………… 66

11 小鸭 ………………………………………… 68

12 理发 ………………………………………… 70

13 玩具 ………………………………………… 72

14 吃点心 ……………………………………… 74

15 小池塘 ……………………………………… 76

16 蘑菇伞 ……………………………………… 78

17 下雨啦 ……………………………………… 80

18 小青蛙 ……………………………………… 82

二、班级环创参考图集 ……………………………… 85

1 主题环境 …………………………………… 86

（1）干净小超人 ………………………… 86

（2）拜访春天 …………………………… 87

（3）大马路 ……………………………… 87

（4）快乐六一 …………………………… 88

（5）缤纷夏日 …………………………… 88

2 创游环境 ·································· 89

　　（1）娃娃家 ······························ 89

　　（2）果汁店 ······························ 90

　　（3）东吴面馆 ·························· 90

　　（4）理发店 ······························ 91

　　（5）烧烤店 ······························ 91

3 区角环境 ·································· 92

　　（1）种植园 ······························ 92

　　（2）插牌区 ······························ 93

　　（3）美工区 ······························ 93

　　（4）工具坊 ······························ 94

　　（5）记录区 ······························ 94

后　记 ·· 95

3—4岁（上）

一

环境认读设计

1 学儿歌

环境名称

鱼戏池塘

设计意图

3—4岁幼儿喜欢游戏化的场景。结合教学内容,创设"鱼戏池塘"的认读环境。幼儿在游戏的情境中玩一玩、念一念,既能复习巩固儿歌中的字词,又能提高认读的兴趣。

材料准备

深蓝色KT板1块、绿色和蓝色彩纸若干、银色自粘纸若干、彩色打印小鱼图片若干、彩色打印字卡图片、塑封纸若干、雌雄贴若干

制作方法

1. 用绿色彩纸制作荷叶,用银色自粘纸装饰叶脉,并贴在深蓝色KT板上。
2. 用蓝色彩纸制作波浪,进行装饰。
3. 用雌雄贴把塑封字卡贴在小鱼身上。
4. 用雌雄贴把塑封字卡图片贴在KT板上。

建议玩法

两名幼儿将小鱼游到荷叶附近,每片荷叶四周的小鱼字卡形成一个词组。根据词组找到对应的图片,贴到荷叶上进行配对。

参考照片

2 玩游戏

环境名称

落叶找家

设计意图

幼儿在户外散步时,经常会捡起地上的落叶,当宝贝一样珍藏起来。结合教学内容,创设"落叶找家"的认读环境,将儿歌中的重点字词融入环境中,让幼儿既能复习巩固字词,又能提高认读的兴趣。

材料准备

深蓝色KT板1张、硬纸板若干、布织布若干、彩纸若干、彩色打印字卡图片、打印字卡、塑封纸若干、雌雄贴若干

制作方法

1. 用硬纸板制作3个小屋,固定在深蓝色KT板上。

2. 用棕色、深绿、浅绿、白色布织布制作树干、草丛、云朵,固定在相应位置。

3. 用红色、蓝色、黄色彩纸制作太阳和门把手,固定在相应位置。

4. 将塑封字卡图片用雌雄贴固定在小屋上。

5. 将塑封字卡贴在树叶上,固定在树干上。

建议玩法

幼儿根据小屋上的彩色图片,找到相应汉字的落叶图片,将落叶送到相应的小屋中,帮助所有的落叶找到正确的家,即游戏结束。

参考照片

3　我爱老师

🍂 环境名称

字宝宝去旅行

🍂 设计意图

3—4岁幼儿喜欢跟着爸爸妈妈一起去旅行。结合教学内容,创设"字宝宝去旅行"的认读环境,将幼儿喜欢的"热气球"变成认读环境的素材,将儿歌中的重点字词融入环境中,让幼儿复习巩固重点字词和儿歌。

🍂 材料准备

深蓝色KT板1块、卡纸若干、彩色打印人物和热气球图片、彩色打印字卡图片、打印字卡、打印儿歌、塑封纸若干、雌雄贴若干

🍂 制作方法

1. 将彩打字卡图片贴在热气球上,并固定在深蓝色KT板上。
2. 用彩打人物图片进行装饰。
3. 儿歌贴到深蓝色KT板上。
4. 在塑封字卡上贴上雌雄贴,分散在KT板上。

🍂 建议玩法

根据热气球上的彩色图片,幼儿选择相对应的字卡贴到热气球上。所有字卡匹配成功后,幼儿能完整指读儿歌,即为游戏结束。

参考照片

4 找朋友

🍃 环境名称

游乐场

🍃 设计意图

游乐场是幼儿最喜欢的活动场地,在这里幼儿可以和同伴一起玩滑滑梯,可以和同伴一起挖沙。结合教学内容,创设"游乐场"的认读环境,将儿歌中的重点字词融入环境中,让幼儿既能复习巩固重点字词和儿歌,又能提高认读的兴趣。

🍃 材料准备

黄色KT板1块、彩纸若干、彩色打印字卡图片、打印字卡、塑封纸若干、雌雄贴若干

🍃 制作方法

1. 用黑色、蓝色、橙色、咖啡色彩纸制作摩天轮和滑梯,固定在黄色KT板上。

2. 摩天轮车厢制作成可翻开的双层,将塑封字卡贴在车厢的下层。

🍃 建议玩法

幼儿翻开摩天轮车厢,认读藏在摩天轮里的字宝宝,同时寻找与字卡对应的图片,并将图片贴在摩天轮上,帮助字卡找到所有对应图片,即为游戏结束。

参考照片

5 小苹果

环境名称

换装拼拼乐

设计意图

3—4岁幼儿性别意识不够强,"男孩女孩换装拼拼乐"是幼儿非常喜欢玩的游戏。结合教学活动,创设"换装拼拼乐"的认读环境。幼儿在游戏操作中玩一玩、念一念,复习巩固字词。

材料准备

浅蓝色KT板1块、彩纸若干、彩色打印男女人物图片、彩色打印男女服装图片若干、打印字卡、塑封纸若干、雌雄贴若干

制作方法

1. 用彩纸制作衣橱、装饰背景。

2. 将男女服装图片用雌雄贴贴在衣橱里。

3. 将男女人物固定在KT板上,同时贴上对应的塑封字卡。

建议玩法

幼儿自由选择男宝或女宝,开始选择正确的衣服、配饰,给娃娃穿搭。拼搭完成后认读"哥哥""姐姐"的字宝宝。

参考照片

6 爱洗手

环境名称

星星找朋友

设计意图

3—4岁幼儿慢慢有了朋友的意识,也开始学着主动结交朋友。结合教学内容,创设"星星找朋友"的认读环境。幼儿在玩一玩、念一念中,复习巩固字词,提高认读的兴趣。

材料准备

蓝色KT板1块、彩纸若干、海绵纸若干、彩色打印字卡图片、打印字卡、打印儿歌、塑封纸若干、雌雄贴若干

制作方法

1. 用黄色、红色、粉色、蓝色海绵纸制作星星,金色彩纸制作月亮,粘贴在蓝色的KT板上。

2. 星星叠起来粘贴,制作成可翻开的星星。

3. 将塑封字卡用雌雄贴藏在下面一层的星星上。

4. 将塑封字卡图片用雌雄贴贴在KT板下方。

5. 将儿歌粘贴在月亮下面。

建议玩法

幼儿玩翻星星的游戏。打开星星,认读藏在星星里的字宝宝,并找到相对应的图片,贴在星星上。

参考照片

爱洗手

小朋友，爱洗手，

搓一搓，冲一冲，

擦擦小手变干净。

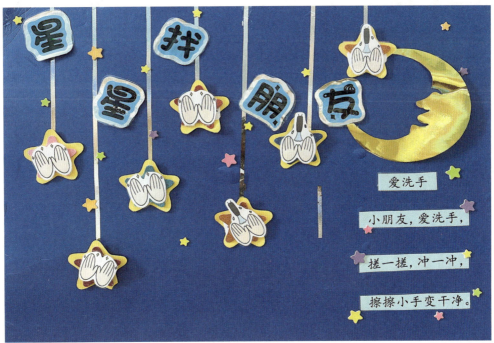

爱洗手

小朋友，爱洗手，

搓一搓，冲一冲，

擦擦小手变干净。

有几个

🍂 环境名称

我会扣纽扣

🍂 设计意图

对于3—4岁幼儿来说,培养他们的手眼协调能力及小肌肉的训练非常重要。结合教学内容,创设"我会扣纽扣"的认读环境。幼儿在游戏的情境中玩一玩、念一念,复习巩固字词,提高认读的兴趣。

🍂 材料准备

黑色KT板1块,废旧硬纸板若干,彩色打印扣纽扣、叠衣服、叠裤子步骤图,布织布若干,纽扣若干,打印字卡,塑封纸若干

🍂 制作方法

1. 废旧硬纸板裁剪成3块正方形,将扣纽扣、叠衣服、叠裤子步骤图贴在硬纸板上。

2. 布织布制作衣服造型,衣服一边钉纽扣,一边剪出纽扣洞。

3. 塑封字卡贴在衣服两边。

🍂 建议玩法

在衣服两边分别贴上不同的字卡,根据步骤图提示进行扣纽扣操作游戏,一边扣一边念出词组,词组正确并且衣服都扣上即为成功。

参考照片

8 小金鱼

环境名称

吹泡泡

设计意图

幼儿喜欢五彩斑斓的泡泡。结合教学活动,创设"吹泡泡"的认读环境,将重点字词融入环境中。幼儿通过操作,复习巩固儿歌里的字词,提升认读兴趣。

材料准备

黄色KT板1块、彩纸若干、保丽龙球若干、彩色打印"小朋友"图示1张、打印字卡、打印儿歌、塑封纸若干

制作方法

1. 将保丽龙球刷上五颜六色的颜料并晒干待用。

2. 晒干的保丽龙球表面割出一道凹槽,以便插入字卡。

3. 将人物图片、保丽龙球、儿歌贴在合适的位置,布置成吹泡泡的场景。

4. 将塑封字卡贴在彩纸上制作泡泡。

建议玩法

幼儿随机拿取一张字卡,并认一认、读一读。读对的字卡可插入自己喜欢的颜色的泡泡凹槽中,比一比谁吹出的字宝宝最多,则为胜利。字卡全部认读后,再读一读儿歌。

参考照片

9 小猴玩球

环境名称

贪吃蛇

设计意图

幼儿对《好饿的小蛇》这本绘本都比较熟悉，"小蛇"吃到的果子越来越多，身体会变得越来越长。结合教学内容，创设"贪吃蛇"的认读环境，将儿歌中的字词融入其中，引导幼儿复习巩固儿歌及重点字词，体验游戏的快乐。

材料准备

蓝色KT板1块、彩纸若干、彩色打印小蛇头像图片1张、打印儿歌、塑封纸若干、雌雄贴若干

制作方法

1. 将彩纸制作成圆形，与小蛇头像拼接完成小蛇形象，并用雌雄贴贴在KT板上。

2. 将塑封儿歌单字按顺序贴在小蛇身体上。

3. 抽掉其中几个圆形身体。

建议玩法

幼儿从小蛇头像开始念儿歌，念到空白处，找到正确的字卡填进去，将贪吃蛇补充完整，再完整读一读儿歌。

参考照片

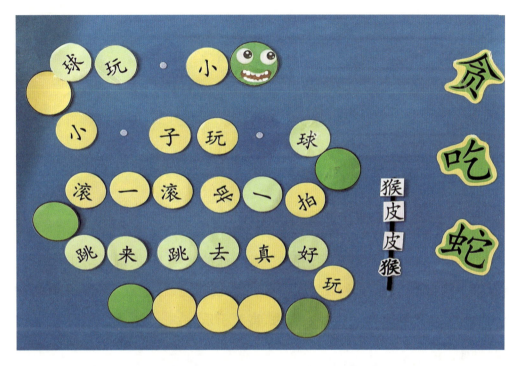

10 娃娃家

🌿 环境名称

拼拼乐

🌿 设计意图

拼图是幼儿很熟悉的玩具,容易引起幼儿的兴趣,它能锻炼幼儿的逻辑思维能力。结合教学活动,创设"拼拼乐"的认读环境,将重点字词融入环境中,幼儿一边复习巩固字词一边开发智力,寓教于乐。

🌿 材料准备

黑色KT板1块、红色KT板若干、瓦楞纸若干、海绵地垫若干、彩色打印字卡图片、打印字卡、塑封纸若干、雌雄贴若干

🌿 制作方法

1. 用红色KT板制作屋顶,将绿色、咖色瓦楞纸剪成圆形进行装饰。

2. 将海绵地垫切割成合适的大小,并将部分海绵块固定在墙面上。

3. 将雌雄贴固定在海绵块上,并贴上塑封好的字词和图片。

🌿 建议玩法

幼儿根据拼海绵垫上图片或字卡的线索,找出相对应的字卡或图片,并尝试进行拼接游戏,完成拼图即为获胜。

参考照片

11 ☁ 在 哪 里

🍃 环境名称

小白兔找萝卜

🍂 设计意图

3—4岁幼儿慢慢有了主人翁意识,喜欢自己的事情自己做。结合教学内容,创设"小白兔找萝卜"的认读环境,将重点字词融入环境中。幼儿在游戏中玩一玩,念一念,复习巩固字词,提升自我服务意识。

🍃 材料准备

黄色KT板1块、彩色打印胡萝卜和小兔子若干、海绵纸若干、彩纸若干、打印字卡、塑封纸若干、雌雄贴若干

🍃 制作方法

1. 用海绵纸制作苹果屋并粘上门窗,固定在KT板上。

2. 用绿色、红色彩纸制作草地场景。

3. 萝卜图片贴上塑封字卡用雌雄贴固定在苹果房四周。

4. 小兔子图片贴上塑封字卡用雌雄贴固定在草地里。

🍃 建议玩法

可以两至三名幼儿一起游戏,每位幼儿拿下一只小兔子,根据兔子身上的字卡,去拔贴有同样字卡的萝卜。完成后可以交换小兔子,再进行游戏。

参考照片

12 全家福

环境名称

汽车嘟嘟嘟

设计意图

3—4岁幼儿有一定的生活经验,在社会场景中能见到各种各样的汽车。结合教学内容,创设"汽车嘟嘟嘟"的认读环境。幼儿在游戏的情境中玩一玩、念一念,复习巩固字词,提高认读的兴趣。

材料准备

黄色KT板1块、彩色卡纸若干、彩色打印字卡图片、打印字卡、打印儿歌、塑封纸若干、雌雄贴若干

制作方法

1. 用紫色、黄色、蓝色卡纸制作小汽车,并固定在KT板上。

2. 用黑色、红色、黄色、绿色卡纸制作红绿灯,布置大马路场景。

3. 将塑封儿歌贴在最大的小汽车里。

4. 塑封字卡贴上雌雄贴,备用。

建议玩法

两名幼儿剪刀石头布,胜者打开车门读一读儿歌,认读正确可选取一张字卡粘贴在车轮上,将车轮组装完成后即为获胜。

参考照片

我有一张全家福，
有妈妈，有爸爸，
还有一个小娃娃。
开心快乐笑哈哈。

全家福

13 不倒翁

环境名称

乘上热气球

设计意图

爷爷奶奶是幼儿最为亲密的家人。结合教学内容,创设"乘上热气球"的认读环境。幼儿通过请爷爷奶奶乘坐热气球的游戏,复习巩固字词,提高认读的兴趣。

材料准备

黄色KT板1块、黑色卡纸若干、彩色打印热气球若干、彩色打印字卡图片、打印字卡、塑封纸若干、雌雄贴若干

制作方法

1. 在热气球上贴上塑封字卡图片并四散固定在KT板上。
2. 用黑色卡纸制作竹筐,并贴上塑封字卡。
3. 将贴有字卡的竹筐用雌雄贴贴在KT板下方。
4. 雌雄贴分别固定在竹筐位置和字宝宝后面。

建议玩法

幼儿自由选择"热气球",根据"热气球"上的字卡图片找到相对应的字卡,将该字卡竹筐贴到热气球下方完成组装。把所有字卡都成功送到热气球上,即为成功。

参考照片

14 小鸡真可爱

环境名称

小鸡乐园

设计意图

毛茸茸、胖乎乎的小鸡形象深受幼儿的喜爱。结合教学内容,创设"小鸡乐园"的认读环境,将儿歌中的字词融入小鸡捉虫的情境中。幼儿在玩一玩、找一找的游戏中复习巩固重点字词和儿歌,提高认读的兴趣。

材料准备

黄色KT板1块、硬纸板若干、彩纸若干、彩色打印小鸡和毛毛虫若干、打印字卡、打印儿歌、塑封纸若干、雌雄贴若干

制作方法

1. 用硬纸板制作树干,用深绿、淡绿色卡纸制作树叶和鸡舍,布置大树。
2. 将小鸡、毛毛虫分散贴在大树四周。
3. 将塑封字卡用雌雄贴贴在小鸡身上和四散在树下。
4. 塑封儿歌粘贴在鸡舍中。

建议玩法

幼儿认读小鸡身上的字卡,选定想吃的毛毛虫,把相同的字卡贴在这只毛毛虫身上就能吃到,成功吃到后打开鸡舍指读儿歌。

参考照片

15 小狗吃骨头

环境名称

小花狗去旅行

设计意图

幼儿有过旅行的经验,户外活动时经常会玩乘车去旅行的游戏。结合教学内容,创设"小花狗去旅行"的认读环境,在火车车厢中投放图片和字卡,幼儿在操作中复习巩固字词。

材料准备

黄色KT板1块、黑色自粘纸若干、彩色卡纸若干、彩色打印小狗2只、彩色打印字卡图片、打印字卡、塑封纸若干、雌雄贴若干

制作方法

1. 将黑色自粘纸剪成条制作火车轨道,用红色、绿色卡纸制作上下两辆小火车。

2. 在火车头中贴上小狗,车厢上分别装上车门和把手,把它们变成可打开的车厢。

3. 一辆火车车厢中贴上塑封字卡图片,另一辆火车车厢中贴上塑封字卡。

4. 其余字卡图片和字卡用雌雄贴固定在KT板下方。

建议玩法

以第一节车厢为起点,依次打开火车的车门,找出车厢里相对应的图片或字卡,找到后贴到车厢上,并认一认、读一读,比一比谁认识的字卡多。

参考照片

16 不挑食

环境名称

花朵妙妙屋

设计意图

小猫是幼儿喜欢的一种小动物,他们经常会模仿小猫的叫声与动作。结合教学内容,创设"花朵妙妙屋"的认读环境,通过帮助小猫回家的游戏,使幼儿在玩一玩、说一说中熟练掌握字词,充分激发幼儿参与的积极性。

材料准备

黄色KT板1块、彩色卡纸若干、彩色打印花朵房1座、打印字卡、塑封纸若干、雌雄贴若干

制作方法

1. 将黑色卡纸剪成条状制作马路,花朵房贴在马路一头。

2. 将白色卡纸剪成圆形制作鹅卵石,有序贴在马路上,同时在鹅卵石上用雌雄贴贴上塑封字卡。

3. 用粉色卡纸制作小猫。

建议玩法

以右下方为起点,幼儿手拿小猫咪卡片出发,一路上认读字词,认读准确可继续前行,认读不正确将小猫向后退一步,直至将小猫送回到花朵房,可打乱回家路线的字词顺序,多次游戏。

参考照片

17 鼻子

🍂 环境名称

夏日的凉爽

🍂 设计意图

3—4岁幼儿喜爱小动物,尤其对大象这种动物充满了好奇。结合教学内容,创设"夏日的凉爽"认读环境,以大象洗澡为环境中的素材,将重点字词融入其中,让幼儿既能复习巩固字词,又能提高认读的兴趣。

🍂 材料准备

黑色KT板1块、彩纸若干、彩色打印小象2只、打印字卡、打印儿歌、塑封纸若干、雌雄贴若干

🍂 制作方法

1. 用深蓝、淡蓝、白色彩纸制作小水滴和池塘。

2. 在KT板上布置场景,把小象贴在池塘上,鼻子喷出小水滴。

3. 空白处贴上儿歌。

4. 塑封字卡用雌雄贴固定在池塘里。

🍂 建议玩法

两名幼儿竞赛游戏,在池塘里认读字宝宝,念对就粘贴在水滴上,比比谁完成的水滴多即获胜。

参考照片

3—4岁（上）

二

班级环创参考图集

1 主题环境

结合五大领域相关主题活动课程,创设了丰富多元的主题活动环境。在布置主题环境的过程中涉及相关字词,如主题标题、主题评价表、主题人物等等,将主题环境与汉字融合呈现,帮助幼儿在五大领域课程中接触汉字,了解字词的运用。

(1)娃娃乐

(2)光盘行动

(3)可爱的动物

（4）我爱我家

（5）幼儿园里朋友多

2 创游环境

结合创造性游戏的需要,创设了逼真有趣的角色游戏场景。在布置游戏环境的过程中涉及相关字词,如游戏标识、游戏规则、游戏价目表等等,将游戏环境与汉字巧妙融合,帮助幼儿在游戏中接触汉字、巩固汉字、运用汉字。

(1)建筑工地

儿童语言发展小幼衔接的实验研究丛书(3—4岁)

上——环境认读

(2)糖果屋

(3)书店

（4）美食屋

（5）点心店

3 区角环境

结合一日生活中各个环节,创设了生活化、功能性的生活区角环境。在布置区角环境的过程中涉及相关字词,如盥洗室的洗手方法、走廊里的安全标志、专业活动室的使用制度等,将区角环境与汉字有效整合,帮助幼儿在日常生活中潜移默化地接触汉字,自然巩固字词。

(1)食堂

（2）挖沙区

（3）午睡区

（4）益智区

（5）阅读区

3—4 岁（下）

一

环境认读设计

1 过 新 年

🌿 环境名称

过年啦

🌿 设计意图

新年是我们中华民族的传统节日,是新的一年的开端。结合教学内容,创设"过年啦"的认读环境,将儿歌中的重点字词融入环境中,引导幼儿通过操作游戏熟练掌握字词,提高其认读的兴趣。

🌿 材料准备

黑色KT板1块、彩纸若干、彩色打印小朋友和鞭炮图片若干、打印字卡、塑封纸若干

🌿 制作方法

1. 用红色、黄色彩纸制作6个半封口红包,贴在KT板上。

2. 鞭炮四周用小朋友、鞭炮、彩纸等进行装饰。

3. 用粉色彩纸制作爆破形状,贴上塑封字卡并塞进红包,露出小尾巴在红包外。

🌿 建议玩法

幼儿自由选择红包,拉起小尾巴抽出红包里面的字卡,并大声地读出字宝宝,比一比谁得到的红包多。

参考照片

2 打电话

环境名称

娃娃打电话

设计意图

3—4岁幼儿对周围事物充满好奇,有着强烈的探索欲望,娃娃家的电话成了区域游戏的焦点,每天吸引很多幼儿去探索。结合教学内容,创设"娃娃打电话"的认读环境,将重点字词融入环境中,幼儿可以复习巩固字词。

材料准备

蓝色KT板1块、彩色打印字卡图片4张、打印字卡、塑封纸若干、雌雄贴若干、小篮子1个

制作方法

1. 将塑封字卡图片贴在KT板两边。

2. 在塑封字卡上贴好雌雄贴,放在小篮子里备用。

3. 在KT板中间,3个一排地贴上雌雄贴。

建议玩法

幼儿从小篮子里自由选择字宝宝,大声读出字宝宝贴到人物边上,并且排列成词语"打电话"。也可以两个幼儿进行比赛,看谁读得快、贴得快。

参考照片

3 纸飞机

环境名称

降落伞

设计意图

户外活动时,幼儿都喜欢玩降落伞游戏,大家沉浸在物体缓缓落下的情景中。结合教学内容,创设"降落伞"的认读环境,将儿歌中的重点字词融入环境中,以游戏的方式复习巩固重点字词和儿歌,提高幼儿认读的兴趣。

材料准备

蓝色KT板1块、海绵纸若干、彩色打印字卡图片、打印字卡、塑封纸若干、雌雄贴若干

制作方法

1. 用红色、粉色、黄色、白色海绵纸制作降落伞、星星、云朵,布置天空场景。

2. 将塑封字卡图片用雌雄贴贴在降落伞伞面。

3. 将塑封字卡用雌雄贴贴在星星上。

建议玩法

幼儿根据降落伞上图片的提示,在天空中寻找散落的字宝宝,将与图片对应的字词粘贴在降落伞的篮子里。

参考照片

4 躲猫猫

环境名称

气球飞走了

设计意图

幼儿都喜欢玩气球,每次看到气球都特别兴奋。结合教学内容,创设"气球飞走了"的认读环境,将儿歌中的重点字词融入环境中,使幼儿在送气球的过程中熟练掌握字词。

材料准备

深蓝色KT板1块、麻绳若干、彩纸若干、彩色打印字卡图片、打印字卡、塑封纸若干、雌雄贴若干

制作方法

1. 用紫色、白色、蓝色、黄色、绿色、黑色彩纸制作气球、小狗、小羊和小猫。

2. 用麻绳制作气球线,布置小动物放气球的场景。

3. 将塑封字卡图片贴在气球上。

4. 塑封字卡贴上雌雄贴备用。

建议玩法

幼儿认读字卡,找一找与字卡对应的图片,将字卡贴在气球上完成配对。

参考照片

5 玩滑梯

环境名称

花儿朵朵开

设计意图

幼儿喜欢大自然中美丽的事物,尤其对花朵、小鸟格外喜爱。结合教学内容,创设"花儿朵朵开"的认读环境,将重点字词融入其中。幼儿在操作游戏中复习巩固字词,提高认读兴趣。

材料准备

黄色KT板1块、彩色海绵纸若干、打印字卡、塑封纸若干、雌雄贴若干

制作方法

1. 用深绿、浅绿、红色、黄色海绵纸制作叶子、太阳和小鸟,固定在KT板上布置花园场景。

2. 用紫色、绿色海绵纸制作花瓣,贴上塑封字卡并用雌雄贴固定在KT板上。

建议玩法

幼儿学着小鸟飞翔的样子,飞过一朵一朵小花,并互相指认花瓣上的字卡,答对的小朋友可以把花瓣拿下来,继续飞往下一朵小花,看谁答得又快又好。

参考照片

6 小绵羊

环境名称

动物园

设计意图

动物园里各种各样的小动物深受幼儿喜欢。结合教学内容,创设"动物园"的认读环境,将儿歌中的重点字词融入环境中。幼儿边游戏边念儿歌,既能熟练掌握字词,又能提高认读兴趣。

材料准备

黄色KT板1块、彩色卡纸若干、打印字卡、塑封纸若干、雌雄贴若干

制作方法

1. 用绿色、红色、咖色、白色卡纸制作山坡、太阳、树木、房子和小羊。
2. 把塑封字卡贴在小羊的身上并用雌雄贴固定在山坡上。

建议玩法

幼儿在草地上放羊,念出小羊身上的字卡,即可送回家。两名幼儿合作,共同将小羊都送回家。

参考照片

猜 谜

🍂 环境名称

相亲相爱

🍂 设计意图

幼儿天生对小动物有着特殊的感情,他们喜欢动物、乐于亲近动物。结合教学内容,创设"相亲相爱"的认读环境,使幼儿在摆放字词和指读儿歌中,复习巩固字词,提高认读兴趣。

🍂 材料准备

绿色KT板1块、彩纸卡纸若干、打印儿歌、彩色打印字卡图片、打印字卡、塑封纸若干、雌雄贴若干

🍂 制作方法

1. 用粉色、金色、橙色卡纸制作房子、田地和脚印,脚印分散在田地中。

2. 塑封字卡图片上贴上雌雄贴,分散在田地四周。

3. 儿歌贴在KT板空白处。

🍂 建议玩法

幼儿自由组合,选择一个袋鼠宝宝,认读字卡,念对了可以贴到脚印上。比一比谁找得又快又准,成功后读一读儿歌。

参考照片

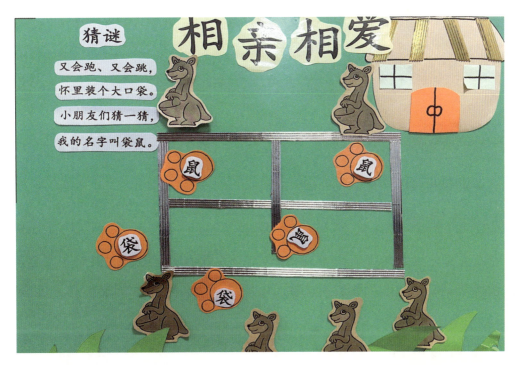

 上 学 歌

🍃 环境名称

太阳照花儿笑

🍃 设计意图

花儿和小动物的生长离不开太阳,结合儿歌内容,创设"太阳照花儿笑"的认读环境,将儿歌中的重点字词融入环境中。幼儿在操作游戏中复习巩固字词,感受太阳的温暖。

🍃 材料准备

白色KT板1块、彩色卡纸若干、彩色打印字卡图片、打印字卡、塑封纸若干、雌雄贴若干

🍃 制作方法

1. 用紫色、绿色、红色、蓝色卡纸制作太阳、小鸟、花朵,贴在KT板上布置花园场景。

2. 将塑封字卡图片用雌雄贴贴在花瓣上。

3. 将塑封字卡用雌雄贴贴在叶子上。

🍃 建议玩法

幼儿认读树叶上的字宝宝,找一找花瓣上相对应的字卡图片,找到后将字卡贴在花瓣上,进行字图配对游戏。

参考照片

9 夜晚

环境名称

星星和月亮

设计意图

为幼儿营造宽松、温馨的学习环境,能够激发幼儿探索、思考和想象的能力。结合教学内容,创设"星星和月亮"的认读环境,将重点字卡剪成月亮和星星的样子融入环境中。幼儿既能复习巩固字词,又能提升动手能力,寓教于乐。

材料准备

蓝色KT板1块、彩色卡纸若干、打印字卡、塑封纸若干、雌雄贴若干

制作方法

1. 用黄色、白色卡纸制作星星、月亮,布置夜空场景。

2. 用黑色卡纸折叠制作楼房,固定在KT板上。

3. 用黄色卡纸制作小星星,贴上塑封字卡,并用雌雄贴固定在楼房中。

建议玩法

幼儿可以两两合作,轮流玩。一名幼儿念字卡,一名幼儿验证,如果读对字卡,可以将字卡取下来送到天空中去做客,以此类推。比一比谁念对的字卡多,获胜的小朋友奖励贴纸一张。

参考照片

10 歌唱春天

环境名称

春天里

设计意图

春回大地,大自然中绿意盎然,一派生机勃勃的景象。结合教学内容,创设"春天里"的认读环境,将儿歌中的重点字词融入环境中,使幼儿在操作游戏中复习巩固字词,熟练掌握儿歌。

材料准备

黑色KT板1块、彩色卡纸若干、打印字卡、塑封纸若干、雌雄贴若干

制作方法

1. 用紫色、蓝色、橙色、绿色卡纸制作花盆、树叶、雨滴,布置春天场景。

2. 用雌雄贴把塑封字卡一部分贴在花盆上,一部分贴在KT板下方。

建议玩法

两名幼儿轮流游戏,一名幼儿将字宝宝贴在花盆上,另一名幼儿根据花盆上的字宝宝找出相应的字宝宝贴在叶子上进行配对。

参考照片

11 小鸭

环境名称

鸭妈妈找宝宝

设计意图

小鸭子是幼儿非常喜欢的小动物,幼儿经常模仿鸭子。结合教学内容,创设"鸭妈妈找宝宝"的认读环境,使幼儿在游戏的情境中玩一玩、找一找,复习巩固字词,激发幼儿的识字兴趣,使教学效果事半功倍。

材料准备

白色KT板1块、彩色卡纸若干、彩色打印字卡图片、打印字卡、塑封纸若干、雌雄贴若干

制作方法

1. 用绿色、蓝色卡纸制作小河、蛋壳,固定在KT板上。
2. 塑封字卡图片用雌雄贴贴在空白处。
3. 塑封字卡用雌雄贴贴在蛋壳上。

建议玩法

幼儿指读蛋壳上的字卡,并寻找相匹配的字卡图片,贴到蛋壳的另一端,完成字图匹配游戏。

参考照片

12 ☁ 理 发

🍃 环境名称

摘果子

🍃 设计意图

3—4岁幼儿了解动物摘果子的不同方法,也喜欢用动作来模仿。结合教学内容,创设"摘果子"的认读环境,将重点字词融入环境中。幼儿通过操作游戏可以复习巩固字词,提升认读兴趣。

🍃 材料准备

黑色KT板1块、彩色海绵纸若干、彩色打印刺猬图片若干、彩色打印苹果图片若干、打印字卡、塑封纸若干、雌雄贴若干

🍃 制作方法

1. 用绿色海绵纸制作成苹果树、草地场景。

2. 塑封刺猬图片贴在苹果树下。

3. 塑封字卡贴在塑封苹果图片上,并用雌雄贴固定在苹果树上。

🍃 建议玩法

幼儿摘一个树上的苹果,念出上面的字宝宝,就将苹果贴到小刺猬身上。将所有苹果都贴到小刺猬身上运走,即为成功。

参考照片

13 玩具

🍃 环境名称

搭积木

🍃 设计意图

3—4岁幼儿喜欢五颜六色的积木,也喜欢和同伴一起任意拼搭各种造型。结合教学内容,创设"搭积木"的认读环境,将重点字词融入搭积木的环境中。幼儿在游戏中复习巩固字词和儿歌,提高认读兴趣。

🍃 材料准备

深蓝色KT板1块、彩色卡纸若干、彩色打印小朋友图片1张、打印儿歌、塑封纸若干、雌雄贴若干

🍃 制作方法

1. 用红色、黄色、紫色、蓝色、橙色卡纸制作彩带、积木,固定在KT板上布置玩玩具场景。

2. 将塑封小朋友图片装饰在玩玩具场景中。

3. 塑封儿歌用雌雄贴固定在空白处,同时拿取其中部分字卡。

🍃 建议玩法

认读板上的儿歌,找寻儿歌空缺部分的字卡,找到与儿歌内容相匹配的字卡后并正确认读,最后将字卡送到儿歌空缺处,使儿歌完整。

参考照片

14 吃点心

环境名称

我要吃

设计意图

3—4岁幼儿年龄较小,往往会因为不了解食物的种类和营养而养成挑食、偏食的坏习惯。结合教学内容,创设"我要吃"的认读环境,将美味的食物和大嘴巴变成认读环境中的素材,将重点字词及图片融入环境中,幼儿在操作游戏中可以复习巩固字词。

材料准备

蓝色KT板1块、彩色KT板若干、彩色海绵纸若干、彩色打印字卡图片、打印字卡、塑封纸若干、雌雄贴若干

制作方法

1. 用白色、绿色KT板和肉色、黄色卡纸制作出立体的大嘴巴小朋友吃饭的场景。

2. 将塑封字卡图片和塑封字卡用雌雄贴对应贴在碗里。

3. 将"我""要""吃"字卡贴在KT板空白处。

4. 在嘴巴上贴上雌雄贴。

建议玩法

幼儿自由选择喜欢的食物,并将下方对应的字卡念出来,同时贴在大嘴巴上,尝试完整地说句型:"我要吃×××。"

74

参考照片

15 小池塘

环境名称

荷塘

设计意图

夏日里,最美的地方要数荷塘了。结合教学内容,创设"荷塘"的认读环境,将幼儿喜爱的青蛙变成认读环境中的素材,将重点字词融入环境中。幼儿在操作游戏中可以复习巩固字词,熟练掌握儿歌。

材料准备

黑色KT板1块、彩色海绵纸若干、打印字卡、塑封纸若干、雌雄贴若干

制作方法

1. 用粉色、绿色、蓝色海绵纸制作荷花、荷叶和波浪,固定在黑色KT板上,布置池塘的场景。

2. 用绿色海绵纸制作青蛙,贴上塑封字卡并用雌雄贴固定在波浪上。

建议玩法

两名幼儿竞赛游戏,幼儿认读青蛙身上的字宝宝,念对了就可以把青蛙放到荷叶上,比比谁放得多即获胜。

参考照片

16 蘑菇伞

环境名称

蘑菇屋

设计意图

3—4岁幼儿喜欢可爱、色彩亮丽的物品。结合教学内容,创设"蘑菇屋"的认读环境,用卡通的蘑菇形象作为主角,将重点字词融入环境中。幼儿在操作游戏中可以复习巩固字词,提高认读兴趣。

材料准备

黑色KT板1块、彩纸若干、彩色海绵纸若干、彩色打印字卡图片、打印字卡、塑封纸若干、雌雄贴若干

制作方法

1. 用黄色、红色、绿色、蓝色制作蘑菇屋,固定在KT板中间。
2. 用粉色、蓝色、绿色、黄色彩纸制作小草、小花,布置花园场景。
3. 将塑封字卡图片用雌雄贴贴在蘑菇屋房顶上。
4. 将塑封字卡用雌雄贴贴在草丛里。

建议玩法

幼儿认一认、说一说蘑菇屋上的图片对应的字词是什么,并在草丛中找到相应的字卡贴在对应房子的窗户上。

17 下雨啦

🌾 环境名称

小雨滴去旅行

🍂 设计意图

3—4岁幼儿喜欢下雨的场景。结合教学内容,创设"小雨滴去旅行"的认读环境,将儿歌中的重点字词融入环境中。幼儿在操作游戏中复习巩固字词,提高认读兴趣。

🍂 材料准备

绿色KT板1块、彩纸若干、彩色打印小雨伞图片、彩色打印字卡图片、打印字卡、打印儿歌、塑封纸若干、雌雄贴若干

🍂 制作方法

1. 在小雨伞上贴上塑封字卡图片,分散贴在KT板上。

2. 将儿歌贴在KT板空白处。

3. 用蓝色彩纸制作小雨滴,贴上塑封字卡,并用雌雄贴固定在KT板下方。

🍂 建议玩法

观察小雨伞上的图片,在雨滴中找出对应的字卡,并将相应的小雨滴贴在小雨伞上,完成后读一读儿歌。

参考照片

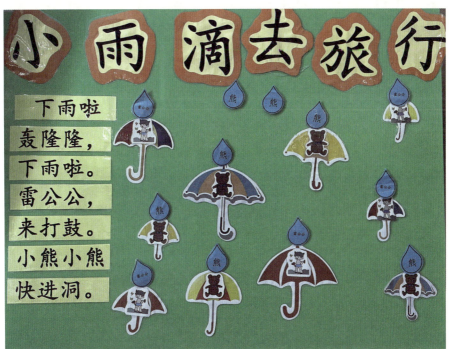

18 小青蛙

🍃 环境名称

花园小筑

🍃 设计意图

小树与小花的形象都是幼儿十分喜欢的。结合教学内容,创设"花园小筑"的认读环境,将重点字词融入环境中。幼儿在操作游戏中复习巩固字词,提高认读兴趣。

🍃 材料准备

黄色 KT 板 1 块、彩纸若干、长纸筒 1 个、彩色海绵纸若干、鞋盒 1 个、打印字卡、塑封纸若干、雌雄贴若干

🍃 制作方法

1. 用长纸筒和鞋盒制作一个鸟窝,用绿色彩纸包裹纸盒,用粉色彩纸做栅栏,布置花园的场景。

2. 用咖啡色海绵纸制作树干,用绿色、粉色、蓝色、橙色彩纸制作立体树叶和花朵并贴在 KT 板上。

3. 将塑封字卡用雌雄贴贴在栅栏、树叶上。

🍃 建议玩法

幼儿观察树叶上的字卡,按照栅栏上字卡顺序寻找与树叶上一致的字卡,找到后读一读,将树叶上的字卡放进小屋。

参考照片

3—4岁（下）

二

班级环创参考图集

1 主题环境

结合五大领域相关主题活动课程,创设了丰富多元的主题活动环境。在布置主题环境的过程中涉及相关字词,如主题标题、主题评价表、主题人物等等,将主题环境与汉字融合呈现,帮助幼儿在五大领域课程中接触汉字,了解字词的运用。

(1)干净小超人

（2）拜访春天

（3）大马路

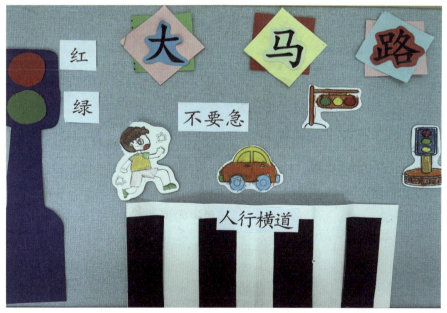

（4）快乐六一

（5）缤纷夏日

2 创游环境

结合创造性游戏的需要，创设了逼真有趣的角色游戏场景。在布置游戏环境的过程中涉及相关字词，如游戏标识、游戏规则、游戏价目表等等，将游戏环境与汉字巧妙融合，帮助幼儿在游戏中接触汉字、巩固汉字、运用汉字。

（1）娃娃家

（2）果汁店

（3）东吴面馆

（4）理发店

（5）烧烤店

3 😊 区角环境

结合一日生活中各个环节,创设了生活化功能性的生活区角环境。在布置区角环境的过程中涉及相关字词,如盥洗室的洗手方法、走廊里的安全标志、专业活动室的使用制度等,将区角环境与汉字有效整合,帮助幼儿在日常生活中潜移默化地接触汉字,自然巩固字词。

(1)种植园

(2)插牌区

(3)美工区

（4）工具坊

（5）记录区

后 记

　　苏州市实验小学教育集团各民办校(园)在徐天中校长的带领下,自2011年起,以"语言发展"为研究点开展"儿童语言发展小幼衔接的实验研究"。该课题研究的申报单位为苏州明珠学校。课题组由苏州明珠学校、苏州明珠幼儿园等四家单位组成,苏州明珠幼儿园主要承担完成了课题中3—6岁年龄段的实验研究。

　　徐天中校长是教育部首届骨干校长高级研修班成员,全国29位校长带头人之一,中国教育学会全国实验学校教育科学研究专业委员会副理事长,中国教育学会小学教育专业委员会副会长,全国骨干校长工作研究会副理事长,苏州市专家咨询团成员,教育部小学校长培训中心(北京师范大学校长培训学院)兼职教授,苏州大学兼职教授、硕士生导师,苏州市实验小学校教育集团原总校长。

　　徐天中校长创造性地提出了"生活认读""环境认读""游戏认读""三步认读"四种模块的学习方式。四模块的学习,遵循了儿童的生理和心理发展规律,符合汉字、汉语文化的学习特征,将符号辨识和内容体验有机统一。四模块的学习,建立了小幼衔接语言教学共同体,儿童在活生生的多元动态环境中实现高效地识字、快速地阅读、流利地表达,从而充分开发儿童语言、思维等潜能,促进儿童全面可持续发展,为终身学习打下坚实的基础。

　　本丛书由徐天中校长担任编委会总主编,他对本丛书的指导思想、框架结

环境认读

构、内容审定、文字撰写等方面做出了具体指导和详细安排。赵洪、丰新娜、丁文群、王莉、王静、过坚、朱月龙、屈雅琴、钱春玲、钱晶莹参与了本丛书各书册的编写与审校工作。谈莉莉、葛建平、宋怡、周莉、周璇、戴莉萍、沈琴、周玉婷、陆丽亚、范兰珍、顾敏娴、吴国英、程浏、杨斐、张雯婷、沈建芳、翁娟芳、潘宏参与了课题的教学研究工作。课题组全体成员在推进课题研究的过程中，展现了对孩子的认真观察、对教法的认真琢磨、对经验的认真提炼。本丛书中的每一篇活动设计、每一件游戏材料、每一个指导要求，都凝聚着教师们对于课题研究的独特观点。

课题研究开展期间，课题组得到了幼儿科学认读发起人，原江苏省教育委员会副主任、江苏省教育学会原会长周德藩先生，苏州大学朱月龙教授，以及北京师范大学、中国教育科学研究院、江苏省教育科学研究院等单位有关专家的指导。他们为课题研究提供了科学认读的成果借鉴、为课题推进提供了广阔的研究思路，也在丛书编写过程中提供了许多建设性的修改意见，我们在此表示衷心的感谢！

本丛书在编写过程中得到了很多专家、学者、老师的支持和帮助，在此向各位表示诚挚的谢意！

由于编者水平和时间的限制，丛书在理论的探索和实践的操作上还有提升的空间，不足之处敬请专家和读者不吝赐教！

编　者

2023 年 8 月

儿童语言发展
小幼衔接的实验研究丛书

游戏认读

3—4岁

徐天中 总主编
本书编委会 编

浙江工商大学出版社
ZHEJIANG GONGSHANG UNIVERSITY PRESS
·杭州·

图书在版编目（CIP）数据

儿童语言发展小幼衔接的实验研究丛书. 3—4岁 3

游戏认读 / 徐天中总主编;本书编委会编. -- 杭州：

浙江工商大学出版社,2024. 10. -- ISBN 978-7-5178

-6123-2

Ⅰ. G613.2

中国国家版本馆CIP数据核字第2024Q0K012号

儿童语言发展小幼衔接的实验研究丛书
游戏认读（3—4岁）
YOUXI RENDU（3—4 SUI）

徐天中　总主编　本书编委会　编

策划编辑	周敏燕
责任编辑	周敏燕
责任校对	都青青
封面设计	蔡思婕
责任印制	祝希茜
出版发行	浙江工商大学出版社
	（杭州市教工路198号　邮政编码310012）
	（E-mail：zjgsupress@163.com）
	（网址：http://www.zjgsupress.com）
	电话：0571-88904980,88831806（传真）
排　　版	杭州朝曦图文设计有限公司
印　　刷	杭州捷派印务有限公司
开　　本	787mm×1092mm　1/16
总 印 张	43.25
总 字 数	593千
版 印 次	2024年10月第1版　2024年10月第1次印刷
书　　号	ISBN 978-7-5178-6123-2
总 定 价	160.00元(共六册)

"儿童语言发展小幼衔接的实验研究丛书"编委会

顾　　问：周德藩

总　主　编：徐天中

副总主编：赵　洪　丰新娜

编　　委：（按姓氏笔画排序）

丁文群　王莉　王静　过坚　朱月龙

屈雅琴　钱春玲　钱晶莹

本书编委会

主　　编：丰新娜

编　　委：（按姓氏笔画排序）

周　莉　周　璇　戴莉萍

序

　　一个人的语文素养根基在于阅读,儿时阅读兴趣的激发和习惯的养成至关重要。孩子是天生的学习者。脑科学研究成果表明,幼儿正处于语言学习的敏感期,充分利用汉字图形表意的优势,在儿童生活和游戏过程中,开展"随风潜入夜"式的认读活动,既能激发孩子的阅读兴趣,又有利于培养孩子的阅读习惯。

　　为此,我们曾组织几十所幼儿园和小学,以"科学认读"为课题进行早期阅读的实验研究。十数年的坚持,改变了我们汉字难学的认知,其实汉字存有认读和书写的相位差,可先认读不书写,或者后书写。阅读的入门并不难。据此,我们在幼儿园开展科学认读汉字词的活动,这激发了孩子们认读汉字词的热情。做得好的幼儿园,大班的孩子普遍可以认读近千个汉字。有些小学主动对接幼儿园继续实验,到二年级学年末,学生认读可超两千字,从而实现自主阅读。这项研究结题时,教育部原副总督学郭振有说,此项研究小切口、意义大。

　　结题之后,由于环境的影响,继续参与研究的很少。但是徐天中校长凭借他丰富的教育经历和学识,充分认定这项研究的价值,抓住小切口,依靠教育集团的优势,设计出小幼衔接的大文章,坚持做了十多年。他主持开展的江苏省教育科学"十二五"规划重点课题"儿童语言发展小幼衔接的实验研究",抓住儿童口头语言发展的关键期,在不增加儿童学习负担的前提下,建立了一套

符合儿童身心发展特征、小幼间无缝对接的科学认读目标、内容、方法、评价体系，让3—6岁语言教学与小学语文教学在展示自身特色基础上实现无缝衔接，建立小幼衔接语言教学共同体，开发儿童语言思维等潜能，促进儿童全面可持续发展，为终身学习打下坚实的基础。

徐天中校长从"字""人""环境"这三个方面着手研究，创造性地在3—6岁阶段科学认读研究中提出了"生活认读""环境认读""游戏认读""三步认读"四种模块的学习方式，在这些学习方式的互通与互补过程中，6岁幼儿轻松而高效地达到1000多个常见字的认读目标。正是通过抓住关键期，从3岁开始的有效语言教育，幼儿从3岁就逐步开始了自主阅读绘本、报纸、书册，到6岁积累了近10万字的阅读量。这充分开发了幼儿的学习潜能，促进了其形象思维、逻辑思维等的快速发展。3—6岁的早期认读和早期阅读成果，让幼儿进入小学一二年级后语文学习优势明显，轻松完成2500个常用字的学习，课外阅读量超100万字，这也很好地推进和提高了学生学习其他学科的兴趣、速度和质量，从而进一步全面提升了学生的综合素养。

徐天中校长领衔的这项课题成果丰硕，课题组编撰了《小幼衔接语言发展之科学认读》《小幼衔接语言发展之绘本阅读》《小幼衔接语言发展之口语讲述》等共计18册的系列丛书，制作了与之配套的电子课件、挂图卡片、音频视频、游戏盒子等学习辅助材料。这些课题研究成果集聚了严谨规范的教学流程、系统高效的教学方式、生动有趣的教学材料、多元灵活的教学评价，具有极大的实操性和可推广性。我希望这项课题研究能长期进行下去，它的探索和深化必将对基础教育体系改革产生重大意义！

周德藩

（原江苏省教委副主任）

目 录

3—4岁（上）

一、桌面游戏 ……………………………………………………………… 1

  1 学儿歌 ……………………………………………………………… 2

  2 玩游戏 ……………………………………………………………… 4

  3 我爱老师 …………………………………………………………… 6

  4 找朋友 ……………………………………………………………… 8

  5 小苹果 ……………………………………………………………… 10

  6 爱洗手 ……………………………………………………………… 12

  7 有几个 ……………………………………………………………… 14

  8 小金鱼 ……………………………………………………………… 16

  9 小猴玩球 …………………………………………………………… 18

  10 娃娃家 …………………………………………………………… 20

  11 在哪里 …………………………………………………………… 22

  12 全家福 …………………………………………………………… 24

  13 不倒翁 …………………………………………………………… 26

  14 小鸡真可爱 ……………………………………………………… 28

  15 小狗吃骨头 ……………………………………………………… 30

16 不挑食 ·· 32

17 鼻子 ··· 34

二、集体游戏 ································ 37

1 学儿歌 ··· 38

2 玩游戏 ··· 40

3 我爱老师 ··· 42

4 找朋友 ··· 44

5 小苹果 ··· 46

6 爱洗手 ··· 48

7 有几个 ··· 50

8 小金鱼 ··· 52

9 小猴玩球 ··· 54

10 娃娃家 ·· 56

11 在哪里 ·· 58

12 全家福 ·· 60

13 不倒翁 ·· 62

14 小鸡真可爱 ······································ 64

15 小狗吃骨头 ······································ 66

16 不挑食 ·· 68

17 鼻子 ·· 70

三、亲子游戏 ································ 73

1 我做小老师 ······································· 74

2 捕鱼达人 ··· 75

3 火车站 ··· 76

4 打鼓 ··· 77

3—4岁（下）

一、桌面游戏 ………………………………………………………… 79

  1 过新年 ………………………………………………………… 80

  2 打电话 ………………………………………………………… 82

  3 纸飞机 ………………………………………………………… 84

  4 躲猫猫 ………………………………………………………… 86

  5 玩滑梯 ………………………………………………………… 88

  6 小绵羊 ………………………………………………………… 90

  7 猜谜 …………………………………………………………… 92

  8 上学歌 ………………………………………………………… 94

  9 夜晚 …………………………………………………………… 96

  10 歌唱春天 …………………………………………………… 98

  11 小鸭 ………………………………………………………… 100

  12 理发 ………………………………………………………… 102

  13 玩具 ………………………………………………………… 104

  14 吃点心 ……………………………………………………… 106

  15 小池塘 ……………………………………………………… 108

  16 蘑菇伞 ……………………………………………………… 110

  17 下雨啦 ……………………………………………………… 112

  18 小青蛙 ……………………………………………………… 114

二、集体游戏 ………………………………………………………… 117

  1 过新年 ……………………………………………………… 118

  2 打电话 ……………………………………………………… 120

  3 纸飞机 ……………………………………………………… 122

游戏认读

4 躲猫猫 ……………………………………………………… 124

5 玩滑梯 ……………………………………………………… 126

6 小绵羊 ……………………………………………………… 128

7 猜谜 ………………………………………………………… 130

8 上学歌 ……………………………………………………… 132

9 夜晚 ………………………………………………………… 134

10 歌唱春天 ………………………………………………… 136

11 小鸭 ……………………………………………………… 138

12 理发 ……………………………………………………… 140

13 玩具 ……………………………………………………… 142

14 吃点心 …………………………………………………… 144

15 小池塘 …………………………………………………… 146

16 蘑菇伞 …………………………………………………… 148

17 下雨啦 …………………………………………………… 150

18 小青蛙 …………………………………………………… 152

三、亲子游戏 ………………………………………………… 155

1 宠物店 …………………………………………………… 156

2 停车场 …………………………………………………… 157

3 玩具店 …………………………………………………… 158

4 萝卜保卫战 ……………………………………………… 159

后 记 …………………………………………………………… 160

3—4岁（上）

一

桌面游戏

1 学儿歌

🌿 游戏名称

小海马上幼儿园

🌿 设计意图

根据幼儿的年龄特点,为幼儿创设"小海马上幼儿园"的情境游戏,引导幼儿在为小海马铺路的过程中熟悉所学汉字,增加认读的趣味性。

🌿 材料准备

小海马彩色图片、小房子彩色图片、蓝色海绵纸、橙色彩纸、自制红色箭头、A4白纸、塑封纸

🌿 制作方法

1. 用蓝色海绵纸做底板,彩色打印小房子作为"幼儿园"贴在底板右下角。

2. 将橙色彩纸剪成大小相等的圆形做成"石子",字卡贴在"石子"上,再将其一起塑封,贴成"石子"铺成路的形状。

3. 制作红色箭头指向"幼儿园",将"小海马"贴在底板左上角。

🌿 游戏玩法

【单人游戏】幼儿拿取一块"石子",并念出"石子"上的字宝宝,就可以为小海马"铺路",小海马就能往前走。依次念出六个字宝宝,"石子"路就能铺到幼儿园门口,小海马到达幼儿园。

参考照片

2 玩游戏

🍃 游戏名称

宝宝买糖

🍃 设计意图

糖果是幼儿最喜欢的食物之一,因此结合儿歌《玩游戏》的内容创设"宝宝买糖"的情境游戏,让幼儿在选糖果的游戏中复习巩固字宝宝。同时引导幼儿关注字形,提高对汉字的敏感度。

🍃 材料准备

硬纸板、A4白纸、塑封纸、粉色和白色海绵纸、16K彩纸、KT板、子母贴

🍃 制作方法

1. 将硬纸板对折站立当作商店底板,用粉色、白色海绵纸剪成若干个半圆形,以颜色间隔的排列规律贴在底板顶端做屋檐。

2. 用A4纸彩色打印出12根棒棒糖和字卡一起塑封,将棒棒糖用子母贴贴在底板上。

3. 在彩色纸上打印"购物车"粘贴在KT板上,用A4纸打印图卡并使用子母贴贴在"购物车"上。

🍃 游戏玩法

【单人游戏】幼儿手持购物车操作板,根据购物车操作板上显示的图卡,在糖果商店寻找相对应的汉字棒棒糖,然后将相匹配的汉字棒棒糖粘贴在购物车上。

4

参考照片

3 我爱老师

游戏名称

纸杯对对碰

设计意图

抓住幼儿喜欢玩对对碰游戏的兴趣点,设计"纸杯对对碰"的游戏,利用纸杯或蛋糕杯的游戏材料,将幼儿已学习的《我爱老师》中的字宝宝融入其中,以简单的操作方法引导幼儿进行游戏,帮助幼儿在游戏中复习巩固所学的汉字。

材料准备

硬纸板、纸杯12个、粉色A4彩纸4张、塑封纸

制作方法

1. 将硬纸板当作底板,在底板上画出纸杯底大小的12个圈。

2. 用粉色彩纸打印12张字卡并塑封,贴在底板12个圈中。

3. 打印12张字卡贴在纸杯底。

游戏玩法

【单人游戏】幼儿在纸板上找一找与纸杯底部相同的字宝宝,然后将纸杯放在有相同字宝宝的圆圈上,一边放一边念上面的汉字。将所有的纸杯都放完即完成游戏。

参考照片

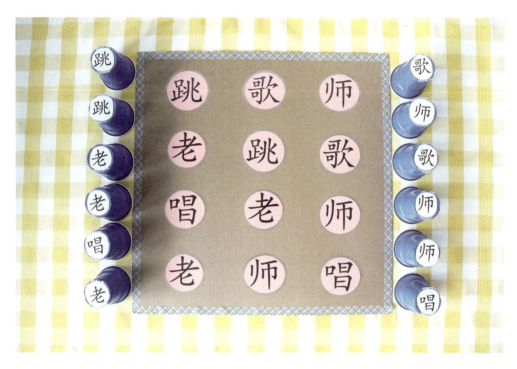

🍃 游戏名称

找不同

🍃 设计意图

引导幼儿进一步掌握所学的《找朋友》中的字宝宝,结合"找不同"的游戏玩法,通过观察图片,找出与图片不匹配的字宝宝,留下正确的字宝宝,从而达到复习巩固的目的。

🍃 材料准备

自制圆盘、与文字相符的彩图、白纸

🍃 制作方法

1. 将彩图贴在圆盘中间。
2. 将"朋、友、你、我"打印在白纸上,并制作成字卡。
3. 将"朋、友、你、我"字卡随机贴在圆盘四周。

🍃 游戏玩法

【单人游戏】幼儿通过观察盘子上的图片进行"找不同"的游戏,将与图片不匹配的字宝宝一个一个取下来,将盘子上不匹配的字宝宝都找到,并能正确念出来即完成游戏。

参考照片

5 小苹果

游戏名称

小火车运苹果

设计意图

针对幼儿喜欢情境游戏特点,设计"小火车运苹果"的情境游戏,更能够激发幼儿参与游戏的积极性,将《小苹果》的内容结合在游戏中,幼儿在玩的过程中能巩固对字词的记忆和理解。

材料准备

小火车图片1个、彩色卡纸、棕色和绿色海绵纸、KT板、塑封纸、子母贴

制作方法

1. 将棕色海绵纸、绿色海绵纸裁剪成"苹果树"的模型。

2. 在树干上剪出一个长方形小洞,将小火车与红色卡纸连接放置在长方形小洞中。

3. 在红色卡纸上打印字词,并制作成苹果的形状作为字卡,将其塑封,用子母贴贴在"大树"上。

游戏玩法

【单人游戏】幼儿从树上摘下一个苹果,正确认读字卡后放在小火车上运走,如认读错误,教师单独指导。所有的苹果都被摘下运走,则游戏结束。

参考照片

6 爱洗手

游戏名称

杯下藏字

设计意图

根据幼儿喜欢益智游戏的特点,设计"杯下藏字"的情境游戏,在不断的操作过程中引导幼儿巩固所学汉字,增加幼儿认读汉字的趣味性。

材料准备

泡沫地垫、彩色圆形字卡、彩色卡纸、纸杯、小碟子两个

制作方法

1. 把泡沫地垫当作操作背景板。

2. 将字打印在彩色纸上,剪成圆形字卡,大小与纸杯的口径一样。

3. 将彩纸剪成圆形、正方形、三角形,分别贴在每个杯子的底部。

游戏玩法

【双人游戏】用杯子罩住字卡,一名幼儿先说要翻哪个图形的杯子,然后动手翻该杯子,翻开后认读杯子下面的字宝宝,读对了把该字卡收到自己的碟子里,读错则用杯子继续罩住字卡,另一名幼儿开始翻杯子。两人轮流游戏,直到所有杯子被翻完,最后谁得到的字卡多即获胜。

参考照片

有几个

🌿 游戏名称

美味的饼干

🌿 设计意图

利用3—4岁幼儿喜欢小动物、爱模仿的特点,设计"美味饼干"的游戏,引导幼儿及时更换字卡,复习巩固新授字词。

🌿 材料准备

小猪图片、小兔子图片、字卡、彩色海绵纸、小猪房屋背景、盒子

🌿 制作方法

1. 将彩色海绵纸贴上字卡做成饼干。

2. 彩色打印出小兔子卡通形象,然后剪下来塑封好,贴上不同的字卡。

3. 将彩色打印的小猪图片、房子剪下贴在小猪房屋背景上,做成"小猪的家"。

🌿 游戏玩法

【双人游戏】一名幼儿手拿一只贴有字卡的小兔,另一名幼儿找出与其相对应的字卡饼干并读一读,配对正确则游戏继续,配对错误则交换角色,直到所有小兔字卡和饼干字卡全部配对完成,则游戏结束。两人可反复多次游戏。

参考照片

8 小金鱼

游戏名称

小动物吹泡泡

设计意图

结合儿歌《小金鱼》的内容和3—4岁幼儿的具象认知特点,创设"小动物吹泡泡"的情境游戏,引导幼儿认读瓶盖上的"吹""泡"等字,在动手操作的过程中加深对字宝宝的认识。

材料准备

塑料瓶、瓶盖、小羊和小狮子图片、纸盒、粉色和黄色自粘纸、白纸、塑封纸

制作方法

1. 用粉色、黄色的自粘纸装饰纸盒,将小羊和小狮子的图片剪下后进行塑封并贴在纸盒上。

2. 在纸盒上挖三个洞,把塑料瓶的瓶口部分剪下,嵌在纸盒的洞里,瓶口朝外。

3. 打印字宝宝"吹、泡"等并剪下塑封,贴在瓶盖上。

游戏玩法

【单人游戏】幼儿手拿动物纸盒进行"小动物吹泡泡"游戏,先取一个瓶盖并认读上面的字,正确认读后将这个瓶盖与瓶子进行匹配,将瓶盖拧上,幼儿成功为所有瓶子都匹配到瓶盖后即为小动物吹出泡泡,游戏完成。

参考照片

9 小猴玩球

🍃 游戏名称

快乐的骰子

🍃 设计意图

结合儿歌《小猴玩球》的内容,将"皮""球""猴"等字词贴在骰子上,找一找、读一读的游戏以及同伴间的竞争可以让幼儿掌握字词,也能提高幼儿的认读能力。

🍃 材料准备

卡通背景图、彩色方纸、白纸、塑封纸、彩色盘子

🍃 制作方法

1. 打印两套字卡"皮、球、猴"。

2. 用彩色方纸制作一个彩色骰子,在骰子每一面贴上字卡"皮、球、猴"。

3. 把骰子和剩余字卡放在彩色卡通背景图上。

🍃 游戏玩法

【双人游戏】一位幼儿投掷骰子,另一位幼儿念骰子上的字宝宝,如认读正确,则将背景图上相同的字卡拿到盘子里,如不能正确认读,则不能获得字卡。游戏交替进行,最后谁盘子里的字卡多即获胜。

参考照片

10 娃娃家

游戏名称

建筑大师

设计意图

结合儿歌《娃娃家》的内容,将"布""木""户"等字词变成建筑材料,吸引幼儿主动参与游戏活动,在活动中发展幼儿的互助能力、表达能力,将所学的汉字进行有效地巩固复习。

材料准备

小动物图片(兔子、狮子、麋鹿、熊猫等)、白色和黄色KT板、绿色泡沫纸、彩色卡纸、绿色自粘纸、子母贴、自制字卡、塑封纸

制作方法

1. 将黄色KT板切割成房子形状,用绿色泡沫纸裁剪成屋顶形状进行装饰,在房子周围布置小动物图片。

2. 将绿色自粘纸剪成长条,在房子上贴出正方形格子,在格子中间贴上子母贴。

3. 用KT板裁剪出三角形、正方形等图形,正面贴上自制字卡,在反面贴上子母贴。

游戏玩法

【多人游戏】幼儿选择一个动物代表自己进行比赛。幼儿轮流选择一个图形操作板进行认读,成功念对字宝宝,就把相应的图形操作板贴在自己所在行的空格里,没有念对则不贴。最先横向完成四格的幼儿为胜利者。

参考照片

11 在哪里

游戏名称

走迷宫

设计意图

结合儿歌《在哪里》的内容,创设幼儿喜欢的情境游戏"走迷宫",让幼儿在玩走迷宫的游戏过程中认读每个转角上的字宝宝,提高对认读的积极性。

材料准备

纸盒、硬卡纸、毛球、绿色和粉色自粘纸、A4白纸、字卡图片、塑封纸

制作方法

1. 将硬卡纸剪成条状纸片,将纸片竖着粘贴在纸盒里,制作成迷宫墙。

2. 用绿色和粉色自粘纸剪两个箭头,分别贴在迷宫的入口和出口。

3. 用塑封纸剪出正方形,制作成卡袋(三面贴好,上面不贴),将打印好的字卡和图片插入卡袋中。

游戏玩法

【单人游戏】幼儿摆动盒子让小球慢慢往前走,走到有字卡的地方认读该字卡,能正确认读出来则将字卡拿走,不能正确认读则将字卡留在原地。等小球走到终点后,数一数最终得到几张字卡。

参考照片

12 全家福

游戏名称

幸福一家人

设计意图

家庭人员的称呼是幼儿熟悉的文字内容,为幼儿创设"幸福一家人"的找家游戏情境,引导幼儿认读房子上的字宝宝,提高幼儿对认读的积极性,增加认读汉字的趣味性。

材料准备

粉色、橘色、深蓝色等彩纸,黑色KT板,A4白纸,塑封纸,彩色盘子

制作方法

1. 将黑色的KT板做成底板,分别用粉色、橘色、深蓝色等彩色纸做成5个小房子。

2. 在小房子上面打印字宝宝,塑封好后将小房子贴在底板上。

3. 打印字卡图片若干。

游戏玩法

【双人游戏】两名幼儿各拿字宝宝图片若干。一名幼儿认读某个房子上的字宝宝,另一名幼儿将盘子里的图片放到该房子上,放对则代表找到家,放错则将图片收回盘子里。幼儿轮流进行认读和找家,先将手中的图片全部找到家的幼儿即获胜。

参考照片

13 不倒翁

游戏名称

挂衣服

设计意图

为幼儿创设"挂衣服"的情境游戏,引导幼儿认读衣裤上的字宝宝,再进行图文的匹配,在同伴竞争游戏中既能提高幼儿对识字的积极性,增加认读汉字的趣味性。

材料准备

纸盒、各色彩纸、彩色海绵纸、KT板、衣架、塑料夹子、白纸

制作方法

1. 将纸盒做成衣架底座,将KT板刻成条状做框架,用彩纸包装底座,彩色海绵纸做成音符装饰在底柱上。

2. 用橘色、深蓝色、绿色、紫色彩纸制作四套衣服。

3. 用彩色纸做成字卡贴在各个衣裤上。

游戏玩法

【双人游戏】一名幼儿先晾衣服,另一名幼儿则根据衣服上的字宝宝,把贴有相应图片的裤子夹上去,并读出上面的字宝宝,读对的就把一整套衣服收回去,读错就不能收回。两人轮流游戏,最后比比谁收的衣服多。

参考照片

游戏名称

蝴蝶找花

设计意图

结合儿歌《小鸡真可爱》的内容，创设"蝴蝶找花"的情境游戏，引导幼儿认读蝴蝶上的字宝宝，在游戏操作中提高幼儿对认读的积极性，巩固幼儿已学的字宝宝。

材料准备

黄色彩纸、蝴蝶图片、瓶盖或小积木、盒子、A4白纸、绿色自粘纸、塑封纸

制作方法

1. 打印塑封好彩色蝴蝶，下方用小积木或瓶盖垫高。

2. 将黄色彩纸裁剪成花朵，下方用小积木或瓶盖垫高。

3. 把塑封好的字卡贴在蝴蝶上。

4. 把字卡对应的图片塑封好贴在花朵上，将花朵分散布置成花园。

游戏玩法

【双人游戏】两名幼儿轮流游戏，一名幼儿选择一张蝴蝶字卡，找到对应图片的花朵，并念出该字。如正确认读配对成功，蝴蝶与花归自己所有，如认读错误则将蝴蝶字卡放回原位。两人轮流依次进行游戏，最后配对成功较多的幼儿获胜。

参考照片

15 小狗吃骨头

🍃 游戏名称

小花狗找骨头

🍃 设计意图

选取有趣的小狗动物形象,为幼儿创设"小花狗找骨头"的情境游戏,引导幼儿在送食物的过程中认读字宝宝,更好地巩固掌握儿歌内容。

🍃 材料准备

黄色KT板、蓝色和橙色彩纸、A4白纸、原木色卡纸、黑色勾线笔、塑封纸、子母贴

🍃 制作方法

1. 将黄色KT板做成底板,用原木色卡纸剪成长方形贴在底板上,在原木色卡纸上贴子母贴。

2. 将蓝色彩纸折成小狗,并用勾线笔给小狗画上花纹、眼睛和鼻子,贴在底板两个角上。

3. 将橙色彩纸剪成大小相等的方形,打上字做成字卡,贴在底板上。

4. 用A4纸打印肉骨头的形状,再将字卡粘贴在肉骨头上后塑封。

🍃 游戏玩法

【单人游戏】幼儿将肉骨头上的字宝宝和底板上的字宝宝进行配对粘贴,找出一样的字宝宝并念一念,念出来以后就可以把这个肉骨头送给小狗吃。游戏依次反复进行。

30

参考照片

16 不挑食

游戏名称

喂小动物

设计意图

3—4岁的幼儿喜欢通过角色扮演来代入游戏,因此结合儿歌内容设计"喂小动物"的桌面游戏,在"喂食"的过程中引发幼儿的认读兴趣,巩固学习过的汉字。

材料准备

小白兔和小猴子图片各1张、绿色和咖啡色不织布、海绵纸(橘色、红色、绿色、黄色)、A4粉色纸、塑封纸

制作方法

1. 将绿色和咖啡色不织布裁剪成方形,并贴上橘色和红色海绵纸做成底板,打印好小白兔和小猴贴在背景板上。

2. 用橘色、绿色海绵纸做成胡萝卜,用绿色、橘色、黄色海绵纸做成椰子树和香蕉,贴在底板上方。

3. 字卡塑封好贴在胡萝卜和香蕉上。

游戏玩法

【单人游戏】幼儿摘取一个胡萝卜或香蕉,念出它们上面贴的字宝宝就可以喂小动物吃食物。直到所有胡萝卜和香蕉都被吃光,则完成游戏。

参考照片

17 鼻子

🍃 游戏名称

大象转转乐

🍃 设计意图

大象是幼儿十分喜欢的动物形象,结合儿歌内容,利用大象的形象设计转盘游戏,幼儿通过摆弄大象转盘来认读每个格子中的字宝宝,从而做到玩中学、学中玩。

🍃 材料准备

大象图片、黄色KT板、A4白纸、塑封纸、红色自粘纸、三角钉

🍃 制作方法

1. 将黄色KT板割成圆形做底板,将红色自粘纸剪成长条状从底板中心点往下贴,把底板平均分成8小块。

2. 用A4白纸打印出蓝色大象图示贴在底板中间。

3. 将字卡塑封好贴在8小块分隔栏里。

4. 将三角钉戳入大象卡片中心点,使大象卡片可以转动。

🍃 游戏玩法

【双人游戏】一名幼儿先转动大象卡片,大象的鼻子指到哪个字宝宝,另一名幼儿如认读出该字宝宝,则取下字卡,如没有认读出来,则保留字卡。然后两人交换游戏,谁取下的字卡多,谁就获胜。

参考照片

3—4岁（上）

二

集体游戏

1 学儿歌

游戏名称

快乐圆圈

设计意图

结合幼儿喜欢互动游戏的特点创设"快乐圆圈"的集体游戏,引导幼儿在游戏互动的过程中复习巩固《学儿歌》中的字词。

材料准备

字卡1套、贴纸若干、圈、小组牌、小动物胸牌

游戏过程

1. 幼儿佩戴小动物胸牌并手拉手围成一个大圆圈站好。

2. 幼儿围圈踏步念儿歌《学儿歌》,结束后教师出示字卡,幼儿认读。

3. 教师再次组织佩戴相同动物胸牌的幼儿为一组。

4. 各小组围圈站好,每个圆圈中间放小组牌一块。

5. 教师出示一张字卡,各组幼儿举手抢读,第一个举手并读出来的幼儿获得一枚贴纸,将贴纸贴在自己圈中的小组牌上。

6. 最终获得贴纸最多的小组获胜。

参考照片

2 玩游戏

游戏名称

碰一碰

设计意图

根据幼儿喜欢玩音乐游戏的特点,创设"碰一碰"的集体游戏,在音乐游戏中增加汉字元素,引导幼儿在游戏的过程中复习巩固《好宝宝》中的字词。

材料准备

字卡和配套图片2套、音乐《碰一碰》

游戏过程

1. 幼儿随机抽取字卡并认读,能够正确认读的即可获得一张字卡。幼儿依次获取一张字卡。

2. 幼儿人手一张字卡围成一个大圆圈,跟着音乐围圈踏步走。

3. 幼儿边走边唱,当唱到第二句"找一个朋友碰一碰"时,幼儿快速找到与自己手中字卡相同的幼儿,并说出"……字碰……字"的答句。

4. 幼儿反复进行字卡与字卡的配对游戏,直至所有字卡都配对完成。

建议玩法二:一半幼儿手拿字卡,一半幼儿手拿图片。幼儿边走边唱,唱到第二句"找一个朋友碰一碰"时,幼儿快速找到与自己手中字卡相匹配的图片。

参考照片

3 我爱老师

游戏名称

打地鼠

设计意图

结合幼儿喜欢玩同伴互动游戏的特点,创设"打地鼠"的情境游戏,在游戏中帮助幼儿愉快地复习巩固《我爱老师》中的字词。

材料准备

字卡1套、图示卡1套、玩具锤子6个、圈若干

游戏过程

1. 教师出示字卡,幼儿集体认读字卡。

2. 教师出示锤子,介绍游戏材料的摆放位置,并示范打地鼠的方法。

3. 幼儿围在字卡和圈的周围进行游戏。

4. 教师随机出示字卡,幼儿手持小锤快速敲打圈中相应的图,并大声认读。正确认读并敲打正确的幼儿获胜。

5. 教师反复多次出示字卡与幼儿进行游戏。

参考照片

4 找朋友

🍃 游戏名称

小孩小孩真爱玩

🍃 设计意图

结合幼儿喜欢同伴间的互动游戏,创设了"小孩小孩真爱玩"的游戏,引导幼儿在集体游戏的过程中复习巩固《找朋友》中的字词。

🍃 材料准备

字卡、图卡各1套

🍃 游戏过程

1. 幼儿围坐成半圈形状。

2. 教师引导幼儿念出贴在教室周围的字卡。

3. 教师引导幼儿学习儿歌《小孩小孩真爱玩》:"小孩小孩真爱玩,摸摸这儿,摸摸那儿,摸摸……字,跳(飞、走、游)回来。"

4. 幼儿集体念儿歌《小孩小孩真爱玩》。请幼儿听清口令,根据教师说的……字去找相应的字宝宝。

5. 幼儿找到……字并摸摸……字后,坐回到座位上。

6. 教师发出不同的动作和字宝宝的组合口令,游戏可以轮流反复进行。

参考照片

5 小苹果

游戏名称

蹲蹲乐

设计意图

结合幼儿喜欢互动竞争游戏的特点,创设"蹲蹲乐"的游戏,引导幼儿在集体游戏的过程中复习巩固《小苹果》中的字词。

材料准备

字卡"姐姐"女孩子每人1份,字卡"哥哥"男孩子每人1份

游戏过程

1. 教师引导幼儿学念儿歌:"哥哥蹲,哥哥蹲,哥哥蹲完姐姐蹲。""姐姐蹲,姐姐蹲,姐姐蹲完哥哥蹲。"

2. 教师将男女生分为"哥哥""姐姐"两组,分别举着哥哥和姐姐的字卡,站在两边。

3. 游戏第一遍,教师念儿歌,幼儿根据儿歌指令做出站立和下蹲的动作。

4. 熟悉游戏玩法后,教师不念口令,由幼儿自己边念口令边做出相应动作。

5. 教师可将男女生横向错落排开,增加听口令的难度。

参考照片

6 爱洗手

🍃 **游戏名称**

彩色泡泡

🍃 **设计意图**

结合幼儿喜欢热闹、喜欢运动的特点,创设"彩色泡泡"的集体游戏,引导幼儿在进行同伴互动游戏的过程中复习巩固《爱洗手》中的字词。

🍃 **材料准备**

小字卡若干,红色圈、绿色圈、黄色圈各10个

🍃 **游戏过程**

1. 幼儿围成圆圈复习儿歌《爱洗手》。

2. 教师引导幼儿集体认读彩色圆圈里的字卡。

3. 教师带领幼儿念口令儿歌:"小朋友吹泡泡,红泡泡、绿泡泡、黄泡泡,123,跳一跳。"

4. 教师指导幼儿一边拍手踏步走,一边念儿歌。当儿歌念到"跳一跳"时,幼儿跳到就近的圈里。提醒幼儿不争抢,跳进空的圈里。

5. 教师说出颜色指令"……色泡泡读一读",请该颜色圈里的幼儿认读出圈里的字宝宝,再集体验证。

6. 教师指导幼儿反复多次进行口令游戏。

参考照片

7 有几个

🍃 游戏名称

字卡传递

🍃 设计意图

根据"击鼓传花"游戏改编的"字卡传递"集体游戏,引导幼儿在与同伴游戏的过程中复习巩固《有几个》中的字词。

🍃 材料准备

字卡1套、贴纸若干、椅子人手1把、铃鼓1个

🍃 游戏过程

1. 幼儿围成圆圈一起复习儿歌《有几个》。

2. 教师引导幼儿集体念读字卡。

3. 教师带领幼儿一起念口令儿歌"小小字卡真有趣,没有脚儿向前跑,铃鼓声声跑得快,鼓声停下字卡停",一边念一边跟着铃鼓声打节奏。

4. 一位幼儿手拿一张字卡作为起点,教师拍打铃鼓,幼儿跟着节奏一边念儿歌一边传字卡。

5. 当儿歌结束,就停止传送,拿到该字卡的幼儿进行认读,念对就获得一枚贴纸。

6. 教师换不同字卡组织幼儿反复进行多次游戏。

参考照片

 **小 金 鱼**

🍃 游戏名称

大风和泡泡

🍃 设计意图

结合吹泡泡的游戏场景,创设"大风和泡泡"的集体游戏,引导幼儿在与同伴游戏的过程中复习巩固《小金鱼》中的字词。

🍃 材料准备

字卡1套、贴纸若干

🍃 游戏过程

1. 幼儿围成半圆坐好,一起复习儿歌《小金鱼》。

2. 教师出示字卡放于墙上,并进行集体念读。

3. 游戏开始,教师展开双臂,嘴巴发出"呼呼"的声音,从幼儿身边吹过。

4. 教师的手从墙上经过时,拿走一张字卡,提问幼儿:"大风刮走了哪个字宝宝泡泡?"

5. 幼儿抢答后,教师出示拿走的字卡集体验证。回答正确的幼儿获得贴纸奖励。

6. 师幼反复多次进行游戏,直到把所有字宝宝都认读完成。

参考照片

 **小 猴 玩 球**

游戏名称

爆米花

设计意图

结合幼儿的生活经验,创设"爆米花"的集体游戏,引导幼儿在与同伴的集体游戏过程中复习巩固《小猴玩球》中的字词。

材料准备

字卡2套、厨师帽1个

游戏过程

1. 幼儿手拿字卡一排坐好,教师扮演厨师。

2. 游戏开始,教师边说"啪啪嘣,啪啪嘣,爆米花好了"边出示字卡,请拿着和爆米花相同字卡的幼儿大声念出这个字宝宝。

3. 教师验证幼儿拿的字卡是否正确,正确的幼儿获得贴纸奖励。

4. 师幼反复进行游戏,直到把所有字宝宝都认读完成。

参考照片

10 娃娃家

🍂 游戏名称

叠叠高

🍂 设计意图

根据3—4岁幼儿喜欢搭积木的特点,创设"叠叠高"的游戏,引导幼儿在游戏的过程中复习巩固《娃娃家》中的字词。

🍂 材料准备

大字卡1套、贴有字宝宝的积木若干

🍂 游戏过程

1. 幼儿分成男生一组和女生一组,两列站好,一起复习儿歌《娃娃家》。

2. 教师出示大字卡,幼儿集体进行认读。

3. 教师组织幼儿开始比赛,男生和女生分别拿一块贴有字宝宝的积木进行认读。正确认读出字后将积木放在自己队伍前的地面上,认读错误则不放置。

4. 男生和女生依次进行认读,读对就将积木叠高,读错则不垒高。将地面上的字卡积木都使用完则游戏结束。

5. 游戏结束后,教师引导幼儿比一比男生组和女生组哪一组积木叠得高。

参考照片

11 在哪里

游戏名称

袋鼠跳跳跳

设计意图

蹦蹦跳跳是幼儿最喜欢的运动,结合这一兴趣点,创设"袋鼠跳跳跳"的集体游戏,引导幼儿在游戏过程中复习巩固《在哪里》中的字词。

材料准备

字卡1套,呼啦圈若干,袋鼠妈妈、袋鼠宝宝胸牌各8个

游戏过程

1. 教师出示呼啦圈里的字卡,幼儿集体进行认读。

2. 幼儿佩戴好袋鼠妈妈(宝宝)胸牌,和同伴讨论自己扮演的角色是什么。

3. 教师带幼儿学念指令儿歌:袋鼠、袋鼠跳跳跳,袋鼠妈妈(宝宝)跳到……字的圈圈旁。

4. 教师带领幼儿边跳边念指令儿歌,当说到"袋鼠宝宝跳到大字圈圈旁",教师戴着袋鼠宝宝胸牌跳到放有"大"字的圈旁。

5. 教师与幼儿集体检查角色和字是否都正确。正确的幼儿继续游戏,不正确的幼儿停止游戏一次。

6. 教师与幼儿反复更替角色和汉字进行游戏。

参考照片

12  全 家 福

🍃 游戏名称

躲猫猫

🍃 设计意图

幼儿很喜欢玩"躲猫猫"的游戏,在集体游戏中创设"躲猫猫"游戏情节,引导幼儿在与同伴游戏的过程中复习巩固《全家福》中的字词。

🍃 材料准备

字卡1套、印有字宝宝的小猫头饰若干

🍃 游戏过程

1. 男生一排坐好,女生戴好小猫头饰站成一排。

2. 教师带领幼儿齐声复习小猫头饰上的字。

3. 教师带领幼儿玩"躲猫猫"的游戏,全体男生听到教师说"躲猫猫"后蒙上眼睛,教师带"小猫咪"躲在椅子后面。当教师说"找猫猫"的时候,男生回头看"小猫咪"身上的字卡,正确念出该字的,代表成功找到小猫。

4. 男生和女生交换角色,男生戴头饰扮演小猫,再次进行游戏。

5. 教师与幼儿通过男女生交换角色反复进行游戏。

参考照片

13 不倒翁

游戏名称

快乐大魔方

设计意图

趣味性强的游戏能更好地激发幼儿的认读兴趣,创设"快乐大魔方"这个互动性游戏,让幼儿在集体游戏的过程中复习巩固《不倒翁》中的字词。

材料准备

字卡1套、贴纸若干、自制可插字卡的大魔方1个

游戏过程

1. 幼儿围成一个大U字形坐好,复习儿歌《不倒翁》。

2. 教师出示魔方,幼儿集体认读魔方各个面上的字。

3. 教师示范抛魔方的方法,并引导幼儿认读魔方朝上一面的字。

4. 教师请一位幼儿在U字形中间抛魔方,其他幼儿快速抢读,谁先抢答对就得到一枚贴纸,并在下一轮游戏时去抛魔方。

5. 教师带领幼儿反复游戏。

参考照片

14 小鸡真可爱

🍃 游戏名称

小鸡盖房子

🍃 设计意图

结合幼儿喜欢扮演小动物游戏的特点,创设"小鸡盖房子"的游戏,引导幼儿在参与游戏的过程中复习巩固《小鸡真可爱》中所学到的字词。

🍃 材料准备

贴纸若干、贴有小字卡的积木若干

🍃 游戏过程

1. 幼儿扮演小鸡并复习儿歌《小鸡真可爱》。

2. 教师带领幼儿扮演小鸡,将放在教室周围的积木上的字都认读一遍。

3. 教师将幼儿分为两组进行游戏。

4. 第一组幼儿扮演小鸡,做出尖尖嘴的动作,一边念儿歌一边找积木。儿歌念完后,每只小鸡找到一个积木并念出积木上面的字。

5. 教师引导幼儿进行集体验证,及时帮助不会认读的幼儿。

6. 幼儿依次摆放自己找到的积木来搭建房子。

7. 教师带领第二组幼儿重复进行游戏。

参考照片

15 小狗吃骨头

游戏名称

小球进门

设计意图

幼儿十分喜欢户外的球类运动,让幼儿在投球的集体游戏中,感受体育游戏的快乐,同时复习巩固《小狗吃骨头》中的字词。

材料准备

贴小字卡的球每人1个、大篮筐1个、小椅子3把、大字卡1份

游戏过程

1. 教师出示贴了大字卡的椅子,引导幼儿集体认读字卡上的字。

2. 教师介绍游戏准备:大字卡贴在椅背上,椅子摆放在教室正前方当球门,幼儿每人拿1个贴了字卡的小球。

3. 教师组织幼儿游戏,和幼儿一起念口令。教师问:"谁的小球要进门?"幼儿答:"我的小球要进门。"

4. 教师请准备好的幼儿大声念出小球上的字,念完再将小球滚进对应字的门洞,集体检查是否滚进正确的门洞。

5. 如果幼儿将球滚到其他的门洞,便引导幼儿说出小球滚到什么字的门洞里去了,进行集体纠正。

6. 幼儿交换小球,教师带领幼儿进行多轮游戏。

参考照片

16 不挑食

游戏名称

小兔拔萝卜

设计意图

结合3—4岁幼儿喜欢情境角色扮演游戏的特点,创设"小兔拔萝卜"的集体情境化游戏,引导幼儿在游戏的过程中复习巩固《不挑食》中的字词。

材料准备

大字卡1套、胡萝卜字卡若干、小兔头饰6个

游戏过程

1. 幼儿佩戴小兔头饰,在场地中间四散蹦跳着念儿歌《不挑食》。

2. 教师出示大字卡,幼儿进行集体认读。

3. 幼儿学习口令"拔萝卜,拔萝卜,妈妈要……字宝宝的萝卜",念完口令后教师示范拔……字萝卜。

4. 教师组织幼儿6人一组扮演小兔,教师扮演兔妈妈大声念字宝宝,小兔子根据口令在地上找到贴有该字宝宝的萝卜,拔回来后交给兔妈妈,拔对则收下萝卜,拔错的将萝卜放回去。

5. 三次口令游戏后,点数小组获得的萝卜数量,第一组游戏结束。

6. 第一组幼儿玩好后将头饰给下一组幼儿,各组轮流进行游戏。

7. 教师与幼儿一起统计各组拔到的萝卜数量,拔到萝卜最多的小组获胜。

参考照片

17 鼻子

🍃 游戏名称

小象开车

🍃 设计意图

结合3—4岁幼儿喜欢互动游戏的特点,创设"小象开车"的游戏,引导幼儿在游戏的过程中复习巩固《鼻子》中的字词。

🍃 材料准备

字卡1套、小象头饰6个、椅子6把、音乐《火车快开》

🍃 游戏过程

1. 教师带领幼儿做小象甩鼻子的动作并走动,复习儿歌《鼻子》。

2. 教师请6位幼儿佩戴小象头饰,并在6把小椅子上放上不同的字卡。

3. 在《火车快开》的音乐声中,幼儿扮演小象开车,一个跟着一个围绕椅子慢跑,当教师喊口令"呜——呜——"时,小象们停下,请每只小象走到一个椅子前面,认读椅子上的字卡,正确认读就坐到该位置上,不正确则集体帮助,直至所有小象都坐到位置上。

4. 新一轮游戏,教师再请另外6位幼儿戴头饰进行游戏。

5. 教师与幼儿反复进行游戏,直到每位幼儿都进行过游戏。

参考照片

三

3—4岁（上）

亲子游戏

我做小老师

材料准备

小黑板一块、字卡"幼、园、字、师、友、你"

游戏玩法

在家创设幼儿园情境,家长和幼儿一个扮演"小老师",一个扮演"小朋友",模仿在幼儿园的时候老师上课的样子。

玩法一:

1. 幼儿扮演小老师,家长扮演小朋友。

2. 小老师读一遍字宝宝,小朋友跟着读一遍字宝宝。

3. 小朋友读一遍字宝宝,故意读错个别字宝宝,小老师检查小朋友读得是否正确。

4. 小老师和小朋友一起读一遍字宝宝。

玩法二:

1. 家长和幼儿互换角色。

2. 小老师随机出示字卡,小朋友快速抢答。

3. 抢答正确后即可获得字卡。

4. 所有字卡都要念完。

5. 最后数一数得了多少字卡。

2 捕鱼达人

材料准备

钓鱼竿、各种鱼图片若干、鱼篓、字卡"姐、洗、净、纽、扣、吹"

游戏玩法

家长将字卡贴在鱼的身体上,幼儿扮成捕鱼的人,用自制的鱼竿去钓鱼,钓上来鱼后,读一读小鱼身体上的字。

玩法一:

1. 幼儿单独玩钓鱼游戏。

2. 钓到小鱼后认一认小鱼身上的字卡 。

3. 大声读一读字宝宝。

4. 读对后可以把鱼儿放进鱼篓里。

玩法二:

1. 幼儿和家长进行PK(较量)认读。

2. 两人轮流钓鱼,钓上来后认读小鱼身上的字卡。

3. 能够正确认读的把鱼儿放进鱼篓。

4. 最后数数谁钓得多,更多者即可成为捕鱼达人。

3 火车站

材料准备

椅子若干、自制贴有汉字的车票、字卡"皮、猴、布、户、便、有"

游戏玩法

在家里创设火车站的情境,将家里的椅子排成一列,创设火车车厢座位,在每张椅背上贴一张字卡。

玩法一:

1. 家长扮演列车员,幼儿扮演乘客。

2. 列车员手握字卡"皮、猴、布、户、便、有"当车票。

3. 乘客从列车员处随机拿取一张车票,然后念出上面的汉字。

4. 念对后去找到有着与其相同字的车厢座位坐下。

玩法二:

1. 家长扮演乘客,幼儿扮演列车员。

2. 每位乘客在上车前到列车员处领取一张车票。

3. 列车员需将车票上的汉字念准确后才能将车票给乘客。

4. 指导乘客坐到相应座位上。

4 打鼓

材料准备

玩具小锤两把,字卡"倒、请、巴、骨、朵、鼻"

游戏玩法

家长为幼儿准备两把玩具小锤,将字卡排列在桌子上,一位家长担任裁判,引导幼儿和另一位家长一起参与打鼓的游戏。

玩法一:

1. 把字卡依次排列在桌子上,有字的一面朝下。

2. 幼儿和家长各拿一把玩具小锤子,共同参与"打鼓"的游戏。

3. 裁判翻出一张字卡,幼儿和家长谁先敲击字卡并读正确的,可以得1分。

4. 比赛结束得分高的一方获胜。

玩法二:

1. 把字卡依次排列在桌上,有字的一面朝上。

2. 裁判手拿一把玩具小锤子,敲击字卡。

3. 幼儿和家长比赛谁先读正确,先读正确的一方获胜。

一

（3—4岁 一 下）

桌面游戏

1 过新年

游戏名称

趣味扑克

设计意图

利用生活中比较常见的扑克牌设计有趣的桌面游戏。幼儿在游戏中通过翻一翻、认一认、读一读的方式掌握和巩固所学字词,让幼儿在体验游戏乐趣的同时复习字宝宝。

材料准备

彩色卡纸、彩纸

制作方法

1. 将彩色卡纸剪裁成卡片。
2. 将彩纸打印成扑克牌样式的字卡,贴在卡纸上。

游戏玩法

【双人游戏】扑克牌背面朝上,平铺在桌面。一名幼儿先翻牌,翻开扑克牌后认读上面的字宝宝,认读正确就可以获得此牌,认读错误则保留此牌在桌面。两名幼儿轮流进行翻牌,直到翻完所有的扑克牌,获得数量多的幼儿获胜。

参考照片

2 ☁ 打 电 话

游戏名称

传声筒

设计意图

结合科学游戏制作传声筒,利用传声筒打电话的游戏,激发幼儿参与游戏的兴趣。幼儿通过"你说我听"的方式,互相检查认读的内容是否正确,从而在互帮互助中加强对字词的记忆。

材料准备

纸杯、棉线、自制字卡2套

制作方法

1. 在两个纸杯的底部戳一个小洞。

2. 将棉线剪成1米的长度,棉线两头分别穿入两个纸杯底部的小洞,打结并用胶带从杯子内部进行粘贴固定。

3. 在两个纸杯上贴相同的字词卡片。

游戏玩法

【双人游戏】两名幼儿分别选择一套传声筒,分开一定距离后将传声筒的棉线拉直,观察各自纸杯上的字宝宝。一名幼儿将纸杯放在嘴边读出该字,另一名幼儿将纸杯放在耳朵上听,如对面幼儿读正确,则回答"你真棒",如读错,则回答"读错啦",对面幼儿重新认读。

参考照片

3 ☁ 纸飞机

🍃 游戏名称

开小车

🍃 设计意图

抓住幼儿喜欢玩小汽车的兴趣点,创设"开小车"的情境游戏,利用玩具汽车和路线图等游戏材料,以简单的操作方法引导幼儿进行游戏,让幼儿边玩小汽车边进行认读复习。

🍃 材料准备

玩具小汽车、A4白纸、马路情境图、塑封纸、子母贴

🍃 制作方法

1. 打印字并塑封制作成字卡,将做好的字卡粘贴在玩具汽车上。

2. 将画有路线箭头的马路情境图塑封。

3. 打印与字卡相匹配的图片,将图片粘贴在马路情境图中。

🍃 游戏玩法

【单人游戏】起点处停好贴有字宝宝的小汽车,终点处贴好与起点汽车上的字宝宝相匹配的图片。幼儿将玩具汽车运输到终点后,将玩具小车身上的字宝宝取下粘贴到终点对应图片的空缺处,并大声念出字词,再将玩具小车开回起点继续游戏。

参考照片

4. 躲猫猫

🍃 游戏名称

编织毛衣

🍃 设计意图

结合幼儿喜欢的美劳活动,设计"编织毛衣"的游戏。幼儿通过动手操作进行编织游戏,既能进行编织技能的练习,又能在编织毛衣的情境中认读字宝宝。

🍃 材料准备

蓝色A4纸、塑封纸、A4白纸、海绵纸

🍃 制作方法

1. 将蓝色A4纸裁剪成长方形编织条,打印字卡并剪下粘贴在编织条上。

2. 用海绵纸裁剪出漂亮的衣服。

3. 在海绵纸衣服中间裁出若干规则的竖条,可以让字宝宝编织条穿插在裁剪好的线条中。

🍃 游戏玩法

【单人游戏】将衣服和若干编织条放在桌子上。幼儿按照顺序认读一条编织条上的字宝宝,能正确认读完就将一条编织条一隔一地穿插进衣服。依次拿取编织条,直到将毛衣编织完成。

参考照片

5 玩滑梯

游戏名称

大家来采花

设计意图

结合转盘游戏的随机性,让幼儿通过转动指针认读花朵上的字宝宝。通过自己操作来开展的游戏,可以轻松帮助幼儿复习巩固汉字,同伴间的竞争游戏也能提升幼儿参与游戏的投入性。

材料准备

黄色KT板、红色自粘纸、安全圆钉、子母贴、卡纸、正方形红色纸

制作方法

1. 将黄色KT板刻成正方形,用作底板,将红色自粘纸裁剪成长条,贴在黄色底板的四边,隔出24个小方块并贴上子母贴。

2. 将KT板中间贴上装饰图形,用安全圆钉固定指针,使指针可以转动。

3. 用彩纸打印出花朵字卡,在字卡上贴上子母贴。

游戏玩法

【双人游戏】一名幼儿转动指针,认读指针指向的字宝宝,如念对则拿走该花朵字卡,如念错则保留花朵字卡。两名幼儿依次转动指针进行游戏,当所有花朵字卡都被拿掉后,谁的花朵多谁就是胜出者。

参考照片

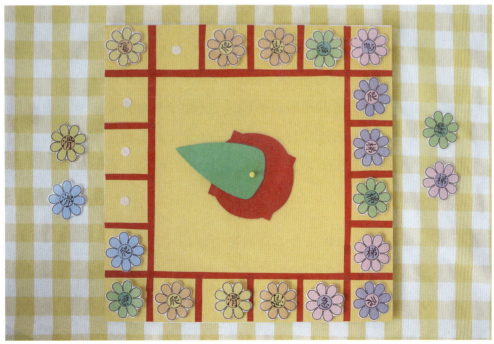

6 小绵羊

游戏名称

喂小羊吃草

设计意图

幼儿很喜欢小动物形象,结合儿歌《小绵羊》的内容,设计"喂小羊吃草"的情境游戏。幼儿对于这样有情境、可操作的游戏很感兴趣,可以在玩一玩、认一认中复习巩固所学的字词。

材料准备

小羊图片、A4白纸、塑封纸、绿色瓦楞纸

制作方法

1. 打印出字宝宝和与其相对应的图片,塑封好并裁剪成字卡和图片卡。

2. 将小羊图片用塑封纸塑封并裁剪好,在上面贴上图片卡。

3. 用绿色瓦楞纸剪出大小不一的小草,并在上面贴上字卡。

游戏玩法

【单人游戏】幼儿说出小羊身上的图片卡是什么,可以用什么字词来表示,然后寻找相应的字卡,并大声念出小草上面的字宝宝,念对后,就可以将小草喂给小羊吃。

参考照片

🍃 游戏名称

小动物神秘盒

🍂 设计意图

幼儿对小动物形象的操作材料都是爱不释手的,而有神秘感的神秘盒也能激发幼儿的好奇心和探索欲,由此创设"小动物神秘盒"的桌面游戏,让幼儿通过与材料和同伴的互动,加强对所学字词的记忆。

🍃 材料准备

纸盒、小动物图片、海洋球、A4白纸、塑封纸、小篮筐

🍃 制作方法

1. 在纸盒顶部开一个口,把小动物图片塑封裁剪后贴在纸盒直立的一个面上,制作成看不见盒子里面东西的动物神秘盒。

2. 在白纸上打印字宝宝并制作成字卡,将字卡贴在海洋球上。

🍃 游戏玩法

【双人游戏】两名幼儿轮流摸出海洋球后,认读上面的字,正确认读就可以得到该球,不能正确认读则将海洋球放回盒子里。当盒子里的海洋球都被摸完后,两人数一数各自得到了几个海洋球,获得更多海洋球的幼儿获胜。

参考照片

上 学 歌

游戏名称

记忆九宫格

设计意图

九宫格游戏可以很好地锻炼幼儿大脑的思维能力,是一种常见的益智类游戏,结合儿歌《上学歌》的内容,设计该游戏操作活动,让幼儿在摆一摆、认一认、记一记的游戏过程中复习巩固学过的字词。

材料准备

KT板、绿色自粘纸、A4白纸、积木、子母贴

制作方法

1. 将KT板割成两块正方形,在板上分别贴上绿色自粘纸,做成九宫格的样式,并在每一格里贴上子母贴。

2. 将两块KT板的一边相连接,一面用积木竖起站立,另一面平放在桌面上。

3. 打印出字卡和对应图片卡,剪下后塑封,并在卡片反面贴上子母贴。

游戏玩法

【单人游戏】幼儿先在竖起的九宫格中摆好图片卡,然后根据图片卡的顺序把字卡依次放在平放的九宫格中。幼儿完成后请教师帮忙检查图片和字卡是否匹配,如果全部正确则可以得到一张贴纸。

参考照片

9 夜晚

游戏名称

大小嘴巴

设计意图

幼儿十分喜欢扮演"小老师",根据幼儿的这个兴趣点,设计"大小嘴巴"游戏活动。让幼儿通过做"小老师",指挥他人进行字宝宝认读,在游戏中既能促进幼儿对字宝宝的掌握,又能提高幼儿的合作能力。

材料准备

吸管、红色A4纸、白色A4纸、塑封纸、大托盘

制作方法

1. 在红色纸上用记号笔画大嘴巴和小嘴巴的形状,剪下来后塑封,将大嘴巴和小嘴巴图贴在吸管上。

2. 在白纸上打印出需要认读的字并剪下来做成字卡,放在托盘中。

游戏玩法

【双人游戏】一名幼儿扮演"小老师"拿大、小嘴巴两个道具,另一名幼儿手拿一个字卡。"小老师"把大嘴巴举起,幼儿就要大声地念出字宝宝;"小老师"把小嘴巴举起,幼儿就要小声念出字宝宝。念完后两名幼儿交换角色,游戏反复进行。

参考照片

10 歌唱春天

🍃 游戏名称

快乐转盘

🍃 设计意图

幼儿在操作类游戏中更加容易进行趣味性的学习,结合儿歌《歌唱春天》的内容,创设"快乐转盘"的游戏,引导幼儿通过拨动转盘将字词进行反复多次地认读,巩固记忆。

🍃 材料准备

黄色KT板、绿色彩纸、白色A4纸、纽扣、绳子、子母贴

🍃 制作方法

1. 将黄色KT板裁剪成大圆盘和小圆盘,将小圆盘平均分成8等份,一隔一贴上绿色和白色的纸。

2. 找到大圆盘和小圆盘的中心位置,用绳子和纽扣将指针、大小圆盘串起来,使指针能够转动,然后在转盘的周围贴上母贴。

3. 打印字卡,在反面贴上子贴,并将字卡贴在大圆盘的周围。

🍃 游戏玩法

【单人游戏】幼儿转动转盘指针,指针停在哪个字上,幼儿就指读该字卡,正确认读后则将该字卡取下来,不能正确认读则继续转动转盘,认读下一个停留的字。幼儿反复多次游戏,直到取下转盘上所有的字卡。

参考照片

🍃 游戏名称

鱼儿吐泡泡

🍃 设计意图

小鱼可爱的形象深受3—4岁幼儿的喜爱,由此创设"鱼儿吐泡泡"的情境游戏,让幼儿通过反复地摆弄小鱼和泡泡,巩固对字词的记忆。

🍃 材料准备

小鱼图片、海草图片、硬卡纸、蓝色颜料、塑封纸、子母贴、小盒子、蓝色彩纸

🍃 制作方法

1. 在硬卡纸上刷上蓝色颜料,作为底板,海草贴在底板下方,做成海洋背景。

2. 在底板上随机贴上母贴。

3. 将小鱼剪下来并塑封,在小鱼的反面贴上子贴。

4. 在白纸上打印出字词,剪成圆形当作泡泡,在泡泡反面贴上子贴。

🍃 游戏玩法

【双人游戏】两名幼儿各自拿取一条小鱼贴在底板上,再拿取等量的泡泡。一名幼儿先从盒子里取一个泡泡并认读上面的字,正确认读就将泡泡贴在自己的小鱼上方,不能认读则不贴。两名幼儿交替进行,最先贴完泡泡的幼儿获胜。

参考照片

12 ☁ 理 发

🍃 游戏名称

网小鱼

🍃 设计意图

根据幼儿的年龄特点和对钓鱼活动的喜爱,为幼儿设计"网小鱼"的情境游戏,引导幼儿在网小鱼的过程中熟悉所学汉字,增加认读汉字的趣味性。

🍃 材料准备

纸盒、蓝色海绵纸、绿色自粘纸、小鱼图片、A4白纸、塑封纸、盘子

🍃 制作方法

1. 将蓝色海绵纸贴在底板上当作海底世界背景,绿色自粘纸做成海草贴在蓝色背景上。

2. 在彩色纸上打印汉字并剪成小鱼形状,然后画上鱼鳞图案和眼睛作为装饰,最后将小鱼字卡塑封。

3. 小鱼字卡随机放在海底世界背景上。

🍃 游戏玩法

【双人游戏】两名幼儿各拿一个盘子。一名幼儿拿一条小鱼,能正确认读出鱼身上面的字宝宝,就可以把小鱼字卡放进自己的盘子,认读不出来则放回海里。当小鱼字卡全部被拿完后,得到的字卡多的幼儿获胜。

参考照片

13  玩 具

🍃 游戏名称

数字棋

🍃 设计意图

将汉字认读与棋类游戏相结合,对于幼儿来说更加具有挑战性和趣味性。幼儿在与同伴游戏中提升认读能力,也对1—6的数数更加熟悉。

🍃 材料准备

KT板、A4白纸、彩纸、塑封纸、子母贴、骰子1个、棋子

🍃 制作方法

1. 将彩纸裁剪成大小一致的方形,标上数字,拼接成数字棋,标出起点和终点的位置,塑封固定好。

2. 在白纸上打印字宝宝,将其剪下塑封,制作成字卡。

3. 在字卡背后贴子贴,在棋盘格子里贴上母贴,将字卡贴在迷宫格子里。

4. 将制作好的数字棋固定在KT板的底板上。

🍃 游戏玩法

【双人游戏】两名幼儿各拿一种颜色的棋子,轮流掷骰子,掷到几就走几步。走到有字的地方时,幼儿大声读出并拿走该字卡;不能认读则暂停游戏一次并不拿走字卡。如果走到没有字卡的格子,则继续游戏。两名幼儿依次进行,看谁先到达终点。

参考照片

14 吃点心

游戏名称

摘果子

设计意图

结合儿歌《吃点心》的内容,创设在果园"摘果子"的有趣游戏情境,引导幼儿在动手操作的过程中,巩固已学汉字,同时在同伴竞争中提高幼儿认读的积极性。

材料准备

苹果和梨图片、绿色KT板、A4白纸、塑封纸、子母贴、盆子

制作方法

1. 将绿色KT板裁剪成树的样子做底板,在大树底板上随机贴上母贴。
2. 将苹果、梨的图片剪下并塑封。
3. 打印出字宝宝,裁剪塑封制作成字卡,将字卡贴在水果上。
4. 在每个水果背后贴上子贴,将水果字卡贴在大树底板的母贴上。

游戏玩法

【双人游戏】两名幼儿各拿一个盆子。一名幼儿指读果树上的字宝宝,读对了就可以把水果摘下来放入自己盆里,读错了则不能把水果摘下来。两名幼儿交替进行指读,等水果全部被摘完,谁的水果多则为胜利。

参考照片

15 小池塘

游戏名称

桃花朵朵开

设计意图

为了让幼儿更好地感受到花朵带来的美感,设计"桃花朵朵开"的游戏。在玩插花配对的过程中,不仅培养幼儿的动手能力,还能引导幼儿在读一读、插一插的过程中加深对字的记忆。

材料准备

绿色KT板、桃花图示、绿色和黄色纸、A4白纸、塑封纸、酸奶盒、彩色雪糕棒、银色自粘纸

制作方法

1. 将绿色KT板做成长方形的底板,并用银色自粘纸包边。
2. 将剪去底部的酸奶盒口贴在底板上。
3. 在绿色、黄色纸上打印字,裁剪塑封好。
4. 将绿色字卡贴在酸奶盒身上。
5. 将黄色字卡贴在桃花图片上,一起塑封好贴在雪糕棒上。

游戏玩法

【单人游戏】幼儿拿起桃花小棒,认读花朵中间的汉字,正确认读就可以将桃花插入相同汉字的酸奶盒中。所有桃花小棒都插入对应酸奶盒后,游戏结束。

参考照片

16 蘑菇伞

游戏名称

娃哈哈

设计意图

结合儿歌《蘑菇伞》的内容,创设"娃哈哈"的游戏。材料中的娃娃形象非常生动有趣,能激发幼儿参与游戏的兴趣,让幼儿在认读字词的过程中自然而然地掌握所学字词,达到良好的复习巩固效果。

材料准备

白色卡纸、A4白纸、塑封纸、子母贴

制作方法

1. 在白色卡纸上画出娃娃的形象,再用油画棒涂色并塑封做成底板,贴上母贴。

2. 将字卡和图片塑封并裁剪好,在图片和字卡反面贴上子贴。

游戏玩法

【单人游戏】幼儿根据娃娃已经有的图片,找到相对应的字卡,读一读字卡上的字,并把字卡与图片配对,直到所有字卡与图片都匹配成功。

110

参考照片

🍂 游戏名称

小猫钓鱼

🍂 设计意图

结合儿歌《下雨啦》的内容,并根据幼儿的兴趣,将"小猫钓鱼"这一故事融入游戏中,提高幼儿认读汉字的积极性。同时运用同伴竞争的形式使幼儿在认读巩固的过程中更有积极性。

🍂 材料准备

盒子、小猫钓鱼背景图片、玩具磁吸鱼竿、回形针、彩色海绵纸、蓝绿色卡纸、自制字卡、盆子

🍂 制作方法

1. 在盒子竖立放置的一面,小猫钓鱼背景图贴在画面中间,彩色海绵纸做成太阳和小草在上下位置进行装饰。

2. 在盒子平放的一面,用蓝绿色卡纸布置出池塘的背景图。

3. 用彩色的海绵纸剪出各种形状的鱼,用勾线笔勾画出鱼身上的花纹。

4. 将自制字卡贴在鱼的身上,用回形针扣住鱼的嘴巴。

🍂 游戏玩法

【双人游戏】两名幼儿各拿一个盆子。一名幼儿钓鱼并念出鱼身上的字宝宝,念正确就将小鱼放入自己盆里,不正确则将小鱼放回池塘。两名幼儿交替进行,直到把鱼全部钓完,谁钓的鱼多则获胜。

参考照片

18 小青蛙

🍃 游戏名称

小树长高了

🍃 设计意图

幼儿喜欢与材料互动、与同伴互动,根据这一特点,创设"小树长高了"的情境游戏,引导幼儿认读小树叶上的汉字,提高幼儿对认读的积极性,增加认读汉字的趣味性。

🍃 材料准备

收纳纸盒、纸杯、长方体纸盒、骰子、白纸、绿色和黄色A4纸、塑封纸、包装纸

🍃 制作方法

1. 将数字1—6打印出来塑封好,贴在纸杯底上。

2. 打印出若干张树叶,将字宝宝贴在树叶上塑封后制作成树叶字卡。

3. 用包装纸把4个长方体纸盒包装成4棵小树,在每棵小树上割8条缝隙供插树叶字卡用。

🍃 游戏玩法

【多人游戏】四名幼儿各自拿一棵小树。一名幼儿投掷骰子,投到数字几就打开相应数字的纸杯拿取一片树叶字卡,正确读出字宝宝就可将树叶插在自己的小树上,不正确则不插。幼儿轮流玩,最先将小树插满树叶的获胜。

参考照片

3—4岁（下）

二

集体游戏

1 过新年

🍂 游戏名称

爆竹声声

🍂 设计意图

根据儿歌《过新年》的内容,创设过新年放鞭炮的游戏情境,在"爆竹声声"的集体游戏中增加汉字元素,让幼儿在愉快的游戏中复习巩固儿歌中的字词。

🍂 材料准备

红色爆竹箱1个、"鞭炮"字卡若干

🍂 游戏过程

1. 教师带领幼儿一边做动作,一边复习儿歌《过新年》。

2. 教师让幼儿围成半圆形,在游戏场地中间放置一个"鞭炮箱",鞭炮箱中放入若干"小鞭炮"(字卡)。

3. 幼儿学念儿歌:"新年到,放鞭炮,什么炮?"

4. 教师邀请一名幼儿作为点鞭炮的人,师幼一起念儿歌:"新年到,放鞭炮,什么炮?"点鞭炮的人从鞭炮箱中随机抽取一个"小鞭炮"(即字卡),其他幼儿轮流读字卡,读对了,幼儿一起说"嘭——啪",读错了,幼儿一起发出"嗞——",并进行集体纠正。直到"小鞭炮"都放完,游戏结束。

参考照片

2 ☁ 打 电 话

🍃 游戏名称

纸杯电话

🍃 设计意图

纸杯电话是幼儿特别感兴趣的一种游戏,在打电话的过程中,幼儿能够更加投入到认读游戏当中,复习巩固《打电话》中的字词。

🍃 材料准备

字卡、纸杯电话

🍃 游戏过程

1. 教师带领幼儿一边做动作,一边复习儿歌《打电话》。

2. 教师组织每位幼儿拿取一张字卡并集体认读这些字卡。

3. 教师引导幼儿学习口令儿歌。幼儿说:"喂,你好,请问你是谁?"教师回答:"你好,我是……老师,我找……字宝宝。"

4. 教师组织幼儿进行游戏,教师说到哪个字,手拿相应字宝宝的幼儿站起来。最快站起来的幼儿与教师玩打电话的游戏。

5. 教师和幼儿一起玩打电话的游戏。幼儿说:"喂,你好,请问你是谁?"教师说:"你好,我是……老师,我找……字宝宝。"

6. 教师组织幼儿多次游戏。

参考照片

3 纸飞机

游戏名称

开飞机

设计意图

将儿歌内容融入集体游戏活动中,并将字词作为飞机停靠的标志,让幼儿在与同伴游戏的过程中复习巩固《纸飞机》中的字词。

材料准备

字卡1套、不同颜色的自粘纸若干、指挥小旗子1面

游戏过程

1. 幼儿依次排队站好,做开飞机状,复习儿歌《纸飞机》。

2. 教师带领幼儿来到划好区域的飞机场,引导幼儿认读每个飞机场里的字。

3. 教师带领幼儿双手展开,学飞机在天上飞翔,一边飞一边念儿歌《纸飞机》,提醒幼儿注意飞机速度不要过快,且不要和身边的飞机相撞。

4. 教师手里拿着指挥小旗,指挥小飞机们安全地停靠在飞机场内,幼儿需要根据指挥小旗的指示,将自己停在指定的飞机场内。

5. 幼儿停靠完成后需要念"飞机停在……字飞机场"。认读不正确的幼儿集体帮助他。

6. 幼儿将飞机场所有的汉字都认读完则游戏结束。

参考照片

4 躲猫猫

🍃 游戏名称

大球滚滚滚

🍃 设计意图

幼儿很喜欢玩球类游戏,运用体育玩具设计"大球滚滚滚"游戏,将字词穿插在游戏活动中,引导幼儿复习巩固《躲猫猫》中的字词,增加集体游戏的趣味性。

🍃 材料准备

大字卡1套、大球1个

🍃 游戏过程

1. 幼儿围坐成半圆,复习儿歌《躲猫猫》。

2. 教师坐在幼儿的对面,与幼儿一起认读大字卡。

3. 教师将大球随机滚向一名幼儿,幼儿需要将自己面前的大球接住,教师马上出示字卡,接住大球的幼儿进行认读。不能认读则集体帮助。

4. 幼儿将大球滚回教师处,教师再将大球滚向另一名幼儿。教师在滚大球的过程中注意控制方向和力度,每一轮滚给不同的幼儿。

5. 教师与所有幼儿都进行了滚球认读则游戏结束。

参考照片

5 玩滑梯

🍃 游戏名称

乘车去游玩

🍃 设计意图

幼儿喜欢去游乐场游玩,因此创设了"乘车去游玩"的情境游戏,引导幼儿在游戏的过程中复习巩固《玩滑梯》中的字词。

🍃 材料准备

车票字卡每人1张、汽车方向盘1个

🍃 游戏玩法

1. 教师请幼儿手拿一张车票字卡围坐成一个大圆圈。

2. 幼儿集体念读儿歌《玩滑梯》,并认读自己手里的车票字卡。

3. 教师在圆圈中间开车邀请幼儿乘车去游玩,教师问:"今天我去游乐园,谁上车?"幼儿按照顺序站起来念出手中的字卡:"……上车。"正确认读后就能上车排在队伍后面,不能正确认读则回到座位上。

4. 教师引导幼儿将未上车的车票字卡进行集体念读,帮助该幼儿一起乘车。

5. 教师组织幼儿交换字卡后反复进行游戏。

6. 教师组织幼儿扮演小司机邀请小朋友上车玩游戏。

参考照片

6 小绵羊

游戏名称

接力送球

设计意图

结合圈和球的体育游戏,以图文配对认读的方式设计"接力送球"的游戏,让幼儿在接力送球的过程中复习巩固儿歌《小绵羊》中的字词。

材料准备

呼啦圈、皮球、字卡、举牌、图片

游戏过程

1. 幼儿分成2组纵队排好,前排幼儿手持皮球站好。

2. 教师在地上放置2列呼啦圈,每个呼啦圈里放好字卡,与幼儿一起集体念读字卡。

3. 教师拿出图片的举牌,引导幼儿念出相对应的汉字。

4. 教师组织幼儿进行游戏,教师举图片牌,两组幼儿看着图片,赶快跑出去把皮球放进相应的字卡圈圈里。

5. 教师与幼儿集体验证是否正确。先到且正确的幼儿所在小组积一分。

6. 教师组织所有幼儿进行游戏,比一比哪组的积分高,积分高者胜出。

参考照片

1 猜谜

游戏名称

袋鼠妈妈找宝宝

设计意图

袋鼠是幼儿比较熟悉的一种动物,结合儿歌内容创设了"袋鼠妈妈找宝宝"的情境游戏,让幼儿一边游戏一边巩固《猜谜》中的字词。

材料准备

大字卡1套、袋鼠妈妈头饰1个、印有字的小袋鼠图片若干

游戏过程

1. 幼儿围坐成半圆形,一起复习儿歌《猜谜》。

2. 教师给每位幼儿发放小袋鼠卡片,引导幼儿自由认读自己卡片上的字。

3. 教师组织幼儿进行游戏,教师扮演袋鼠妈妈,幼儿扮演袋鼠宝宝。教师头戴袋鼠妈妈头饰,手拿字卡发出指令"袋鼠妈妈找宝宝,……字宝宝快快来"。手拿……字袋鼠的幼儿模仿小袋鼠跳到袋鼠妈妈跟前,大声认读字卡上的字。没有念出来的集体帮助。

4. 教师替换字卡与幼儿开始新一轮游戏。

参考照片

8　上　学　歌

游戏名称

太阳花儿开

设计意图

结合儿歌内容创设了"太阳花儿开"的情境游戏,让幼儿在与教师、同伴进行互动游戏的过程中复习掌握《上学歌》中的字词。

材料准备

太阳花心、印有汉字的花瓣

游戏过程

1. 教师带领幼儿复习儿歌《上学歌》。

2. 幼儿手拿一片印有汉字的花瓣,并自由认读花瓣上的汉字。

3. 教师带领幼儿学念指令儿歌:"太阳花儿开,……字花瓣在哪里?""……字花瓣在这里。"

4. 教师组织幼儿进行游戏,教师出示太阳花心并念指令儿歌:"太阳花儿开,……字花瓣在哪里?"手拿……字花瓣的幼儿将花瓣举高并回答:"……字花瓣在这里。"说完将手中花瓣贴到花心当中。

5. 教师依次说出花瓣上的汉字,指导幼儿轮流进行游戏。

6. 教师组织幼儿交换花瓣字卡后,可多次进行游戏。

参考照片

9 夜晚

游戏名称

摘星星

设计意图

结合儿歌内容将星星投放到游戏情境中,创设"摘星星"的游戏,幼儿在摘星星的过程中复习巩固《夜晚》中的字词。

材料准备

大字卡、星星字卡、月亮卡片

游戏过程

1. 教师先将星星字卡贴在架子上,再组织幼儿围坐在一起。

2. 幼儿集体念读儿歌《夜晚》。

3. 教师出示大字卡,幼儿集体复习字词。

4. 教师组织幼儿进行游戏,师幼一起念儿歌。一位幼儿手拿月亮图片,将字卡顺时针传给下一位幼儿,当儿歌结束时手里拿到月亮图片的幼儿到架子上摘一颗星星,认读星星上面的字,正确认读后就将星星拿走,不能则将星星贴回到架子上。

5. 教师组织幼儿继续念儿歌传月亮图片。所有幼儿都参与到摘星星游戏后则游戏结束。

参考照片

10 歌唱春天

游戏名称

蝴蝶找花

设计意图

角色扮演是幼儿喜欢的游戏之一,由此创设"蝴蝶找花"的情境游戏,引导幼儿在互动游戏的过程中复习巩固《歌唱春天》中的字词。

材料准备

字卡、不同颜色的蝴蝶头饰、花朵字卡、篮筐

游戏过程

1. 教师组织幼儿排成2组,幼儿佩戴蝴蝶头饰。

2. 教师引导幼儿念读儿歌《歌唱春天》,并复习字卡上的汉字。

3. 教师在每组队伍旁放一个篮筐,将花朵字卡撒在队伍前方,引导幼儿认读地上的花朵字卡。

4. 教师出示一张大字卡。幼儿出发去拿一张相应的花朵字卡进行认读,认读完返回,将得到的字卡放进篮筐里。认读错误则不能拿取。

5. 幼儿都认读过一次后游戏结束。集体数一数篮筐中的花朵字卡数量,多的小组获胜。

参考照片

11 小鸭

游戏名称

谁来了

设计意图

3—4岁的幼儿喜欢重复互动的游戏内容,由此创设"谁来了"的游戏,引导幼儿在集体游戏的过程中复习巩固《小鸭》中的字词。

材料准备

大字卡、小字卡、字词对应的图片

游戏过程

1. 幼儿围坐成半圆形,教师带领幼儿一边复习儿歌,一边模仿儿歌中出现的小动物。

2. 幼儿每人拿2张字卡,自由认读。

3. 教师组织幼儿游戏,教师先说口令"看一看,猜一猜,谁来啦?"说完后拿出一张图片,幼儿快速从自己的字卡里找出相应的字卡,举起字卡并大声地读出该字,念对的幼儿将该字卡放在椅子下面,并从教师处再领取小字卡一张。念错的幼儿不放置在椅子下面。

4. 教师带领幼儿反复进行游戏,游戏结束时幼儿数一数椅子下面的字卡,最多的幼儿获胜。

参考照片

12 理 发

游戏名称

占圈圈

设计意图

趣味性强的游戏能更好地吸引幼儿的认读兴趣,由此创设"占圈圈"的互动性集体游戏,让幼儿在与同伴游戏的过程中复习巩固《理发》中的字词。

材料准备

字卡、呼啦圈

游戏过程

1. 教师进行场地布置,在地上放3个呼啦圈,每个圈里放一张字卡。

2. 教师带领幼儿学念儿歌:"走走走,走走走,我们一起走走走,走到……字圈上站一站,看谁站得对又快。"

3. 教师组织幼儿围着呼啦圈拉手变成大圆圈。

4. 教师带领幼儿一边踏步、拍手,一边念儿歌:"走走走,走走走,我们一起走走走,走到……字圈上站一站,看谁站得对又快。"幼儿根据教师的指令站到……字的圈外,最先站对的3名幼儿获得贴纸奖励。

5. 教师变换口令字词,继续组织幼儿进行游戏。

参考照片

13 ☁ 玩具

游戏名称

网小鱼

设计意图

3—4岁幼儿对模仿小鱼游戏非常感兴趣,结合音乐游戏创设"网小鱼"的情境游戏,帮助幼儿复习巩固《玩具》中的字词。

材料准备

字卡、歌曲《许多小鱼游来了》、贴纸

游戏过程

1. 教师组织幼儿佩戴字卡并手拉手围成一个大圆圈站好。

2. 教师引导幼儿自由认读自己佩戴的字卡。

3. 教师带领幼儿学唱歌曲《许多小鱼游来了》。

4. 教师组织幼儿进行游戏,幼儿手拉手围成一个大圆圈作为鱼池,请2名幼儿手拉手并上举手臂做渔网,其他幼儿扮演鱼群。师幼一起唱歌曲:"许多小鱼游来了,游来了……""鱼群"顺着一个方向游动,当教师发出"快快抓住"信号后,做渔网的小朋友将手落下,围住一名幼儿。

5. 做渔网的2名幼儿快速念出被网住的幼儿身上的字卡,念得快的幼儿获胜,奖励一枚贴纸;被网住的幼儿加入做渔网,游戏继续。鱼儿越来越少,渔网越来越大,直到鱼儿基本捕完,游戏结束。

6. 教师组织幼儿交换佩戴的字卡后反复进行游戏。

参考照片

14 吃点心

🍂 游戏名称

小小运货员

🍂 设计意图

"运货员"是幼儿感兴趣的角色,由此创设"小小运货员"的情境游戏,帮助幼儿在运送货物的情境中复习巩固《吃点心》中的字词。

🍂 材料准备

字卡贴在物品上、货架、贴纸、小推车

🍂 游戏过程

1. 教师在实物上贴上对应字卡,摆放在货架上。

2. 教师出示贴了字卡的实物,引导幼儿集体认读字卡上的字。

3. 教师引导幼儿学念儿歌:"我是小小运货员,我们要开车运货去。嘀!嘀!嘀!我们的货车开动了。"

4. 教师将幼儿分成人数相同的2组,队伍前面放置小货车。

5. 教师组织幼儿游戏,当教师说"我是小小运货员,我们要开车运货去。嘀!嘀!嘀!我们的货车开动了"时,每组第一位幼儿推着小车向货架前进,到达货架后任意取一个物品,并认读上面的字,念对后将货物放入小车,念错则不拿取。两人再将小车推回起点拿出实物即完成一次运货。

6. 所有幼儿完成运货后游戏结束。最终运货最多的小组获胜。

参考照片

15　小池塘

游戏名称

青蛙跳荷叶

设计意图

幼儿喜欢在故事情境中进行角色类的游戏,由此设计"青蛙跳荷叶"这个蹦蹦跳跳的集体游戏,引导幼儿在游戏的过程中复习巩固《小池塘》中的字词。

材料准备

小池塘、荷叶字卡、小青蛙头饰、小荷叶

游戏过程

1. 教师指导幼儿模仿小青蛙,边蹦跳边念儿歌《小池塘》。

2. 教师出示荷叶字卡,幼儿集体认读。

3. 教师将幼儿按男生、女生分成两组,指导幼儿学习口令儿歌:"跳荷叶,跳荷叶,一跳跳到……字的荷叶上。"

4. 教师组织幼儿进行游戏,教师扮演青蛙妈妈,幼儿扮演小青蛙。教师念口令儿歌"跳荷叶,跳荷叶,一跳跳到……字的荷叶上",小青蛙按照要求找到对应字宝宝的荷叶并跳上去,最先跳对的幼儿可以获得一张荷叶,其余幼儿则回座位。

5. 幼儿认读完所有的荷叶字卡后,游戏结束。获得最多荷叶的幼儿获胜。

参考照片

16 蘑菇伞

游戏名称

采蘑菇

设计意图

结合幼儿喜欢动物扮演互动游戏的特点，创设"采蘑菇"的游戏，引导幼儿在集体同伴游戏的过程中复习巩固《蘑菇伞》中的字词。

材料准备

蘑菇字卡、大字卡、小兔子头饰

游戏过程

1. 教师将幼儿分成男女两组，并划分好场地。

2. 教师指导幼儿佩戴小兔头饰，边蹦跳边念儿歌《蘑菇伞》

3. 教师出示蘑菇字卡，幼儿进行集体认读。

4. 教师指导幼儿学念儿歌"小兔子采蘑菇，采到一个……蘑菇"。

5. 教师组织幼儿进行游戏，教师扮演兔妈妈念口令儿歌"小兔子采蘑菇，采到一个……蘑菇"。小兔子按照指令采蘑菇，找到贴有该字宝宝的蘑菇，采好后放进自己小组的场地里，教师检查蘑菇是否正确，正确的蘑菇可留在场地里，不正确的则放回原处。

6. 幼儿按照口令将菜地里的蘑菇都采完后游戏结束，哪组场地里的蘑菇多则哪组获得胜利。

参考照片

17 下雨啦

🍂 游戏名称

小熊快进洞

🍂 设计意图

结合幼儿喜欢互动游戏的特点,创设"小熊快进洞"的游戏,引导幼儿在集体同伴游戏的过程中复习巩固《下雨啦》中的字词。

🍂 材料准备

字卡、小熊胸牌、小字卡、贴纸、积木搭成的房子

🍂 游戏过程

1. 教师布置场地,请幼儿佩戴小熊胸牌并手拉手围成一个大圆圈站好,集体认读拱门上的大字卡。

2. 教师引导幼儿踏步念儿歌《下雨啦》。儿歌结束后,教师发放小字卡给幼儿,幼儿自由认读。

3. 教师引导幼儿学念口令儿歌:"打雷啦,下雨啦,拿到……字的熊宝宝们快回家。"

4. 教师组织幼儿进行游戏,教师扮演熊妈妈念口令儿歌:"打雷啦,下雨啦,拿到……字的熊宝宝们快回家。"拿到……字的小熊快速躲到相应字宝宝的拱门里,熊妈妈检查躲在房子里的熊宝宝拿的字卡是否正确。

5. 师幼集体验证,教师给正确且快速躲进房子里的幼儿发奖励贴纸。

6. 教师组织幼儿交换自己的小字卡,游戏可反复多次进行。

参考照片

18 小青蛙

🍃 游戏名称

小蝌蚪找妈妈

🍃 设计意图

《小蝌蚪找妈妈》是幼儿熟悉且喜欢的故事,结合该故事情境创设集体认读游戏,引导幼儿在游戏的情境中复习巩固《小青蛙》中的字词。

🍃 材料准备

大字卡、青蛙妈妈图示、小字卡、奖励贴纸

🍃 游戏过程

1. 教师出示贴了字卡的青蛙妈妈,引导幼儿集体认读上面的字。再将青蛙妈妈字卡布置在教室的四周。

2. 幼儿每人一张小蝌蚪字卡,教师指导幼儿自由认读。

3. 教师引导幼儿学口令对话,教师问:"谁要找妈妈?"幼儿答:"小蝌蚪要找妈妈。"教师说:"请……字蝌蚪找妈妈。"

4. 教师组织幼儿进行游戏,教师问:"谁要找妈妈?"幼儿答:"小蝌蚪要找妈妈。"教师说:"请……字找妈妈。"拿着对应字卡的小朋友在教室里找对应字卡的青蛙妈妈,将小蝌蚪送回家。

5. 师幼集体验证幼儿的字卡配对是否正确,不正确的进行集体纠正。

6. 教师变化口令字卡,组织幼儿反复游戏。

参考照片

3—4岁（下）

三

亲子游戏

1 ☁ 宠 物 店

🍃 材料准备

动物毛绒玩具若干、字卡"新、话、打、气、绿、蓝"

🍃 游戏玩法

家长将家中的动物毛绒玩具收集在一起,布置成宠物商店,每个宠物玩具身上贴一张字卡。

玩法一:

1. 幼儿扮演顾客,进行宠物领养游戏。

2. 每次领养前先读出宠物身上的字卡。

3. 能正确认读就可以将这个宠物领走,不正确则不能领走。

玩法二:

1. 幼儿扮演宠物商店的主人,对宠物进行照顾。

2. 喂宠物吃东西,每次喂东西前需读一读宠物身上的字卡。

3. 带宠物散步,每次散步前需读一读宠物身上的字卡。

2 停车场

材料准备

地垫、字卡"梯、跑、袋、亲、脸、摸"

游戏玩法

在家里布置停车场的情景，准备一个地垫，将地垫作为停车场的停车位，地垫上放置字卡，作为每个停车位的名称。幼儿扮演司机，家长扮演交通指挥者。

玩法一：

1. 选择有图片的字卡面进行游戏。

2. 家长说"开到……位置"，幼儿就将汽车模型开到相应的停车位上。

3. 选择没有图片只有字的面进行游戏。

4. 家长说"开到……位置"，幼儿就将汽车模型开到相应的停车位上。

5. 找对相应位置可以停车，找错则将车停回原位。

玩法二：

1. 将字卡面朝上，排成一排。

2. 家长推动小汽车，让小汽车随机停到停车位上。

3. 汽车停在哪个车位上，幼儿就读出该车位上的字卡。

4. 读对可以停车，读错则将车停回原位。

3 玩具店

材料准备

玩具若干、字卡"亮、春、河、啦、叫、刺、拿、放"

游戏玩法

家长与幼儿一起收集家里的玩具,布置成玩具店游戏环境,在玩具店的所有玩具上都贴上相应的字卡。

玩法一:

1. 幼儿扮演老板,家长扮演客人。

2. 客人来买玩具,随机说出玩具上的字卡。

3. 老板找到对应字卡的玩具交给客人。

4. 找对玩具则交易成功,找错玩具则交易失败。

玩法二:

1. 交换角色,家长扮演老板,幼儿扮演客人。

2. 客人选择自己要买的玩具,并准确读出字卡。

3. 读对字卡就能得到玩具,读错则不能得到玩具。

4 ☁ 萝卜保卫战

材料准备

泡沫地垫、萝卜图片、字卡"要、横、荷、没、雷、蛙"

游戏玩法

利用家里的泡沫地垫制作游戏道具,并且准备若干萝卜图片,幼儿通过认读字卡来解救"萝卜"。

玩法一:

1. 将"萝卜"四周铺上地垫字卡。

2. 幼儿与家长进行猜拳PK(较量)。

3. 猜拳胜利者向前进一步,并读出地垫上的字卡。

4. 读对字卡可向前一步,读错则退回原位。

5. 先到达终点救出"萝卜"者获胜。

玩法二:

1. 将字卡按顺序贴在地垫上。

2. 家长与幼儿比赛读字卡速度。

3. 认读正确且用时较短者就能成功解救"萝卜"。

游戏认读

后 记

苏州市实验小学教育集团各民办校（园）在徐天中校长的带领下，自2011年起，以"语言发展"为研究点开展"儿童语言发展小幼衔接的实验研究"。该课题研究的申报单位为苏州明珠学校。课题组由苏州明珠学校、苏州明珠幼儿园等四家单位组成，苏州明珠幼儿园主要承担完成了课题中3—6岁年龄段的实验研究。

徐天中校长是教育部首届骨干校长高级研修班成员，全国29位校长带头人之一，中国教育学会全国实验学校教育科学研究专业委员会副理事长，中国教育学会小学教育专业委员会副会长，全国骨干校长工作研究会副理事长，苏州市专家咨询团成员，教育部小学校长培训中心（北京师范大学校长培训学院）兼职教授，苏州大学兼职教授、硕士生导师，苏州市实验小学校教育集团原总校长。

徐天中校长创造性地提出了"生活认读""环境认读""游戏认读""三步认读"四种模块的学习方式。四模块的学习，遵循了儿童的生理和心理发展规律，符合汉字、汉语文化的学习特征，将符号辨识和内容体验有机统一。四模块的学习，建立了小幼衔接语言教学共同体，儿童在活生生的多元动态环境中实现高效地识字、快速地阅读、流利地表达，从而充分开发儿童语言、思维等潜能，促进儿童全面可持续发展，为终身学习打下坚实的基础。

本丛书由徐天中校长担任编委会总主编，他对本丛书的指导思想、框架结

构、内容审定、文字撰写等方面做出了具体指导和详细安排。赵洪、丰新娜、丁文群、王莉、王静、过坚、朱月龙、屈雅琴、钱春玲、钱晶莹参与了本丛书各书册的编写与审校工作。谈莉莉、葛建平、宋怡、周莉、周璇、戴莉萍、沈琴、周玉婷、陆丽亚、范兰珍、顾敏娴、吴国英、程浏、杨斐、张雯婷、沈建芳、翁娟芳、潘宏参与了课题的教学研究工作。课题组全体成员在推进课题研究的过程中,展现了对孩子的认真观察、对教法的认真琢磨、对经验的认真提炼。本丛书中的每一篇活动设计、每一件游戏材料、每一个指导要求,都凝聚着教师们对于课题研究的独特观点。

课题研究开展期间,课题组得到了幼儿科学认读发起人,原江苏省教育委员会副主任、江苏省教育学会原会长周德藩先生,苏州大学朱月龙教授,以及北京师范大学、中国教育科学研究院、江苏省教育科学研究院等单位有关专家的指导。他们为课题研究提供了科学认读的成果借鉴、为课题推进提供了广阔的研究思路,也在丛书编写过程中提供了许多建设性的修改意见,我们在此表示衷心的感谢!

本丛书在编写过程中得到了很多专家、学者、老师的支持和帮助,在此向各位表示诚挚的谢意!

由于编者水平和时间的限制,丛书在理论的探索和实践的操作上还有提升的空间,不足之处敬请专家和读者不吝赐教!

编　者

2023 年 8 月

儿童语言发展
小幼衔接的实验研究丛书

三步认读

3—4岁

徐天中　总主编
本书编委会　编

浙江工商大学 出版社
ZHEJIANG GONGSHANG UNIVERSITY PRESS
·杭州·

图书在版编目(CIP)数据

儿童语言发展小幼衔接的实验研究丛书. 3—4岁 4

三步认读 / 徐天中总主编;本书编委会编. -- 杭州：

浙江工商大学出版社,2024. 10. -- ISBN 978-7-5178

-6123-2

Ⅰ. G613.2

中国国家版本馆CIP数据核字第20241Q7N38号

儿童语言发展小幼衔接的实验研究丛书
三步认读(3—4岁)
SANBU RENDU (3—4 SUI)
徐天中 总主编　本书编委会 编

策划编辑	周敏燕	
责任编辑	周敏燕	
责任校对	都青青	
封面设计	蔡思婕	
责任印制	祝希茜	
出版发行	浙江工商大学出版社	
	(杭州市教工路198号　邮政编码310012)	
	(E-mail:zjgsupress@163.com)	
	(网址:http://www.zjgsupress.com)	
	电话:0571-88904980,88831806(传真)	
排　　版	杭州朝曦图文设计有限公司	
印　　刷	杭州捷派印务有限公司	
开　　本	787mm×1092mm　1/16	
总 印 张	43.25	
总 字 数	593千	
版 印 次	2024年10月第1版　2024年10月第1次印刷	
书　　号	ISBN 978-7-5178-6123-2	
总 定 价	160.00元(共六册)	

"儿童语言发展小幼衔接的实验研究丛书"编委会

顾　　问：周德藩

总　主　编：徐天中

副总主编：赵　洪　丰新娜

编　　委：（按姓氏笔画排序）

丁文群　王　莉　王　静　过　坚　朱月龙

屈雅琴　钱春玲　钱晶莹

本书编委会

主　　编：赵　洪

编　　委：（按姓氏笔画排序）

宋　怡　谈莉莉　葛建平

序

　　一个人的语文素养根基在于阅读,儿时阅读兴趣的激发和习惯的养成至关重要。孩子是天生的学习者。脑科学研究成果表明,幼儿正处于语言学习的敏感期,充分利用汉字图形表意的优势,在儿童生活和游戏过程中,开展"随风潜入夜"式的认读活动,既能激发孩子的阅读兴趣,又有利于培养孩子的阅读习惯。

　　为此,我们曾组织几十所幼儿园和小学,以"科学认读"为课题进行早期阅读的实验研究。十数年的坚持,改变了我们汉字难学的认知,其实汉字存有认读和书写的相位差,可先认读不书写,或者后书写。阅读的入门并不难。据此,我们在幼儿园开展科学认读汉字词的活动,这激发了孩子们认读汉字词的热情。做得好的幼儿园,大班的孩子普遍可以认读近千个汉字。有些小学主动对接幼儿园继续实验,到二年级学年末,学生认读可超两千字,从而实现自主阅读。这项研究结题时,教育部原副总督学郭振有说,此项研究小切口、意义大。

　　结题之后,由于环境的影响,继续参与研究的很少。但是徐天中校长凭借他丰富的教育经历和学识,充分认定这项研究的价值,抓住小切口,依靠教育集团的优势,设计出小幼衔接的大文章,坚持做了十多年。他主持开展的江苏省教育科学"十二五"规划重点课题"儿童语言发展小幼衔接的实验研究",抓住儿童口头语言发展的关键期,在不增加儿童学习负担的前提下,建立了一套

符合儿童身心发展特征、小幼间无缝对接的科学认读目标、内容、方法、评价体系，让3—6岁语言教学与小学语文教学在展示自身特色基础上实现无缝衔接，建立小幼衔接语言教学共同体，开发儿童语言思维等潜能，促进儿童全面可持续发展，为终身学习打下坚实的基础。

徐天中校长从"字""人""环境"这三个方面着手研究，创造性地在3—6岁阶段科学认读研究中提出了"生活认读""环境认读""游戏认读""三步认读"四种模块的学习方式，在这些学习方式的互通与互补过程中，6岁幼儿轻松而高效地达到1000多个常见字的认读目标。正是通过抓住关键期，从3岁开始的有效语言教育，幼儿从3岁就逐步开始了自主阅读绘本、报纸、书册，到6岁积累了近10万字的阅读量。这充分开发了幼儿的学习潜能，促进了其形象思维、逻辑思维等的快速发展。3—6岁的早期认读和早期阅读成果，让幼儿进入小学一二年级后语文学习优势明显，轻松完成2500个常用字的学习，课外阅读量超100万字，这也很好地推进和提高了学生学习其他学科的兴趣、速度和质量，从而进一步全面提升了学生的综合素养。

徐天中校长领衔的这项课题成果丰硕，课题组编撰了《小幼衔接语言发展之科学认读》《小幼衔接语言发展之绘本阅读》《小幼衔接语言发展之口语讲述》等共计18册的系列丛书，制作了与之配套的电子课件、挂图卡片、音频视频、游戏盒子等学习辅助材料。这些课题研究成果集聚了严谨规范的教学流程、系统高效的教学方式、生动有趣的教学材料、多元灵活的教学评价，具有极大的实操性和可推广性。我希望这项课题研究能长期进行下去，它的探索和深化必将对基础教育体系改革产生重大意义！

周德藩

（原江苏省教委副主任）

目 录

3—4岁(上)

一、认读活动 …………………………………………………………… 1

1 学儿歌 …………………………………………………………… 2

2 玩游戏 …………………………………………………………… 6

3 我爱老师 ………………………………………………………… 10

4 找朋友 …………………………………………………………… 14

5 小苹果 …………………………………………………………… 18

6 爱洗手 …………………………………………………………… 22

7 有几个 …………………………………………………………… 26

8 小金鱼 …………………………………………………………… 30

9 小猴玩球 ………………………………………………………… 34

10 娃娃家 ………………………………………………………… 38

11 在哪里 ………………………………………………………… 42

12 全家福 ………………………………………………………… 46

13 不倒翁 ………………………………………………………… 50

14 小鸡真可爱 …………………………………………………… 54

15 小狗吃骨头 …………………………………………………… 58

三步认读

16 不挑食 ……………………………………………… 62

17 鼻子 ………………………………………………… 66

二、评价表 ……………………………………………… 71

评价说明 ……………………………………………… 72

月评价内容 …………………………………………… 74

每月评价字表 ………………………………………… 75

幼儿每月评价情况分析表 …………………………… 76

三、附录 ………………………………………………… 77

字表 …………………………………………………… 78

词表 …………………………………………………… 79

句表 …………………………………………………… 80

3—4岁（下）

一、认读活动 ………………………………………… 83

1 过新年 ……………………………………………… 84

2 打电话 ……………………………………………… 88

3 纸飞机 ……………………………………………… 92

4 躲猫猫 ……………………………………………… 96

5 玩滑梯 ……………………………………………… 100

6 小绵羊 ……………………………………………… 104

7 猜谜 ………………………………………………… 108

8 上学歌 ……………………………………………… 112

9 夜晚 ………………………………………………… 116

10 歌唱春天 ………………………………………… 120

11 小鸭 124

12 理发 128

13 玩具 132

14 吃点心 136

15 小池塘 140

16 蘑菇伞 144

17 下雨啦 148

18 小青蛙 152

二、评价表 157

评价说明 158

月评价内容 160

每月评价字表 161

幼儿每月评价情况分析表 162

三、附录 163

字表 164

词表 165

句表 166

后　记 168

3—4岁（上）

一

认读活动

1 学儿歌

学儿歌

幼儿园里学儿歌，
小朋友，点一点，
一字一句我会念。

认一认

幼儿园　　　小　　　点　　　字

念一念

花儿、小白兔

说一说

公园里的花儿真漂亮。
小白兔真可爱。

活动设计

教学目标

1. 正确认读"幼、儿、园、小、点、字"6个生字,读准音,认清形。

2. 能够正确、熟练地朗读,了解儿歌的内容。

教学准备

字卡、课件

教学过程

一、读一读(6分钟)

师:小朋友,你在幼儿园里最喜欢做哪些事情?今天我们来学一首儿歌《学儿歌》。

1. 初读儿歌。

(1)范读。

——教师指读两遍。

(2)领读。

——教师读一句,幼儿跟着读一句。

(3)随读。

——教师大声读,幼儿跟着轻声读。

2. 去字留图读。

师:闭上眼睛变魔术,1、2、3,红字宝宝不见啦。

——教师指,幼儿齐读。

3. 去图去字读。

师:闭上眼睛变魔术,1、2、3,图片宝宝不见啦。

——教师指,男生女生轮流读。

4. 去图留字读。

师:闭上眼睛变魔术,1、2、3,红字宝宝出来啦。让我们一起边拍手边读儿歌。

——教师指,幼儿拍手齐读。

5. 教师提问。

师:你喜欢上幼儿园吗? 为什么?

师:你还喜欢在幼儿园里做什么呀?

6. 背诵儿歌。

(1)指挥家。

——教师做指挥家,手指到哪边,就由哪边的幼儿背。

(2)大小声。

——幼儿根据教师的手势背诵,教师手举高表示大声背,教师手放低表示小声背。

二、认一认(4分钟)

1. 看图认字。

(1)回忆认字。

——教师出示字卡"儿、幼、园、小、点、字",请幼儿依次认读。

(2)闪卡认字。

——教师把字卡快速闪过,幼儿快速念。

2. 去图认字。

(1)传卡认字。

——教师拍手,幼儿传字。教师停止拍手时字卡在谁手中谁就大声念。

（2）捉迷藏认字。

——教师把字卡一字排开，幼儿闭上眼睛，教师拿走其中一个字藏在背后，幼儿说出哪个字不见了。

三、玩一玩（5分钟）

游戏一：发水杯。

师：老师要给每位小朋友发一个水杯，你们能按照水杯架上的图案找到跟它配对的水杯吗？

游戏二：找积木。

师：调皮的小朋友把积木丢得到处都是，我们一起认一认积木筐上的字宝宝，然后把积木宝宝送回家吧。

游戏三：滑滑梯。

师：字宝宝们来玩滑梯游戏了，请你们大声念出它们的"名字"，念对了它就能滑下去啦。

游戏四：躲猫猫。

师：字宝宝跟小朋友玩起了躲猫猫的游戏，我们一起把它们找出来吧。

2 玩游戏

玩游戏

小狗跑来了，
小鸟飞来了，
宝宝走来了，
一起玩游戏。

认一认

狗　　　　鸟　　　　宝宝

念一念

鸟儿、宝贝

说一说

鸟儿在树枝上唱歌。

我是妈妈的宝贝。

活动设计

教学目标

1. 正确认读"狗、鸟、宝"3个生字,读准音,认清形。
2. 能够正确、熟练地朗读、背诵儿歌。

教学准备

字卡、课件

教学过程

一、读一读(6分钟)

师:小朋友,你们喜欢玩游戏吗?今天我们来学一首儿歌《玩游戏》。

1. 初读儿歌。

(1)范读。

——教师指读两遍。

(2)领读。

——教师读一句,幼儿跟着读一句。

(3)男女生读。

——男生、女生分别读。

2. 去字留图读。

师:闭上眼睛变魔术,1、2、3,红字宝宝不见啦。

——教师指,幼儿齐读。

3. 去图去字读。

师：闭上眼睛变魔术，1、2、3，图片宝宝不见啦。

——教师指，幼儿大声读。

4. 去图留字读。

师：闭上眼睛变魔术，1、2、3，红字宝宝出来啦。

——幼儿分小组读。

5. 教师提问。

师：儿歌里有哪些小动物？

师：它们是用什么方法来玩游戏的？

师：你最喜欢玩什么游戏？为什么？

6. 背诵儿歌。

(1)教师幼儿轮流背。

——教师轻轻背，幼儿大声背。

(2)接龙背。

——幼儿一句一句往下循环背。

二、认一认（4分钟）

1. 看图认字。

(1)大小声认字。

——教师出示字卡，教师把字卡举高幼儿大声念，教师把字卡放低幼儿小声念。

(2)拍字卡认字。

——教师把字卡拿到幼儿面前，幼儿边拍字卡边念。

2. 去图认字。

(1)指读认字。

——教师点字卡，幼儿认一认字。

(2)翻卡认字。

——教师把字卡合起来,翻一张字卡,幼儿认读字卡上的字。

三、玩一玩(5分钟)

游戏一:好朋友。

师:你们认识这些字宝宝吗?谁来帮它们找到图片朋友?

游戏二:我的家。

师:这里是谁的家?你能根据字宝宝帮它们找到自己的家吗?

游戏三:分蛋糕。

师:小宝宝要给字宝宝分蛋糕吃,但是在吃之前一定要认一认蛋糕上是什么字宝宝哦。

游戏四:连连看。

师:小朋友,儿歌里少了一些字宝宝,你们能把它找出来吗?让我们一起连一连,挑战高难度。

3 我爱老师

我爱老师

我的好老师，
唱歌声音亮，
跳舞动作美，
我爱你老师！

认一认

老师   唱歌   跳（舞）

念一念

歌声、跳远

说一说

树林里传来好听的歌声。

小朋友在进行跳远比赛。

活动设计

教学目标

1. 正确认读"老、师、唱、歌、跳"5个生字,读准音,认清形。
2. 能够正确、熟练地朗读儿歌,理解儿歌内容。

教学准备

字卡、课件

教学过程

一、读一读(6分钟)

师:小朋友,你们在幼儿园里学到了哪些本领?这些本领都是谁教给你的?今天我们来学一首儿歌《我爱老师》。

1. 初读儿歌。

(1)范读。

——教师指读两遍。

(2)领读。

——教师读一句,幼儿跟着读一句。

(3)男女比读。

——男生女生比一比,轮流比赛读。

2. 去字留图读。

师:闭闭眼,变变变,红字宝宝不见啦。

——教师指,男女生一行一行交替读,再交换指读。

3. 去图去字读。

师：闭闭眼，变变变，图片宝宝不见啦。

——教师指，个别幼儿领读，其余幼儿跟读。

4. 去图留字读。

师：闭闭眼，变变变，红字宝宝出来啦。

——教师指，幼儿拍手齐读。

5. 教师提问。

师：老师的本领大不大？

师：老师会哪些本领呢？

师：你喜欢老师吗？为什么？

6. 背诵儿歌。

(1)拍手背。

——幼儿一起一边拍手一边背。

(2)变声背。

——幼儿学小蚊子轻声背诵，幼儿学小青蛙大声背诵。

二、认一认（4分钟）

1. 看图认字。

(1)大小声认字。

——教师把字卡举高幼儿念得响亮，举低就念得轻声。

(2)摘字卡认字。

——教师把字卡贴在黑板上，幼儿根据教师的要求边摘字卡边念。

2. 去图认字。

(1)躲藏认字。

——教师把字卡一字排开，幼儿闭上眼睛，教师拿走其中一个字，幼儿说出躲起来的字。

(2)击鼓认字。

——教师拍打铃鼓,幼儿速传字卡,铃鼓停,幼儿大声念出手中的字卡。

三、玩一玩(5分钟)

游戏一:认标记。

师:你们能帮这些字宝宝找到图片标记吗?

游戏二:排排坐。

师:上课啦,小朋友赶快来坐神气了,坐哪里呢?请你们按照小朋友手中的字卡,帮助他们找到自己的椅子吧。

游戏三:学唱歌。

师:小朋友最喜欢唱歌了,只要念对话筒上的字宝宝,就可以拿着话筒唱歌啦。

游戏四:云朵宝宝找家。

师:云朵宝宝要回家了,我们一起来帮它们找到自己的位置吧,全部找出后就可获得一个大拇指啦。

4  找 朋 友

找朋友

你来藏，我来找。

小树旁，花丛中。

好朋友，你在哪？

 认一认

朋友   你   我

 念一念

友好、我们

 说一说

好朋友之间要友好相处。

我们都是好孩子。

活动设计

教学目标

1. 正确认读"朋、友、你、我"4个生字,读准音,认清形。
2. 能够正确、熟练地朗读儿歌,理解儿歌内容。

教学准备

字卡、课件

教学过程

一、读一读(6分钟)

师:小朋友,你玩过捉迷藏游戏吗？今天我们来学一首关于捉迷藏的儿歌《找朋友》。

1. 初读儿歌。

(1)范读。

——教师指读两遍。

(2)领读。

——教师读一句,幼儿跟着读一句。

(3)大小声读。

——教师大声读,幼儿小声读。

2. 去字留图读。

师:闭上小眼睛,1、2、3,睁开小眼睛,红字宝宝不见啦。

——教师指,幼儿齐读。

3．去图去字读。

师：闭上小眼睛，1、2、3，睁开小眼睛，图片宝宝也不见啦。

——教师指，男生女生轮流读。

4．去图留字读。

师：闭上小眼睛，1、2、3，睁开小眼睛，红字宝宝出现啦。

——教师指，男生读红字，女生读黑字。

5．教师提问。

师：你有好朋友吗？

师：你的好朋友是谁？

师：你和好朋友在一起会做些什么？

6．背诵儿歌。

（1）小老师领背。

——一名幼儿当小老师，小老师背一句，其余幼儿跟背一句。

（2）开火车背。

——幼儿一人背一句，轮流背。

二、认一认（4分钟）

1．看图认字。

（1）回忆认字。

——教师出示字卡"朋、友、你、我"，请幼儿依次认读。

（2）打招呼认字。

——教师出示字卡，幼儿念出字卡打招呼。

2．去图认字。

（1）捉迷藏认字。

——教师把字卡一字排开，幼儿闭上眼睛，教师拿走其中一个字，幼儿猜猜哪个字不见了。

(2)拍字卡认字。

——教师随机念一个字,幼儿快速拍一拍黑板上对应的字卡。

三、玩一玩(5分钟)

游戏一:手拉手。

师:字宝宝想找到它们走丢的图片朋友,请你们帮忙找一找、连一连。

游戏二:字宝宝找朋友。

师:小朋友手拉手,字宝宝来找朋友,它的朋友在哪里?请你把字宝宝和它们的图片朋友连起来吧。

游戏三:好朋友送气球。

师:你们喜欢彩色气球吗?今天有位小朋友来给大家送气球啦,只要念对气球上的字宝宝就能得到这些气球。

游戏四:网球比赛。

师:和好朋友来一场网球比赛吧,你能接住球吗?请两位小朋友一起来游戏,念对了才能球拍给对方。

5 小苹果

小苹果

小苹果，圆溜溜，
酸酸甜甜真好吃，
哥哥姐姐都爱它。

认一认

哥　　　　　姐

念一念

八哥、姐妹

说一说

我家有一只会说话的八哥。
园园和点点是一对姐妹。

活动设计

教学目标

1. 正确认读"哥、姐"2个生字,读准音,认清形。
2. 能够正确、熟练地朗读儿歌,理解儿歌内容。

教学准备

字卡、课件

教学过程

一、读一读(6分钟)

师:小朋友,你们喜欢吃苹果吗?苹果是什么样子的?今天我们来学一首儿歌《小苹果》。

1. 初读儿歌。

(1)范读。

——教师指读两遍。

(2)领读。

——教师读一句,幼儿跟着读一句。

(3)随读。

——教师大声读,幼儿跟着轻声读。

2. 去字留图读。

师:闭上小眼睛,1、2、3,睁开小眼睛,红字宝宝不见啦!

——教师指,幼儿齐读。

3．去图去字读。

师：闭上小眼睛，1、2、3，睁开小眼睛，图片宝宝也不见啦。

——教师指，男女生轮流读。

4．去图留字读。

师：闭闭眼，变变变，红字宝宝出来啦。

——教师指，男生拍手读，女生拍腿读。

5．教师提问。

师：你最喜欢吃什么水果？

师：你有哥哥、姐姐吗？

师：他们喜欢吃什么水果？

6．背诵儿歌。

（1）大小声。

——教师手举高幼儿大声背，教师手放低幼儿小声背。

（2）开火车。

——教师指到哪组幼儿就由哪组幼儿背诵第一句，接下来指到的小组即依次背诵第二句、第三句等。

二、认一认（4分钟）

1．看图认字。

（1）回忆认字。

——教师出示字卡"哥、姐"，请幼儿依次认读。

（2）拍打认字。

——教师出示字卡，幼儿边拍字卡边读。

2．去图认字。

（1）躲藏认字。

——教师把字卡一字排开，幼儿闭上眼睛，教师拿走其中一个字，幼儿找出藏起来的字卡。

（2）抽读认字。

——教师随机抽一张字卡,幼儿举手抢答。

三、玩一玩（5分钟）

游戏一:认一认。

师:小朋友,你们能认出哪一个是哥哥、哪一个是姐姐吗？把图片和字宝宝连起来吧。

游戏二:蝴蝶戏花。

师:小朋友,一起来念一念字宝宝,念对了蝴蝶就会飞到花朵上哦。

游戏三:找朋友。

师:请小朋友念一念出现的字宝宝,然后找到和它相同的字。

游戏四:送字宝宝回家。

师:儿歌中缺了一些字宝宝,请你们帮忙找出来,送字宝宝回家吧。

6 ☁ 爱洗手

爱洗手

小朋友, 爱洗手,

搓一搓, 冲一冲,

擦擦小手变干净。

认一认

洗手   净

念一念

洗脸、手帕

说一说

我们用毛巾洗脸。

我有一块花手帕。

活动设计

教学目标

1. 正确认读"洗、手、净"3个生字,读准音,认清形。
2. 能够正确、熟练地朗读儿歌,理解儿歌内容。

教学准备

字卡、课件

教学过程

一、读一读(6分钟)

师:小朋友的手脏了,该怎么办呀?今天我们来学一首儿歌《爱洗手》。

1. 初读儿歌。

(1)范读。

——教师指读两遍。

(2)领读。

——教师读一句,幼儿跟着读一句。

(3)大小声读。

——教师大声读,幼儿小声读。

2. 去字留图读。

师:闭上小眼睛,1、2、3,睁开小眼睛,红字宝宝不见啦。

——教师指,幼儿齐读。

3. 去图去字读。

师:闭上小眼睛,1、2、3,睁开小眼睛,图片宝宝也不见啦。

——教师指,幼儿分组读。

4. 去图留字读。

师:闭上眼睛变魔术,1、2、3,红字宝宝出来啦。

——教师指,男女生轮流读。

5. 教师提问。

师:学了这首儿歌,你知道怎么洗手了吗?

师:洗手的正确顺序是什么,你们知道吗?

师:比一比,谁的小手最干净?

6. 背诵儿歌。

(1)小老师领背。

——一名幼儿当小老师,小老师背一句,其余幼儿跟背一句。

(2)开火车背。

——幼儿一人一句轮流背。

二、认一认(4分钟)

1. 看图认字。

(1)回忆认字。

——教师出示字卡"洗、手、净",请幼儿依次认读。

(2)开火车认字。

——教师把字卡传给幼儿,拿到字卡的幼儿念出字卡上的字,再传给下一个幼儿。

2. 去图认字。

(1)捉迷藏认字。

——教师把字卡一字排开,幼儿闭上眼睛,教师拿走其中一个字,幼儿猜猜哪个字不见了。

（2）拍字卡认字。

——教师随机念一个字,幼儿快速拍一拍黑板上对应的字卡。

三、玩一玩(5分钟)

游戏一:大家一起来洗手。

师:请你帮字宝宝找到它们的图片朋友,用线连接起来。

游戏二:送小动物回家。

师:小熊兄弟俩要回家了,请你们根据小熊身上的字宝宝把它们送回自己的家吧。

游戏三:停车位。

师:这里有两辆汽车,看一看它们有什么不同。你会根据汽车上的字宝宝找到它们正确的车位吗?

游戏四:字宝宝回家。

师:我们的儿歌里面少了一些字宝宝,谁能够帮忙把字宝宝送回家?

 有几个

有几个

一个两个三四个，
五个六个七八个。
大大小小全都有，
纽扣多得数不清。

认一认

一个　　　　　纽扣

念一念

个数、扣子

说一说

五角星的个数越多越好。
小朋友在学习扣扣子。

活动设计

教学目标

1. 正确认读"一、个、纽、扣"4个生字,读准音,认清形。
2. 能够正确、熟练地朗读、背诵儿歌。

教学准备

字卡、课件

教学过程

一、读一读(6分钟)

师:小朋友,你们会数数吗? 今天我们学习一首儿歌《有几个》。

1. 初读儿歌。

(1)范读。

——教师指读两遍。

(2)领读。

——教师读一句,幼儿跟着读一句。

(3)分组读。

——幼儿一组一组轮流读。

2. 去字留图读。

师:小魔术变变变,1、2、3,红字宝宝不见啦。

——教师指,幼儿齐读。

3. 去图去字读。

师：小魔术变变变，1、2、3，图片宝宝不见啦。

——教师指，幼儿分组轮流读。

4. 去图留字读。

师：小魔术变变变，1、2、3，红字宝宝出来啦。

——教师指，幼儿边拍手边读儿歌。

5. 教师提问。

师：儿歌里是怎么数纽扣的？

师：今天你穿的衣服上有纽扣吗？

师：请数一数你的衣服上有几个纽扣？

6. 背诵儿歌。

（1）分组PK背。

——小组轮流比赛背，比一比哪组背得好。

（2）跟着铃铛节奏背。

——教师带领幼儿敲铃铛，请幼儿跟着教师的节奏一起背。

二、认一认（4分钟）

1. 看图认字。

（1）回忆认字。

——教师出示字卡"一、个、纽、扣"，请幼儿依次认读。

（2）敲敲乐认字。

——教师把字卡放在黑板前，教师说字，幼儿边敲边念字。

2. 去图认字。

（1）翻卡认字。

——教师把字卡翻过来，幼儿认读字卡上的字。

（2）逐一认字。

——教师将字卡排成一行,幼儿逐一认读。

三、玩一玩(5分钟)

游戏一:碰碰乐。

师:小朋友,你们能把图片和字碰在一起吗?

游戏二:小猴子投篮。

师:小猴子在玩投篮游戏,篮球上有什么字宝宝? 我们把它的好朋友找出来吧。

游戏三:摘苹果。

师:树上有许多苹果,我们大家念一念、摘一摘吧。

游戏四:连连看。

师:儿歌就藏在这里面,你能发现字宝宝并把它找出来吗? 让我们连一连,挑战高难度。

 **小金鱼**

小金鱼

小金鱼，真可爱，
摇摇尾巴吹泡泡，
咕嘟咕嘟往上冒。

认一认

吹　　　　　　泡

念一念

吹风机、泡沫

说一说

吹风机可以把头发吹干。
阳光下的泡沫五颜六色。

活动设计

教学目标

1. 正确认读"吹、泡"2个生字，读准音，认清形。
2. 能够正确、熟练地朗读，了解儿歌的内容。

教学准备

字卡、课件

教学过程

一、读一读（6分钟）

师：你们见过小金鱼吗？小金鱼是什么样子的？今天我们来学一首儿歌《小金鱼》。

1. 初读儿歌。

（1）范读。

——教师指读两遍。

（2）领读。

——教师读一句，幼儿跟着读一句。

（3）自由读。

——幼儿自己试着读一读。

2. 去字留图读。

师：闭上眼睛变魔术，1、2、3，红字宝宝不见啦。

——教师指，幼儿齐读。

上
三步认读

3. 去图去字读。

师:闭上眼睛变魔术,1、2、3,图片宝宝不见啦。

——教师指,男生女生轮流读。

4. 去图留字读。

师:闭上眼睛变魔术,1、2、3,红字宝宝出来啦。让我们一起边拍手边读儿歌。

——教师指,幼儿拍手齐读。

5. 教师提问。

师:你喜欢小金鱼吗?

师:小金鱼是怎么吹泡泡的?

师:还有谁也会吹泡泡呀?

6. 背诵儿歌。

(1)小组长领背。

——一位幼儿领背,小组成员跟着一起背诵。

(2)大小声背。

——幼儿根据教师的手势背,教师手举高表示大声背,教师手放低表示小声背。

二、认一认(4分钟)

1. 看图认字。

(1)闪卡认字。

——教师把字卡快速闪过,幼儿快速念。

(2)变声认字。

——教师把字卡放右边,幼儿用妈妈的声音念,教师把字卡放左边,幼儿用爸爸的声音念。

2. 去图认字。

(1)传卡认字。

——教师拍手,幼儿传字。教师停止拍手时字卡在谁手中谁就大声念。

(2)比赛认字。

——每组派一位幼儿参加比赛,评出冠军。

三、玩一玩(5分钟)

游戏一:泡泡找家。

师:小金鱼吹出了好多泡泡,你能帮助泡泡找到它们的家吗?

游戏二:下雨了。

师:下雨了,小雨滴打在雨伞上,请你念一念雨滴上的字宝宝,帮它找到有一样字宝宝的雨伞吧。

游戏三:吹泡泡。

师:小朋友最喜欢吹泡泡游戏了。请你念一念泡泡上的字宝宝,念对了,泡泡会变得更大哦。

游戏四:泡泡聚会。

师:泡泡们都跑出来了,请你根据儿歌的内容,把泡泡们都送回家吧。

9 小猴玩球

小猴玩球

小猴子,玩皮球,

拍一拍,跳一跳,

滚来滚去真好玩。

认一认

猴　　　　皮球

念一念

篮球、皮肤

说一说

哥哥最喜欢打篮球。

姐姐的皮肤是雪白雪白的。

活动设计

教学目标

1. 正确认读"猴、皮、球"3个生字,读准音,认清形。

2. 能够正确、熟练地朗读儿歌,了解儿歌的内容。

教学准备

字卡、课件

教学过程

一、读一读(6分钟)

师:小朋友,你们见过小猴子玩皮球吗?让我们一起来听一听儿歌《小猴玩球》。

1. 初读儿歌。

(1)范读。

——教师指读两遍。

(2)领读。

——教师读一句,幼儿跟着读一句。

(3)你指我读。

——幼儿轮流做小老师,指读。

2. 去字留图读。

师:闭闭眼,变变变,红字宝宝不见啦。

——教师指,幼儿齐读。

35

3. 去图去字读。

师：闭闭眼，变变变，图片宝宝不见啦。

——教师指，幼儿小组接龙读。

4. 去图留字读。

师：闭闭眼，变变变，红字宝宝出来啦。

——教师指，幼儿一个跟着一个读。

5. 教师提问。

师：儿歌里谁在玩球？

师：小猴子是怎么玩球的？

师：还有哪些小动物也会玩球？

6. 背诵儿歌。

（1）指挥家。

——教师做指挥家，手指到哪边，就由哪边的幼儿背。

（2）小组长领背。

——请一位幼儿领背，小组成员跟着一起背诵。

二、认一认（4分钟）

1. 看图认字。

（1）配图认字。

——教师出示字卡，幼儿认读"猴、皮、球"。

（2）爬楼梯认字。

——教师做爬楼梯手势，往上爬楼梯，幼儿大声念；往下爬楼梯，幼儿小声念。

2. 去图认字。

（1）蒙眼认字。

——教师把字卡一字排开，幼儿闭上眼睛，教师拿走其中一个字，幼儿找到躲起来的字卡。

(2)唱歌认字。

——幼儿边唱歌,边快速传字卡,歌曲结束后,幼儿大声念出手中的字卡。

三、玩一玩(5分钟)

游戏一:滚皮球。

师:小点点在玩射门游戏,你们只要念出皮球上的字宝宝,皮球就会滚到相应图片的门洞里。

游戏二:买皮球。

师:小点点又买了几只皮球,可是他不知道应该放在哪辆购物车里,请你们帮助他将货架上的皮球跟篮筐上的图案配对吧!

游戏三:拍皮球。

师:小点点在玩拍球游戏,请你们大声念出字宝宝,念对了就能得到一个笑脸娃娃。

游戏四:送皮球。

师:小皮球跟小点点玩游戏玩累了,我们一起来把它们送回家吧。

娃娃家

娃娃家

彩色积木变一变，

变成一个娃娃家，

红色积木变窗户，

里面坐个布娃娃。

认一认

（积）木　　　（窗）户　　　布（娃娃）

念一念

木头、桌布

说一说

我有一把木头做的玩具枪。

我家的桌布真漂亮。

活动设计

教学目标

1. 正确认读"木、户、布"3个生字,读准音,认清形。

2. 能够正确、熟练地朗读儿歌,了解儿歌的内容。

教学准备

字卡、课件

教学过程

一、读一读(6分钟)

师:你们都玩过娃娃家游戏,娃娃家里有谁呢?今天我们一起来学一首儿歌《娃娃家》。

1. 初读儿歌。

(1)范读。

——教师指读两遍。

(2)领读。

——教师读一句,幼儿跟着读一句。

(3)男女生读。

——男生女生来比赛,看看谁读得好。

2. 去字留图读。

师:闭上眼睛变魔术,1、2、3,红字宝宝不见啦。

——教师指,幼儿齐读。

3. 去图去字读。

师：闭上眼睛变魔术，1、2、3，图片宝宝不见啦。

——教师指，幼儿拍手齐读。

4. 去图留字读。

师：闭上眼睛变魔术，1、2、3，红字宝宝出来啦。

——教师指，男女生接龙读。

5. 教师提问。

师：儿歌里的娃娃家是怎么变出来的？

师：红色积木变成了什么？

师：你会用积木搭什么？

6. 背诵儿歌。

（1）大小声背。

——教师手举高幼儿大声背，教师手放低幼儿小声背。

（2）接龙背。

——教师指到哪组幼儿就由该组幼儿背诵，依次背诵第二句、第三句等。

二、认一认（4分钟）

1. 看图认字。

（1）拍字卡认字。

——教师把字卡拿到幼儿面前，幼儿边拍字卡边念。

（2）变声认字。

——教师把字卡放右边，幼儿用妈妈的声音念。教师把字卡放左边，幼儿用爸爸的声音念。

2. 去图认字。

（1）抢答认字。

——教师快速出示字卡，幼儿抢答。

（2）捉迷藏认字。

——教师把字卡一字排开,幼儿闭上眼睛,教师拿走其中一个字藏在背后,幼儿睁开眼后,说出是哪个字不见了。

三、玩一玩(5分钟)

游戏一:对对碰。

师:布娃娃要搭小屋,请你来帮忙选一选她需要的积木,把积木上的字宝宝大声念出来。

游戏二:运积木。

师:布娃娃要玩积木,可是它搬不动,请你们按照积木上的字宝宝,把它们搬到有相同字的卡车上。

游戏三:搭积木。

师:小朋友,你们喜欢搭积木吗?谁能念出字宝宝,就能将积木搭成一座房子哦。

游戏四:住新房。

师:新房盖妙啦,你能帮助字宝宝住进新房里吗?

11 在哪里

在哪里

妈妈在厨房做饭，
爸爸在书房看书，
宝宝在客厅游戏，
狗狗在厕所大便。

认一认

在

大便

念一念

现在、方便

说一说

我现在上小班了。
坐地铁上学真方便。

活动设计

教学目标

1. 正确认读"在、大、便"3个生字,读准音,认清形。

2. 能够正确、熟练地朗读儿歌,理解儿歌内容。

教学准备

字卡、课件

教学过程

一、读一读(6分钟)

师:你平时在家里喜欢做什么事呢?今天我们来学一首儿歌《在哪里》。

1. 初读儿歌。

(1)范读。

——教师指读两遍。

(2)领读。

——教师读一句,幼儿跟着读一句。

(3)男女比读。

——男生女生比一比谁读得好。

2. 去字留图读。

师:小铃敲一敲,红字宝宝不见啦。

——教师指,幼儿齐读。

3．去图去字读。

师：小铃敲一敲，图片宝宝不见啦。

——教师指，男女接龙读。

4．去图留字读。

师：小铃敲一敲，红字宝宝出来啦。

——教师指，幼儿边打节奏边读。

5．教师提问。

师：儿歌里，爸爸妈妈在哪里做了哪些事情呢？

师：儿歌里，宝宝和狗狗在哪里做了哪些事情呢？

师：你的爸爸妈妈在家里会做哪些事情呢？

6．背诵儿歌。

（1）拍手背。

——幼儿拍手一起背。

（2）学声背。

——幼儿学小猫咪轻声背诵，幼儿学小青蛙大声背诵。

二、认一认（4分钟）

1．看图认字。

（1）回忆认字。

——出示字卡，认读"在、大、便"。

（2）摘字卡认字。

——教师把字卡贴在黑板上，幼儿根据教师的要求边摘字卡边念。

2．去图认字。

（1）击鼓认字。

——教师拍打铃鼓，幼儿快速传字卡，铃鼓停，幼儿大声念出手中的字卡。

（2）比赛认字。

——每组派一位幼儿参加比赛,评出冠军。

三、玩一玩(5分钟)

游戏一:找一找。

师:字宝宝真淘气,躲到了娃娃家的不同地方,请你把它们找出来,找到了就能奖励一个大拇指。

游戏二:搭积木。

师:你想用积木搭什么? 要用哪一块来搭? 念对了字宝宝积木就会自动搭建。

游戏三:拍皮球。

师:字宝宝们最喜欢拍皮球了,请你们念一念皮球上的字宝宝,念对了皮球就会弹起来。

游戏四:字宝宝找家。

师:字宝宝要回家了,我们一起来帮忙吧。全部找出后就能获得一个大拇指。

12 全家福

全家福

我有一张全家福，
有妈妈，有爸爸，
还有一个小娃娃，
开心快乐笑哈哈。

认一认

家　　　有　　　妈　　　爸

念一念

回家、没有

说一说

爸爸妈妈来接我回家。
我的个子没有姐姐高。

活动设计

教学目标

1. 正确认读"家、有、妈、爸"4个生字,读准音,认清形。

2. 能够正确、熟练地朗读儿歌,理解儿歌内容。

教学准备

字卡、课件

教学过程

一、读一读(6分钟)

师:你们知道什么是全家福吗？我们一起来听听儿歌《全家福》。

1. 初读儿歌。

(1)范读。

——教师指读两遍。

(2)领读。

——教师读一句,幼儿跟着读一句。

(3)你指我读。

——幼儿互相轮流做小老师,指读。

2. 去字留图读。

师:闭闭眼,变变变,红字宝宝不见啦。

——教师指,幼儿齐读。

3. 去图去字读。

师:闭闭眼,变变变,图片宝宝不见啦。

——教师指,幼儿分组读。

4. 去图留字读。

师:闭闭眼,变变变,红字宝宝出来啦。

——教师指,幼儿接龙读。

5. 教师提问。

师:儿歌中的全家福里有谁?

师:你的家里有谁?

师:你们拍过全家福吗?

6. 背诵儿歌。

(1)分组PK背。

——小组轮流比赛背,比一比哪组背得好。

(2)男生女生背。

——男生背一遍,女生背一遍。

二、认一认(4分钟)

1. 看图认字。

(1)配图认字。

——出示字卡,认读"家、有、妈、爸"。

(2)坐电梯认字。

——教师做乘坐电梯的手势,示意电梯往上,幼儿大声念;示意电梯往下,幼儿小声念。

2. 去图认字。

(1)蒙眼认字。

——教师把字卡一字排开,幼儿闭上眼睛,教师拿走其中一个字,幼儿找出不见的字卡。

(2)抢答认字。

——每组派一位幼儿进行抢答,评出冠军。

三、玩一玩(5分钟)

游戏一:宝宝找家。

师:你能根据房子上的门牌号找到图片宝宝的家吗?念对了门牌上的字宝宝,图片宝宝就能回家了。

游戏二:造房子。

师:请你大声念出木板上的字宝宝,念对了就能用这块木板造房子。

游戏三:回家的路。

师:小点点的家门口有条彩色的石头路,我们一起念一念石头上的字宝宝,念对了就能向前走。

游戏四:送字宝宝回家。

师:字宝宝玩累了,我们一起送它们回家吧。

13 不倒翁

不倒翁

爷爷爱看报，
奶奶爱浇花，
我爱不倒翁。
请来好朋友，
和我一起玩。

认一认

不倒翁　　　爷　　　奶　　　请

念一念

奶牛、请客

说一说

奶牛在吃青草。
今天由我来请客。

活动设计

教学目标

1. 正确认读"不、倒、翁、爷、奶、请"6个生字,读准音,认清形。
2. 能够正确、熟练地朗读儿歌,理解儿歌内容。

教学准备

字卡、课件

教学过程

一、读一读(6分钟)

师:小朋友,你们喜欢不倒翁吗?不倒翁是什么样的?让我们一起来听一听儿歌《不倒翁》。

1. 初读儿歌。

(1)范读。

——教师指读两遍。

(2)领读。

——教师读一句,幼儿跟着读一句。

(3)指名领读。

——一位幼儿当小老师,带领大家一起读。

2. 去字留图读。

师:闭上小眼睛,1、2、3,睁开小眼睛,红字宝宝不见啦。

——教师指,幼儿齐读。

3. 去图去字读。

师：闭上小眼睛，1、2、3，睁开小眼睛，图片宝宝也不见啦。

——教师指，男生女生轮流读。

4. 去图留字读。

师：闭闭眼，变变变，红字宝宝出来啦。

——教师指，男生拍手读，女生拍腿读。

5. 教师提问。

师：你喜欢你的爷爷奶奶吗？为什么？

师：你想让爷爷奶奶陪你做什么？

6. 背诵儿歌。

（1）大小声背。

——教师手举高幼儿大声背，教师手放低幼儿小声背。

（2）拍手背。

——幼儿一起拍手背。

二、认一认（4分钟）

1. 看图认字。

（1）回忆认字。

——出示字卡"不、倒、翁、爷、奶、请"，幼儿认读。

（2）拍打认字。

——教师出示字卡，幼儿边拍字卡边读。

2. 去图认字。

（1）躲藏认字。

——教师把字卡一字排开，幼儿闭上眼睛，教师拿走其中一个字，幼儿找躲起来的字。

（2）火车认字。

——教师拿出一张字卡,幼儿一个接着一个读。

三、玩一玩(5分钟)

游戏一:连一连。

师:你认识这些字宝宝吗? 找一找它们的好朋友是谁,把它们连起来。

游戏二:吃点心。

师:爷爷、奶奶、不倒翁都来吃点心啦,请你们按照儿歌里的顺序给他们喂点心。

游戏三:摘苹果。

师:请你念一念苹果上的字宝宝,念对了就能把苹果摘下来,然后放到相应的篮子里。

游戏四:送字宝宝回家。

师:请将儿歌中空缺的字宝宝找出来,把它们送回家。

14 小鸡真可爱

小鸡真可爱

小鸡小鸡真可爱，
爱吃小虫和大米，
尖尖嘴巴叽叽叽，
吃饱肚皮做游戏。

认一认

鸡

虫

米

嘴巴

念一念

害虫、玉米

说一说

青蛙正在捉害虫。
我最喜欢吃玉米。

54

活动设计

教学目标

1. 正确认读"鸡、虫、米、嘴、巴"5个生字,读准音,认清字。

2. 能够正确、熟练地朗读儿歌,理解儿歌内容。

教学准备

字卡、课件

教学过程

一、读一读(6分钟)

师:"叽叽叽,叽叽叽",是谁在叫呀？让我们一起来学儿歌《小鸡真可爱》。

1. 初读儿歌。

(1)范读。

——教师指读两遍。

(2)领读。

——教师读一句,幼儿跟着读一句。

(3)分组读。

——分小组读一读,比一比哪组读得好。

2. 去字留图读。

师:闭上眼,变魔术咯,红字宝宝变不见啦。

——教师指,幼儿读。

3. 去图去字读。

师:闭上眼,变魔术咯,图片宝宝变不见啦。

——教师指,男生女生分组读。

4. 去图留字读。

师:闭上眼,变魔术咯,红字宝宝变出来啦。

——教师指,一组读一行,反复轮流读。

5. 教师提问。

师:你们喜欢小鸡吗? 为什么?

师:小鸡喜欢吃什么食物呢?

师:你知道小鸡有些什么本领吗?

6. 背诵儿歌。

(1)幼儿领背。

——请一位幼儿领背,小组成员跟着一起背诵。

(2)拍手背。

——幼儿一起拍手背。

二、认一认(4分钟)

1. 看图认字。

(1)图片认字。

——教师把有图片的一面字卡贴在黑板上,幼儿根据教师的要求念出字卡。

(2)男女生认字。

——男生女生分别认字,读一读,比一比。

2. 去图认字。

(1)小老师认字。

——教师把字卡一字排开,请个别幼儿当小老师来领读。

（2）开火车认字。

——教师拿字卡,幼儿一个接一个轮流念。

三、玩一玩（5分钟）

游戏一:颜色找朋友。

师:字宝宝和图片宝宝都有自己的颜色,请按照颜色把它们连起来。

游戏二:鸡宝宝的家。

师:小鸡宝宝要睡觉了,请小朋友根据小窝上的字宝宝帮小鸡找到它们自己的小窝。

游戏三:小鸡分食物。

师:鸡宝宝肚子饿了,我们根据小鸡身上的字宝宝给它们分食物吧。

游戏四:连连看。

师:念一念儿歌,看看里面少了哪个字宝宝,请你们帮忙连一连。

15 小狗吃骨头

小狗吃骨头

肉骨头,香又香,

引来一只小花狗,

眼睛大大圆溜溜,

摇摇尾巴点点头。

认一认

肉骨头 　　　　 花 　　　　 眼睛

念一念

头发、鲜花

说一说

妈妈的头发是香香的。

公园里开满了鲜花。

活动设计

教学目标

1. 正确认读"肉、骨、头、花、眼、睛"6个生字,读准音,认清形。

2. 能够正确、熟练地朗读儿歌,理解儿歌内容。

教学准备

字卡、课件

教学过程

一、读一读(6分钟)

师:你们喜欢小狗吗? 让我们一起来学一首儿歌《小狗吃骨头》。

1. 初读儿歌。

(1)范读。

——教师指读两遍。

(2)领读。

——教师读一句,幼儿跟着读一句。

(3)男女分开读。

——男生女生比一比谁读得好。

2. 去字留图。

师:魔法棒变变变,红字宝宝不见啦。

——教师指,幼儿齐读。

上
｜
三步认读

3. 去图去字读。

师：魔法棒变变变，图片宝宝不见啦。

——教师指，男女接龙读

4. 去图留字读。

师：魔法棒变变变，红字宝宝出来啦。

——教师指，幼儿边打节奏边读。

5. 教师提问。

师：小花狗的眼睛长得怎么样？

师：小花狗喜欢吃什么东西？

师：小花狗开心的时候会怎么样？

6. 背诵儿歌。

(1)拍腿背。

——幼儿一起拍腿齐背。

(2)变声背。

——幼儿学小花猫轻声背诵，幼儿学小青蛙大声背诵。

二、认一认(4分钟)

1. 看图认字。

(1)走楼梯认字。

——教师把字卡放到高台阶，幼儿念得响，放到低台阶，幼儿念得轻。

(2)翻翻乐认字。

——教师把字卡翻过来贴在黑板上，幼儿翻一张念一张。

2. 去图认字。

(1)躲藏认字。

——教师把字卡一字排开，幼儿闭上眼睛，教师拿走其中一个字，幼儿找出躲起来的字。

（2）击鼓认字。

——教师拍打铃鼓,幼儿快速传字卡,铃鼓停,大声念出手中的字卡。

三、玩一玩(5分钟)

游戏一:星星找家。

师:字宝宝很淘气,躲到了星星里面,请你帮星星找到家。

游戏二:母鸡孵蛋。

师:咯咯哒、咯咯哒,母鸡要下蛋啦。下的什么蛋? 请你选一个鸡蛋宝宝,念一念鸡蛋上的字宝宝。

游戏三:种树苗。

师:小朋友来种树苗了,一起念一念树上的字宝宝吧。

游戏四:排排坐。

师:字宝宝要回家了,我们一起来帮忙,好吗?

16 不挑食

不挑食

小白兔，你真棒，
不挑食，不剩菜，
萝卜白菜样样爱，
长长耳朵竖起来。

认一认

白兔　　　菜　　　萝卜　　　耳朵

念一念

白云、青菜

说一说

蓝蓝的天上白云飘。
菜地里种了很多青菜。

活动设计

教学目标

1. 正确认读"白、兔、菜、萝、卜、耳、朵"7个生字,读准音,认清形。
2. 能够正确、熟练地朗读儿歌,了解儿歌的内容。

教学准备

字卡、课件

教学过程

一、读一读(6分钟)

师:小朋友,今天请你们来猜个谜语:红眼睛,白皮袍,短尾巴,长耳朵。爱吃青菜和萝卜,走起路来蹦蹦跳。它是谁呀？我们一起来学一首儿歌《不挑食》。

1. 初读儿歌。

(1)范读。

——教师指读两遍。

(2)领读。

——教师读一句,幼儿跟着读一句。

(3)分组读。

——幼儿分小组读。

2. 去字留图读。

师:闭闭眼,变变变,红字宝宝不见啦。

——教师指,幼儿齐读。

3. 去图去字读。

师：闭闭眼，变变变，图片宝宝不见啦。

——教师指，男生女生轮流读。

4. 去图留字读。

师：闭闭眼，变变变，红字宝宝出来啦。

——教师指，幼儿一个跟着一个读。

5. 教师提问。

师：你见过小白兔吗？它长什么样啊？

师：你知道小白兔喜欢吃什么吗？

师：你喜欢小白兔吗？为什么？

6. 背诵儿歌。

(1)分角色背。

——男生女生分组背。

(2)集体背。

——全体幼儿齐背。

二、认一认(4分钟)

1. 看图认字。

(1)配图认字。

——出示字卡，认读"白、兔、菜、萝、卜、耳、朵"。

(2)开火车认字。

——教师把字卡传给幼儿，拿到字卡的幼儿念出字卡再传给下一个幼儿。

2. 去图认字。

(1)蒙眼认字。

——教师把字卡一字排开，幼儿蒙上眼睛，教师拿走其中一个字，幼儿找出躲起来的字。

(2)抢答认字。

——每组派一位幼儿进行抢答,评出冠军。

三、玩一玩(5分钟)

游戏一:连连看。

师:请你把字宝宝念一念,再找到它对应的图片,把它们连起来。

游戏二:拔萝卜。

师:小兔子到菜地拔萝卜,念对字宝宝,就能把萝卜拔出来哦。你们愿意帮助小兔子吗?

游戏三:运萝卜。

师:我们一起来帮小兔子和兔爸爸把迷宫里的萝卜找出来吧。请你们根据线路图,念出萝卜上的字宝宝,念对了就能继续往前走。

游戏四:小兔子找家。

师:小兔子玩游戏玩累了,我们一起来把它送回家吧。

17 鼻子

鼻子

小猪鼻子短，

小象鼻子长，

小狗鼻子灵，

我的鼻子最可爱。

认一认

鼻子　　　　　象

念一念

鼻涕、瓜子

说一说

感冒时会流鼻涕。

妈妈喜欢吃瓜子。

活动设计

教学目标

1. 正确认读"鼻、子、象"3个生字,读准音,认清形。

2. 能够正确、熟练地朗读儿歌,了解儿歌的内容。

教学准备

字卡、课件

教学过程

一、读一读(6分钟)

师:小朋友,我们的鼻子有什么本领呢?我们一起来学一首儿歌《鼻子》。

1. 初读儿歌。

(1)范读。

——教师指读两遍。

(2)领读。

——教师读一句,幼儿跟着读一句。

(3)指名领读。

——一名幼儿做小老师,带领大家一起读一读。

2. 去字留图读。

师:闭闭眼,变变变,红字宝宝不见啦。

——教师指,幼儿齐读。

3. 去图去字读。

师:闭闭眼,变变变,图片宝宝不见啦。

——教师指，男女生接龙读。

4．去图留字读。

师：闭闭眼，变变变，红字宝宝出来啦。

——教师指，幼儿边打节奏边读。

5．教师提问。

师：小象、小猪、小狗的鼻子分别是什么样子的？

师：你的鼻子是什么样的？它有什么用？

师：你还知道哪些小动物的鼻子有特殊的本领？

6．背诵儿歌。

（1）开火车背。

——教师指到哪组幼儿就由哪组幼儿背诵第一句，接下来指到的小组即依次背诵第二句、第三句等。

（2）小组长领背。

——请一位幼儿领背，小组成员跟着一起背诵。

二、认一认（4分钟）

1．看图认字。

（1）吹气球认字。

——教师把气球变大，幼儿大声念，教师把气球变小，幼儿小声念。

（2）摘字卡认字。

——教师把字卡贴在黑板上，幼儿根据教师的要求边摘字卡边念。

2．去图认字。

（1）躲藏认字。

——教师把字卡一字排开，幼儿闭上眼睛，教师拿走其中一个字，幼儿说出躲起来的字。

（2）击鼓认字。

——教师拍打铃鼓,幼儿快速传字卡,铃鼓停,幼儿大声念出手中的字卡。

三、玩一玩（5分钟）

游戏一：小象捉迷藏。

师：两只小象想玩捉迷藏的游戏,可是它们不知道该躲在哪里。你能帮助它们吗？请你根据念出来的字宝宝,让它躲到相应图片的位置。

游戏二：小象找朋友。

师：你们愿意帮助小象找朋友吗？请你将小象身上的字与小动物身上的字配对。

游戏三：小象浇花草。

师：小花小草口渴了,我们和小象一起来浇水吧。请你大声念出小象洒出的字宝宝,念对了就能让小花小草喝水。

游戏四：小象要回家。

师：小象玩游戏玩累了,我们一起来把它送回家吧。

3—4岁（上）

二

评价表

☁ 评 价 说 明

评价工作是注重幼儿认读学习的过程性评价。教师需要每月了解幼儿的认读掌握情况,分析幼儿的学习情况,改进幼儿的学习策略,及时跟踪教学效果。评价工具主要包含月评价内容、每月评价表、幼儿每月评价情况分析表。

月评价内容

按月列出评价内容,识字数量见下表。

	3—4岁（上）	3—4岁（下）	4—5岁（上）	4—5岁（下）	5—6岁（上）	5—6岁（下）
第一个月	18	15	29	37	45	54
第二个月	14	18	29	32	55	46
第三个月	16	15	31	31	55	50
第四个月	21	19	30	34	53	53
小计	69	67	119	134	208	203
合计	800					

每月评价表

按月进行循环评价，以当月新授的字词为主，再累计已学字词，标注出幼儿掌握不好的字词，回顾前几个月的学习情况，从而更好地帮助幼儿完成认读学习的过程。

幼儿每月评价情况分析表

每月针对幼儿的评价情况，进行个性化分析，根据认读字量计算认字率，以此了解每个幼儿当月的掌握情况。针对幼儿易错字及遗忘字进行原因分析，制定个性化策略，开展优化提升工作，进一步提升家园合作水平。

月评价内容

9月字表（18个）

幼 儿 园 小 点 字 狗 鸟 宝 老 师 唱 歌 跳
朋 友 你 我

10月字表（14个）

哥 姐 洗 手 净 一 个 纽 扣 吹 泡 猴 皮 球

11月字表（16个）

木 户 布 在 大 便 家 有 妈 爸 不 倒 翁 爷 奶 请

12月字表（21个）

鸡 虫 米 嘴 巴 肉 骨 头 花 眼 睛 白 兔 菜 萝 卜 耳 朵 鼻 子 象

每月评价字表

月份 内容	9	10	11	12
幼				
儿				
园				
小				
点				
字				
狗				
鸟				
宝				
老				
师				
唱				
歌				
跳				
朋				
友				
你				
我				

月份 内容	10	11	12
姐			
哥			
洗			
手			
净			
一			
个			
纽			
扣			
吹			
泡			
猴			
皮			
球			

月份 内容	11	12
木		
户		
布		
在		
大		
便		
家		
有		
妈		
爸		
不		
倒		
翁		
爷		
奶		
请		

月份 内容	12
鸡	
虫	
米	
嘴	
巴	
肉	
骨	
头	
花	
眼	
睛	
白	
兔	
菜	
萝	
卜	
耳	
朵	
鼻	
子	
象	

75

幼儿每月评价情况分析表

姓名：		
9月	数据分析：	
	原因策略：	
10月	数据分析：	
	原因策略：	
11月	数据分析：	
	原因策略：	
12月	数据分析：	
	原因策略：	

三

附录

3—4岁（上）

字表

1　幼　儿　园　小　点　字

2　狗　鸟　宝

3　老　师　唱　歌　跳

4　朋　友　你　我

5　哥　姐

6　洗　手　净

7　一　个　纽　扣

8　吹　泡

9　猴　皮　球

10　木　户　布

11　在　大　便

12　家　有　妈　爸

13　不　倒　翁　爷　奶　请

14　鸡　虫　米　嘴　巴

15　肉　骨　头　花　眼　睛

16　白　兔　菜　萝　卜　耳　朵

17　鼻　子　象

词 表

1 花儿　小白兔

2 鸟儿　宝贝

3 歌声　跳远

4 友好　我们

5 八哥　姐妹

6 洗脸　手帕

7 个数　扣子

8 吹风机　泡沫

9 篮球　皮肤

10 木头　桌布

11 现在　方便

12 回家　没有

13 奶牛　请客

14 害虫　玉米

15 头发　鲜花

16 白云　青菜

17 鼻涕　瓜子

句 表

1   公园里的花儿真漂亮。

　　小白兔真可爱。

2   鸟儿在树枝上唱歌。

　　我是妈妈的宝贝。

3   树林里传来好听的歌声。

　　小朋友在进行跳远比赛。

4   好朋友之间要友好相处。

　　我们都是好孩子。

5   我家有一只会说话的八哥。

　　园园和点点是一对姐妹。

6   我们用毛巾洗脸。

　　我有一块花手帕。

7   五角星的个数越多越好。

　　小朋友在学习扣扣子。

8   吹风机可以把头发吹干。

　　阳光下的泡沫五颜六色。

9   哥哥最喜欢打篮球。

　　姐姐的皮肤是雪白雪白的。

10   我有一把木头做的玩具枪。

　　我家的桌布真漂亮。

11　我现在上小班了。

　　坐地铁上学真方便。

12　爸爸妈妈来接我回家。

　　我的个子没有姐姐高。

13　奶牛在吃青草。

　　今天由我来请客。

14　青蛙正在捉害虫。

　　我最喜欢吃玉米。

15　妈妈的头发是香香的。

　　公园里开满了鲜花。

16　蓝蓝的天上白云飘。

　　菜地里种了很多青菜。

17　感冒时会流鼻涕。

　　妈妈喜欢吃瓜子。

3—4岁（下）

一

认读活动

 过 新 年

过新年

新年到，放鞭炮，
过新年，人团圆。
抱一抱，问声好，
祝我新年长一岁。

认一认

新年　　　　好

念一念

年糕、好朋友

说一说

过新年大家要吃年糕。
我和布布是好朋友。

活动设计

教学目标

1. 正确认读"新、年、好"3个生字,读准音,认清形。

2. 能够正确、熟练地朗读儿歌,理解儿歌内容。

教学准备

字卡、课件

教学过程

一、读一读(6分钟)

师:小朋友,你们是怎么过新年的? 我们一起来学一学儿歌《过新年》。

1. 初读儿歌。

(1)范读。

——教师指读两遍。

(2)领读。

——教师读一句,幼儿跟着读一句。

(3)随读。

——教师大声读,幼儿轻声跟着一起读。

2. 去字留图读。

师:红字宝宝看见这么多小朋友可开心了,和我们玩起了捉迷藏的游戏。

——教师指,幼儿齐读。

下

三步认读

3. 去图去字读。

师:看,图片宝宝也想和我们玩捉迷藏了。

——教师指,男女生轮流读。

4. 去图留字读。

师:小朋友们都很厉害,这些字宝宝都被我们找到了。

——教师指,幼儿边拍手边读。

5. 教师提问。

师:现在,你知道新年要怎么庆祝了吗?

师:过新年,我们都长大一岁了,哪些事情可以自己做了呢?

6. 背诵儿歌。

(1)小老师领背。

——请一位幼儿做小老师领背,其他幼儿跟着一起背诵。

(2)幼儿随机背。

——教师闭上眼睛随机请幼儿背诵。

二、认一认(4分钟)

1. 看图认字。

(1)拍卡认字。

——教师出示字卡,认读"新、年、好"。

(2)抽卡认字。

——教师快速抽取字卡,幼儿快速念。

2. 去图认字。

(1)邮递员认字。

——教师做邮递员,把"信"(字卡)随机送到一名幼儿手中,由该幼儿念字。

（2）捉迷藏认字。

——教师把字卡一字排开,幼儿闭上眼睛,教师拿走其中一个字藏在背后,幼儿说出是哪个字不见了。

三、玩一玩(5分钟)

游戏一:送礼物。

师:新年到了,老师准备了好多礼物,请你帮助字宝宝找到对应的图片宝宝吧。找对了,这份礼物就会属于你。

游戏二:布娃娃。

师:小朋友要和可爱的布娃娃做朋友,请你根据它们身上的字宝宝找一找对应的好朋友吧。

游戏三:小红帽。

师:布娃娃要戴上小红帽去过新年了。这里会出现泡泡的提示,请你根据提示帮助布娃娃找到适合的小红帽,念对了布娃娃就可以戴上了。

游戏四:找小床。

师:字宝宝想要回小床上休息了,我们一起边念儿歌边送字宝宝回小床吧。

2 打电话

打电话

两个好朋友，

正在打电话，

你好吗？我好呀！

再见啦！再见啦！

认一认

打电话

念一念

电灯、说话

说一说

电灯照亮了整个房间。

在公共场合要轻声说话。

活动设计

教学目标

1. 正确认读"打、电、话"3个生字,读准音,认清形。

2. 能够正确、熟练地朗读、背诵儿歌。

教学准备

字卡、课件

教学过程

一、读一读(6分钟)

师:小朋友,你们会自己打电话吗?我们来学一学儿歌《打电话》。

1. 初读儿歌。

(1)范读。

——教师指读两遍。

(2)领读。

——教师读一句,幼儿跟着读一句。

(3)男女生读。

——男女生轮流读。

2. 去字留图读。

师:闭上眼睛变魔术,1、2、3,红字宝宝不见啦。

——教师指,幼儿一个跟着一个读。

89

3．去图去字读。

师：闭上眼睛变魔术，1、2、3，图片宝宝不见啦。

——教师指，幼儿大声读。

4．去图留字读。

师：闭上眼睛变魔术，1、2、3，红字宝宝出来啦。

——教师指，幼儿边拍手边读。

5．教师提问。

师：儿歌里是怎样打电话的？

师：你跟谁打过电话？

师：你打电话时会说些什么？

6．背诵儿歌。

（1）老师幼儿轮流背。

——教师轻声背，幼儿大声背。

（2）分组PK背。

——分小组比赛，轮流背。

二、认一认（4分钟）

1．看图认字。

（1）回忆认字。

——教师出示字卡，认读"打、电、话"。

（2）大小声认字。

——教师把字卡举高幼儿大声念，教师把字卡放低幼儿小声念。

2．去图认字。

（1）指读认字。

——教师点字卡，幼儿认一认字。

（2）翻卡认字。

——教师把字卡合起来,翻一张字卡,幼儿认读字卡上的字。

三、玩一玩(5分钟)

游戏一:连一连。

师:小朋友认识这些字宝宝吗？和它对应的图片宝宝是谁呀？请你把它们连起来吧。

游戏二:拨号码。

师:这里有一部特别的电话机,如果你念对了字宝宝,字宝宝就会变大哦。

游戏三:打电话。

师:小朋友想要打电话给好朋友,如果你念对了字宝宝,就可以拨通好朋友的电话了。

游戏四:拼一拼。

师:小朋友,还记得《打电话》这首儿歌怎么念吗？请你根据这些字宝宝拼成完整的儿歌吧。

3 纸飞机

纸飞机

小小纸飞机，
飞到青草地。
飞到树底下，
飞到蓝天上。

认一认

飞机

下

上

念一念

机器人、上面

说一说

我最喜欢的玩具是机器人。
书包放在桌子上面。

活动设计

教学目标

1. 正确认读"飞、机、下、上"4个生字,读准音,认清形。

2. 能够正确、熟练地朗读儿歌,理解儿歌内容。

教学准备

字卡、课件

教学过程

一、读一读(6分钟)

师:小朋友,你们坐过飞机吗? 我们一起来学一首儿歌《纸飞机》。

1. 初读儿歌。

(1)范读。

——教师指读两遍。

(2)领读。

——教师读一句,幼儿跟着读一句。

(3)轮流读。

——小组轮流读一读。

2. 去字留图读。

师:红字宝宝看见这么多小朋友可开心了,和我们玩起了捉迷藏的游戏。

——教师指,幼儿指读。

3. 去图去字读。

师：看，图片宝宝也想和我们玩捉迷藏了。

——教师指，幼儿跟随教师一起读。

4. 去图留字读。

师：看来小朋友们都很厉害，这些字宝宝已经被我们找到了。

——教师指，幼儿分男女生读。

5. 教师提问。

师：你们玩过纸飞机吗？

师：纸飞机都飞到哪里去了？

6. 背诵儿歌。

（1）小组背。

——教师指到哪组幼儿就由该组幼儿背诵。

（2）随机背。

——教师闭上眼睛随机抽取一名幼儿背诵。

二、认一认（4分钟）

1. 看图认字。

（1）闪卡认字。

——教师出示字卡，认读"飞、机、下、上"。

（2）传卡认字。

——幼儿互相传字卡，快速念。

2. 去图认字。

（1）变动作认字。

——教师变化不同的动作，幼儿根据动作认读。

（2）开火车认字。

——幼儿按顺序轮流认读。

三、玩一玩(5分钟)

游戏一:飞机票。

师:老师想请小朋友一起坐飞机,这里有几张字宝宝机票,请你们找到对应的图片宝宝。

游戏二:坐飞机。

师:要上飞机啦,请你们根据机票上的字宝宝找到正确的座位哦。

游戏三:飞飞飞。

师:飞机起飞啦,请你们根据字宝宝的提示找到一条正确的路线。

游戏四:飞回家。

师:小飞机要飞回家了,我们边念儿歌边飞回飞机场吧。

 躲猫猫

躲猫猫

红气球，轻又轻，

黄气球，圆又圆，

绿气球，蓝气球，

飞进云里躲猫猫！

认一认

红　　气（球）　　黄　　　绿　　　蓝

念一念

红绿灯、蓝天

说一说

过马路要看红绿灯。

蓝天上有朵朵白云。

活动设计

教学目标

1. 正确认读"红、气、黄、绿、蓝"5个生字,读准音,认清形。

2. 能够正确、熟练地朗读儿歌,理解儿歌内容。

教学准备

字卡、课件

教学过程

一、读一读(6分钟)

师:小朋友,你们玩过躲猫猫游戏吗？听老师来念一念儿歌《躲猫猫》。

1. 初读儿歌。

(1)范读。

——教师指读两遍。

(2)领读。

——教师读一句,幼儿跟着读一句。

(3)男女生读。

——男女生轮流读。

2. 去字留图读。

师:闭上小眼睛,1、2、3,睁开小眼睛,红字宝宝不见啦。

——教师指,幼儿齐读。

3.去图去字读。

师：闭上小眼睛,1、2、3,睁开小眼睛,图片宝宝也不见啦。

——教师指,幼儿边拍手边读。

4.去图留字读。

师：太棒啦！我们把字宝宝都找出来啦。

——教师指,幼儿指读。

5.教师提问。

师：有哪些气球在躲猫猫？

师：它们躲到哪里去了？

6.背诵儿歌。

(1)小老师领背。

——请一名幼儿当小老师领背,其余幼儿跟着小老师一起背。

(2)开火车背。

——幼儿轮流,一人背一句。

二、认一认(4分钟)

1.看图认字。

(1)回忆认字。

——教师出示字卡,认读"红、气、黄、绿、蓝"。

(2)击鼓传卡认字。

——教师把字卡传给幼儿,拿到字卡的幼儿念出字卡后再传给下一个幼儿念。

2.去图认字。

(1)打地鼠认字。

——教师随机念一个字,幼儿快速拍打地板上对应的字卡。

（2）开火车认字。

——教师拿字卡，幼儿一个接一个轮流念。

三、玩一玩（5分钟）

游戏一：气球找朋友。

师：气球上的字宝宝想找到它们走丢的图片宝宝，我们一起来帮助它们吧。

游戏二：吹气球。

师：小朋友，一起来吹气球吧。念出气球上的字宝宝，气球就会被吹起来，比一比看谁吹得多。

游戏三：放飞气球。

师：这里有好多的彩色气球呀，念出气球上的字宝宝，气球就能放飞啦。

游戏四：送气球宝宝回家。

师：气球宝宝玩累啦，我们一起边念儿歌边把气球送回家吧。

5 玩 滑 梯

玩滑梯

小娃娃，玩滑梯，
大家不要太着急。
一个一个爬上去，
"嗖"地一下滑到底。

认一认

滑梯　　　　急　　　　爬

念一念

急忙、钻爬

说一说

天快黑了，我急忙跑回家。
小朋友喜欢玩钻爬游戏。

活动设计

教学目标

1. 正确认读"滑、梯、急、爬"4个生字,读准音,认清形。
2. 能够正确、熟练地朗读儿歌,理解儿歌内容。

教学准备

字卡、课件

教学过程

一、读一读(6分钟)

师:小朋友,你们喜欢玩滑梯吗? 我们一起来听一首有趣的儿歌《玩滑梯》。

1. 初读儿歌。

(1)范读。

——教师指读两遍。

(2)领读。

——教师读一句,幼儿跟着读一句。

(3)接龙读。

——幼儿接龙读一读。

2. 去字留图读。

师:红字宝宝看见这么多小朋友可开心了,和我们玩起了捉迷藏的游戏。

——教师指,幼儿指读。

3. 去图去字读。

师：看，图片宝宝也想和我们玩捉迷藏了。

——教师指，幼儿齐读。

4. 去图留字读。

师：看来小朋友们都很厉害，这些字宝宝都被我们找到了。

——教师指，幼儿分组轮流读。

5. 教师提问。

师：玩滑梯的时候，我们要注意哪些安全事项？

师：你们还玩过什么样的滑梯？

6. 背诵儿歌。

(1)拍手背。

——幼儿边拍手边背。

(2)比赛背。

——每组请一位幼儿代表背，评出冠军。

二、认一认（4分钟）

1. 看图认字。

(1)拍卡认字。

——教师出示字卡，认读"滑、梯、急、爬"。

(2)大小声认字。

——教师把字卡放头顶，幼儿就大声念；教师把字卡放脚边，幼儿就小声念。

2. 去图认字。

(1)摘字卡认字。

——教师把字卡贴在黑板上，请幼儿摘字卡并认读。

（2）开火车认字。

——幼儿按顺序轮流认读。

三、玩一玩（5分钟）

游戏一：找滑梯。

师：小朋友来到游乐场想要玩滑梯，请你根据字宝宝的提示帮助他们找到合适的滑梯。

游戏二：排排队。

师：玩滑梯要排好队，请你帮助他们按照字卡出现的顺序排一排。

游戏三：玩滑梯。

师：滑梯上出现哪个字宝宝，就请哪位小朋友上去玩。

游戏四：休息站。

师：小朋友们都玩累了，请你们边念儿歌边到休息站休息一会儿吧。

6 小绵羊

小绵羊

小小绵羊卷卷毛，
跟着妈妈满山跑。
蝴蝶飞飞鸟儿叫，
小羊乐得哈哈笑。

认一认

羊　　　　山　　　　跑

念一念

山羊、跑步

说一说

山羊喜欢吃青草。
爸爸每天跑步锻炼身体。

活动设计

教学目标

1. 正确认读"羊、山、跑"3个生字,读准音,认清形。
2. 能够正确、熟练地朗读儿歌,理解儿歌内容。

教学准备

字卡、课件

教学过程

一、读一读(6分钟)

师:小朋友,你们知道绵羊长什么样子吗?今天老师带来一首好听的儿歌,我们一起来听一听《小绵羊》吧。

1. 初读儿歌。

(1)范读。

——教师指读两遍。

(2)领读。

——教师读一句,幼儿跟着读一句。

(3)你指我读。

——幼儿互相轮流做小老师,指读。

2. 去字留图读。

师:闭闭眼,变变变,红字宝宝不见啦。

——教师指,幼儿齐读。

3. 去图去字读。

师：闭闭眼，变变变，图片宝宝不见啦。

——教师指，幼儿指读。

4. 去图留字读。

师：闭闭眼，变变变，红字宝宝出来啦。

——教师指，男生读黑字，女生读红字。

5. 教师提问。

师：小绵羊在哪里跑？

师：小绵羊看到了什么哈哈笑？

6. 背诵儿歌。

(1)指挥家指着背。

——教师做指挥家，手指指到哪边，就由哪边的幼儿背。

(2)大小声背。

——幼儿根据教师的手指动作背诵，教师手举高表示大声背，教师手放低就表示小声背。

二、认一认(4分钟)

1. 看图认字。

(1)配图认字。

——教师出示字卡，认读"羊、山、跑"。

(2)爬楼梯认字。

——教师做爬楼梯手势，往上爬楼梯，幼儿大声念；往下爬楼梯，幼儿小声念。

2. 去图认字。

(1)点兵点将认字。

——教师点兵点将点到谁，谁就大声念出手中的字卡。

（2）抢答认字。

——每组派一位幼儿进行抢答，评出冠军。

三、玩一玩（5分钟）

游戏一：小羊找妈妈。

师：小羊找不到妈妈了，小朋友愿意帮助它们找妈妈吗？请你念出小羊身上的字宝宝并找到对应的图片，帮助小羊找到妈妈啦。

游戏二：大羊小羊抱一抱。

师：羊妈妈想要抱抱自己的宝宝，请你找出和大羊身上相同字宝宝的小羊。

游戏三：请羊吃草。

师：今天大羊小羊来我们班做客，我们请它们吃青草吧。看，青草上藏了字宝宝，念对了，大羊小羊就能吃到啦。

游戏四：送羊宝宝回家。

师：羊宝宝迷路啦，我们边念儿歌边帮助它们回家吧。

猜谜

猜谜

又会跑、又会跳，
怀里装个大口袋。
小朋友们猜一猜，
我的名字叫袋鼠。

认一认

袋鼠

念一念

口袋、老鼠

说一说

我的口袋可以装很多东西。
小猫迅速地抓住了老鼠。

活动设计

教学目标

1. 正确认读"袋、鼠"2个生字,读准音,认清形。

2. 能够正确、熟练地朗读儿歌,理解儿歌内容。

教学准备

字卡、课件

教学过程

一、读一读(6分钟)

师:小朋友,今天老师给大家带来了一首儿歌《猜谜》,我们一起来听一听、猜一猜吧。

1. 初读儿歌。

(1)范读。

——教师指读两遍。

(2)领读。

——教师读一句,幼儿跟着读一句。

(3)大小声读。

——教师大声读一句,幼儿跟着轻声读一句。

2. 去字留图读。

师:红字宝宝看见这么多小朋友可开心了,和我们玩起了捉迷藏的游戏。

——教师指,幼儿指读。

3. 去图去字读。

师：看，图片宝宝也想和我们玩捉迷藏了。

——教师指，幼儿齐读。

4. 去图留字读。

师：看来小朋友们都很厉害，字宝宝已经被找到了。

——教师指，幼儿边拍手边读。

5. 教师提问。

师：这首儿歌的谜底是什么呀？

师：你见过的袋鼠是什么样的？

6. 背诵儿歌。

（1）开火车背。

——幼儿一个一个接着轮流背。

（2）指名背。

——教师指到哪个幼儿，就由该幼儿背诵。

二、认一认（4分钟）

1. 看图认字。

（1）拍卡认字。

——教师出示字卡，幼儿拍卡认读"袋、鼠"。

（2）找卡认字。

——教师把字卡藏在教室的各个地方，幼儿找到字卡并念一念。

2. 去图认字。

（1）闪卡认字。

——教师快速闪过字卡，请幼儿念。

（2）传卡认字。

——幼儿互相传字卡并认读。

三、玩一玩(5分钟)

游戏一:袋鼠宝宝找妈妈。

师:袋鼠宝宝们找不到妈妈了,一起来帮助它们吧。请你们根据袋鼠宝宝身上的字宝宝来找到对应图片的袋鼠妈妈。

游戏二:袋鼠宝宝玩玩具。

师:袋鼠宝宝要玩玩具,请你根据出现的字宝宝帮助袋鼠宝宝找到相应的玩具。

游戏三:袋鼠宝宝做运动。

师:袋鼠宝宝要去户外做运动了,请小朋友大声念出字宝宝,袋鼠宝宝就会往前跳哦。

游戏四:袋鼠宝宝回家啦。

师:袋鼠宝宝玩累了,请你边念儿歌边帮助它们回家吧。

 **上 学 歌**

上学歌

太阳公公眯眯笑，小朋友们起得早。

刷刷牙，洗洗脸，再把小手摸一摸。

爸爸妈妈亲亲我，高高兴兴去上学。

认一认

太阳　　　　脸　　　　摸　　　　亲

念一念

阳光、亲切

说一说

春天的阳光照在身上很温暖。

老师的笑脸很亲切。

活动设计

教学目标

1. 正确认读"太、阳、脸、摸、亲"5个生字,读准音,认清形。

2. 能够正确、熟练地朗读儿歌,了解儿歌的内容。

教学准备

字卡、课件

教学过程

一、读一读(6分钟)

师:小朋友,你们每天上学开心吗? 我们一起来学一首儿歌《上学歌》。

1. 初读儿歌。

(1)范读。

——教师指读两遍。

(2)领读。

——教师读一句,幼儿跟着读一句。

(3)自由读。

——幼儿试着读一读。

2. 去字留图读。

师:红字宝宝看见这么多小朋友可开心了,和我们玩起了捉迷藏的游戏。

——教师指,幼儿齐读。

3. 去图去字读。

师：看，图片宝宝也想和我们玩捉迷藏了。

——教师指，幼儿拍手读。

4. 去图留字读。

师：看来小朋友们都很厉害，这些字宝宝已经被我们找出来了。

——教师指，男女生轮流读。

5. 教师提问。

师：儿歌中的小朋友上学之前要做哪些事情？

师：你上学前在家里会做什么事情？

师：儿歌里的小朋友为什么高兴地去上学了？

6. 背诵儿歌。

（1）你前我后。

——教师背前半句，幼儿背后半句，一起合作、交换背儿歌。

（2）小组长领背。

——请一位幼儿领背，小组成员跟着一起背诵。

二、认一认（4分钟）

1. 看图认字。

（1）回忆认字。

——教师出示字卡，认读"太、阳、脸、摸、亲"。

（2）大小声认字。

——教师把字卡放上边，幼儿大声念；教师把字卡放下边，幼儿小声念。

2. 去图认字。

（1）传卡认字。

——教师拍手，停止时字卡在谁手中谁就大声念。

（2）比赛认字。

——男生女生认字比赛。

三、玩一玩（5分钟）

游戏一：握握手。

师：图片宝宝要和字宝宝做好朋友，它们要找自己喜欢的朋友握握手，你愿意帮助它们吗？

游戏二：找影子。

师：太阳公公出来了，小手们要来找自己的影子啦。请你根据小手上的字宝宝找到对应的影子吧。

游戏三：亲一亲。

师：太阳公公最喜欢小动物了，看，它要来亲一亲小动物了。请你根据太阳公公出示的字宝宝找到对应的小动物亲一亲吧。

游戏四：满天小星星。

师：小星星们都出去玩啦，我们一起边念儿歌边帮忙把星星们找出来吧。

9 夜晚

夜晚

星星，星星，出来了。
月亮，月亮，出来了。
星星笑眯眯，月亮乐哈哈。
宝宝，宝宝，睡着了。

认一认

星　　　　　月亮　　　　　笑

念一念

响亮、微笑

说一说

小朋友回答问题的声音真响亮。
妈妈微笑的样子最美丽。

活动设计

教学目标

1. 正确认读"星、月、亮、笑"4个生字,读准音,认清形。

2. 能够正确、熟练地朗读儿歌,了解儿歌内容。

教学准备

字卡、课件

教学过程

一、读一读(6分钟)

师:小朋友,月亮和星星在什么时候会出现呢?我们一起来听一首儿歌《夜晚》。

1. 初读儿歌。

(1)范读。

——教师指读两遍。

(2)领读。

——教师读一句,幼儿跟着读一句。

(3)接龙读。

——请幼儿一句一句轮流读。

2. 去字留图读。

师:红字宝宝看见这么多小朋友可开心了,和我们玩起了捉迷藏的游戏。

——教师指,幼儿指读。

下

三步认读

3. 去图去字读。

师：看，图片宝宝也想和我们玩捉迷藏了。

——教师指，幼儿轻声念。

4. 去图留字读。

师：看来小朋友们都很厉害，字宝宝已经被我们找到了。

——教师指，幼儿拍手齐读。

5. 教师提问。

师：儿歌里说月亮怎么样了，星星怎么样了？

师：月亮和星星出来了，宝宝在干什么？

6. 背诵儿歌。

(1)开火车背。

——幼儿一个接着一个轮流背。

(2)分组背。

——幼儿分组轮流背。

二、认一认(4分钟)

1. 看图认字。

(1)拍卡认字。

——教师出示字卡，认读"星、月、亮、笑"。

(2)躲藏认字。

——教师把字卡藏在教室的各个地方，幼儿找到字卡并念一念。

2. 去图认字。

(1)闪卡认字。

——教师快速闪过字卡，请幼儿念。

(2)传卡认字。

——幼儿互相传字卡并认读。

三、玩一玩(5分钟)

游戏一:月亮妈妈找宝宝。

师:月亮妈妈找不到自己的星星宝宝了,找到字宝宝对应的图片,就能成功帮助它们啦。

游戏二:星星宝宝亮闪闪。

师:星星宝宝们亮起来啦,小朋友念出下面的字宝宝并放在相应的位置上,星星就会闪亮亮啦。

游戏三:夜空中的星星。

师:夜空中好黑呀,我们让星星在黑夜中闪耀吧。念对字宝宝,星星就会出现哦。

游戏四:星星宝宝睡觉了。

师:星星宝宝要回家了,请你们边念儿歌边帮忙送它回家吧。

10 歌唱春天

歌唱春天

春天的风，呼呼，
吹开了桃花的笑脸。
春天的雨，沙沙，
打开了小河的薄冰。
大家一起欢乐着，
歌唱春天来到啦！

认一认

　　　　　　　　啦

　春天　　　风　　　雨　　　河

念一念

台风、雨点

说一说

夏天经常会有台风。
小雨点轻轻敲打着窗户。

活动设计

教学目标

1. 正确认读"春、天、风、雨、河、啦"6个生字,读准音,认清形。

2. 能够正确、熟练地朗读儿歌,理解儿歌内容。

教学准备

字卡、课件

教学过程

一、读一读(6分钟)

师:你们知道现在是什么季节吗？春天里有什么美丽的景色？我们一起来学儿歌《歌唱春天》吧。

1. 初读儿歌。

(1)范读。

——教师指读两遍。

(2)领读。

——教师读一句,幼儿跟着读一句。

(3)男女比读。

——男女生比一比谁读得好。

2. 去字留图读。

师:闭闭眼,变变变,红字宝宝不见啦。

——教师指,幼儿齐读。

3. 去图去字读。

师：闭闭眼，变变变，图片宝宝不见啦。

——教师指，男生读上一句，女生读下一句。

4. 去图留字读。

师：闭闭眼，变变变，红字宝宝出来啦。

——教师指，幼儿拍手打节奏读。

5. 教师提问。

师：春风和春雨会发出什么声音？

师：春风和春雨带来了什么？

6. 背诵儿歌。

（1）分组背诵。

——幼儿分组轮流背。

（2）学动物声音背。

——幼儿学小蚊子轻声背诵，幼儿学小青蛙大声背诵。

二、认一认（4分钟）

1. 看图认字。

（1）回忆认字。

——教师出示字卡，认读"春、天、风、雨、河、啦"。

（2）摘字卡认字。

——教师把字卡贴在黑板上，幼儿根据老师的要求边摘字卡边念。

2. 去图认字。

（1）击鼓认字。

——教师拍打铃鼓，幼儿快速传字卡，铃鼓停，大声念出手中的字卡。

（2）开火车认字。

——教师拿字卡，幼儿一个接一个轮流念。

三、玩一玩(5分钟)

游戏一:滚一滚。

师:春天真美丽,我们去郊游吧。看,草地上有许多球,一起来玩滚球的游戏吧。念对了,球就会向前滚动哦。

游戏二:蝴蝶找花。

师:春天里许多花都开了,蝴蝶来找它们做朋友。每只蝴蝶都有一个字宝宝,念对了,蝴蝶就会飞到对应的花朵上面哦。

游戏三:扑蝴蝶。

师:小朋友要用网兜去扑蝴蝶啦,请你找到对应的字宝宝网兜来捕蝴蝶吧。

游戏四:雨点宝宝找家。

师:雨点宝宝要回家了,我们一起边念儿歌边帮忙,好吗?

11  小 鸭

小鸭

小鸭子，穿黄衣，
扁扁嘴巴圆脑袋，
嘎嘎叫，高声唱，
摇摇摆摆去池塘。

认一认

鸭   叫

念一念

鸭蛋、叫声

说一说

咸鸭蛋很好吃。

树林里传来了小鸟的叫声。

124

活动设计

教学目标

1. 正确认读"鸭、叫"2个生字,读准音,认清形。

2. 能够正确、熟练地朗读儿歌,理解儿歌内容。

教学准备

字卡、课件

教学过程

一、读一读(6分钟)

师:你们喜欢小动物吗?你最喜欢什么小动物?今天我们一起来学一首儿歌《小鸭》。

1. 初读儿歌。

(1)范读。

——教师指读两遍。

(2)领读。

——教师读一句,幼儿跟着读一句。

(3)接龙读。

——教师读前一句,幼儿读后一句,交替读完。

2. 去字留图读。

师:1、2、3,变变变,红字宝宝不见啦。

——教师指,幼儿齐读。

下 ○ 三步认读

3．去图去字读。

师：1、2、3，变变变，图片宝宝不见啦。

——教师指，幼儿分小组读。

4．去图留字读。

师：1、2、3，变变变，红字宝宝出来啦。

——教师指，男生读红字，女生读黑字。

5．教师提问。

师：小鸭是怎么叫的？

师：小鸭是怎么走路的？

6．背诵儿歌。

（1）幼儿领背。

——请一位幼儿领背，小组成员跟着一起背诵。

（2）轻重背。

——幼儿前一句轻声，后一句大声，轮流背诵。

二、认一认（4分钟）

1．看图认字。

（1）回忆认字。

——教师出示字卡，认读"鸭、叫"。

（2）开火车认字。

——教师把字卡拿在手里，让幼儿一个一个轮流读下去。

2．去图认字。

（1）击鼓认字。

——教师拍打铃鼓，幼儿快速传字卡，铃鼓停，拿到字卡的幼儿大声念出手中的字卡。

(2)分组认字。

——教师拿字卡,放左边女生念,放右边男生念。

三、玩一玩(5分钟)

游戏一:找一找。

师:字宝宝要找图片宝宝做朋友啦,我们来帮助它们找一找吧。

游戏二:谁在叫。

师:河里有声音,草地上也有声音,是谁在叫呢? 原来是小鸭子在叫,我们来念一念字宝宝,小鸭子就会变大哦。

游戏三:捡石头。

师:草地上有很多的鹅卵石,念对了字宝宝,鹅卵石就会消失哦。

游戏四:泡泡找家。

师:泡泡要去找家了,我们一起来边念儿歌边帮忙把泡泡送回家。

127

12 理发

理发

头发毛毛像刺猬，
妈妈带我去理发，
咔嚓咔嚓剪掉它，
照照镜子真漂亮。

认一认

刺（猬）　　　理发

念一念

刺绣、整理

说一说

苏州的刺绣非常有名。

我会自己整理玩具。

活动设计

教学目标

1. 正确认读"刺、理、发"3个生字,读准音,认清形。

2. 能够正确、熟练地朗读儿歌,了解儿歌内容。

教学准备

字卡、课件

教学过程

一、读一读(6分钟)

师:小朋友,你们去过理发店吗? 今天我们一起来学一学儿歌《理发》。

1. 初读儿歌。

(1)范读。

——教师指读两遍。

(2)领读。

——教师读一句,幼儿跟着读一句。

(3)随读。

——教师大声读,幼儿轻声跟随教师一起读。

2. 去字留图读。

师:红字宝宝看见这么多小朋友可开心了,和我们玩起了捉迷藏的游戏。

——教师指,幼儿齐读。

3. 去图去字读。

师：看，图片宝宝也想和我们玩捉迷藏了。

——教师指，幼儿指读。

4. 去图留字读。

师：看来小朋友们都很厉害，这些字宝宝已经被我们找到了。

——教师指，幼儿拍手打节奏读。

5. 教师提问。

师：儿歌里的头发像什么？

师：平时都是谁带你们去理发的？

6. 背诵儿歌。

（1）指挥家指着背。

——教师做指挥家，指挥棒点到哪边就由哪边的幼儿背。

（2）接龙背。

——教师指到哪组幼儿就由该组幼儿背诵，依次背诵第二遍、第三遍等。

二、认一认（4分钟）

1. 看图认字。

（1）回忆认字。

——教师出示字卡，认读"刺、理、发"。

（2）变声认字。

——教师把字卡放右边，幼儿用妈妈的声音念；教师把字卡放左边，幼儿用爸爸的声音念。

2. 去图认字。

（1）抢答认字。

——教师快速拿出字卡，幼儿抢答。

（2）捉迷藏认字。

——教师把字卡一字排开,幼儿闭上眼睛,教师拿走其中一个字藏在背后,幼儿说出是哪个字不见了。

三、玩一玩(5分钟)

游戏一:小刺猬找苹果。

师:小刺猬要吃苹果,找找和字宝宝对应的图片,小刺猬就能吃到自己的苹果了。

游戏二:摘苹果。

师:苹果树上有许多字宝宝苹果,请你帮助小刺猬摘下对应的字宝宝苹果。

游戏三:吃苹果。

师:小朋友,你们喜欢苹果吗?谁能念出字宝宝,小刺猬就能送你苹果吃。

游戏四:送苹果。

师:小刺猬摘了好多苹果,现在要把苹果送回家,大家一起边念儿歌边来帮忙吧。

13 玩具

玩具

玩具玩具真有趣，

我会拿，我会放。

玩好玩具送回家，

妈妈夸我真能干。

认一认

玩具

拿

放

念一念

玩耍、放学

说一说

我和好朋友在公园里玩耍。

今天放学是妈妈来接我。

活动设计

教学目标

1. 正确认读"玩、具、拿、放"4个生字,读准音,认清形。
2. 能够正确、熟练地朗读儿歌,理解儿歌内容。

教学准备

字卡、课件

教学过程

一、读一读(6分钟)

师:小朋友,你最喜欢玩什么玩具? 我们一起来听一首儿歌《玩具》。

1. 初读儿歌。

(1)范读。

——教师指读两遍。

(2)领读。

——教师读一句,幼儿跟着读一句。

(3)接龙读。

——教师轻轻读前一句,幼儿大声读后一句。

2. 去字留图读。

师:儿歌中的红字宝宝你们认识吗? 我们一起来念一念。

——教师指,幼儿齐读。

3. 去图去字读。

师：看，图片宝宝回家了，你知道谁回家了吗？

——教师指，幼儿分小组读。

4. 去图留字读。

师：我们把找回来的字宝宝读一读。

——教师指，幼儿边拍腿边读。

5. 教师提问。

师：你最喜欢哪个玩具，为什么？

师：玩好玩具后应该怎么做？

6. 背诵儿歌。

(1)魔法棒点着背。

——教师的魔法棒点到谁，谁就来背。

(2)拍手背。

——幼儿边拍手边大声背。

二、认一认（4分钟）

1. 看图认字。

(1)看图认字。

——教师出示字卡，认读"玩、具、拿、放"。

(2)传字卡认字。

——教师把字卡传给第一个幼儿，幼儿一个个传下去念字卡。

2. 去图认字。

(1)点名认字。

——教师快速拿出字卡，点到哪个幼儿，就由该幼儿念。

(2)翻字卡认字。

——教师把字卡一字排开，幼儿闭上眼睛，教师翻开后，幼儿念出翻开的字宝宝。

三、玩一玩(5分钟)

游戏一：找玩具。

师：这里有好多玩具图片，请小朋友帮助字宝宝找到相应的图片。

游戏二：选玩具。

师：玩具宝宝要回家啦，每个玩具身上都有一个字宝宝。我们帮助它们找到合适的玩具筐，好吗？

游戏三：玩玩具。

师：小朋友，你们喜欢玩玩具吗？ 谁能念出玩具上的字宝宝，就可以玩玩具啦。

游戏四：整理玩具。

师：玩好玩具我们要把玩具放回相应的位置上，一起边念儿歌边来整理玩具吧。

14  吃 点 心

吃点心

今天点心真丰富，
有苹果，有面包，
横着切，竖着切，
小朋友们都要吃。

认一认

　　　　　　　　要

吃　　苹果　　面包　　横

念一念

吃饭、书包

说一说

我会用筷子吃饭。
哥哥背着书包去上学。

活动设计

教学目标

1. 正确认读"吃、苹、果、面、包、横、要"7个生字,读准音,认清形。
2. 能够正确、熟练地朗读儿歌,了解儿歌内容。

教学准备

字卡、课件

教学过程

一、读一读(6分钟)

师:小朋友,你们最喜欢吃什么点心?今天,我们一起来学一首儿歌《吃点心》。

1. 初读儿歌。

(1)范读。

——教师指读两遍。

(2)领读。

——教师读一句,幼儿跟着读一句。

(3)轮流读。

——男女生轮流读。

2. 去字留图读。

师:红字宝宝想和我们交朋友,让我们来认识一下吧。

——教师指,幼儿齐读。

3．去图去字读。

师：看，图片宝宝也想和我们玩捉迷藏了。

——教师指，幼儿拍手读。

4．去图留字读。

师：看来小朋友们都很厉害，这些字宝宝已经被我们找到了。

——教师指，幼儿分组读。

5．教师提问。

师：儿歌里苹果和面包是怎么切的？

师：吃点心的时候要注意哪些事情？

6．背诵儿歌。

（1）开火车。

——教师点，幼儿一个个跟背。

（2）大小声。

——幼儿根据教师手势背诵，教师手举高表示大声背，教师手放低就表示小声背。

二、认一认（4分钟）

1．看图认字。

（1）魔法棒认字。

——教师出示字卡，认读"吃、苹、果、面、包、横、要"。

（2）拍腿认字。

——教师出示字卡，幼儿边拍腿边念出字宝宝。

2．去图认字。

（1）捉迷藏认字。

——教师把字卡一字排开，幼儿闭上眼睛，教师拿走其中一个字藏在背后，幼儿说出是哪个字不见了。

（2）变魔术认读。

——教师随机变出一张字宝宝，幼儿读字卡。

三、玩一玩（5分钟）

游戏一：逛超市。

师：小朋友，你想去超市里买什么物品？请把字宝宝与图片用连线的方法连起来。

游戏二：礼品袋。

师：礼品袋里有好多礼物，找出礼品袋里对应的字宝宝，这份礼品就属于你哦。

游戏三：我会念。

师：小朋友，你认识这些字宝宝吗？如果念对了，字宝宝就会变大哦。

游戏四：送礼物。

师：这里有一个礼物盒，里面藏着许多字宝宝，只要你把礼物盒里的字宝宝送回家，就能得到这份礼物啦。

15 小池塘

小池塘

小池塘，真热闹，
荷叶下面小鱼游，
片片荷叶像小床，
呼呼睡觉做好梦。

认一认

荷叶

床

念一念

荷花、床头柜

说一说

池塘里的荷花都盛开了。
我的床头柜上有个洋娃娃。

活动设计

教学目标

1. 正确认读"荷、叶、床"3个生字,读准音,认清形。
2. 能够正确、熟练地朗读儿歌,了解儿歌内容。

教学准备

字卡、课件

教学过程

一、读一读(6分钟)

师:你们见过荷叶吗? 今天老师带来了一首好听的儿歌《小池塘》,请你们一起来听一听。

1. 初读儿歌。

(1)范读。

——教师指读两遍。

(2)领读。

——教师读一句,幼儿跟着读一句。

(3)指名领读。

——教师指到哪位幼儿,就由该幼儿带头领读。

2. 去字留图读。

师:闭闭眼,变变变,红字宝宝不见啦。

——教师指,幼儿齐读。

3. 去图去字读。

师：闭闭眼，变变变，图片宝宝不见啦。

——教师指，男女生轮流读。

4. 去图留字读。

师：闭闭眼，变变变，红字宝宝出来啦。

——教师指，幼儿边拍肩膀边读。

5. 教师提问。

师：儿歌里的荷叶长在哪里？

师：荷叶像什么呢？

6. 背诵儿歌。

(1)分组开火车背。

——幼儿分组轮流背。

(2)学小动物声音背。

——幼儿学不同的小动物声音背，学小猫轻声背，学老虎大声背。

二、认一认(4分钟)

1. 看图认字。

(1)配图认字。

——教师出示字卡，认读"荷、叶、床"。

(2)跷跷板认字。

——教师左右手分别捏一张字卡做跷跷板手势动作，哪一边的字宝宝往上翘幼儿就读该字卡。

2. 去图认字。

(1)击鼓认字。

——教师拍打铃鼓，幼儿快速传字卡，铃鼓停，拿到字卡的幼儿大声念出手中的字卡。

（2）打地鼠认字。

——每组派一位幼儿参加比赛,教师念哪个字幼儿就用锤子快速敲打该字,比比哪个组的代表速度最快,评出冠军。

三、玩一玩（5分钟）

游戏一:荷花朵朵。

师:池塘里的荷花都快盛开了,请你根据荷花上的字宝宝找到对应的荷叶吧。

游戏二:青蛙找荷叶。

师:小青蛙找不到它们的荷叶床了,我们一起来帮助它们吧。请你根据小青蛙身上的字宝宝找到合适的荷叶床。

游戏三:青蛙跳荷叶。

师:小青蛙要跳荷叶啦,请你大声念出字宝宝,小青蛙就会往前跳哦。

游戏四:送小青蛙回家。

师:小青蛙玩游戏玩累了,我们一起边念儿歌边把它们送回家吧。

16 蘑菇伞

蘑菇伞

下雨啦，下雨啦。
小鸭，没伞，
小鸡，没伞，
找来蘑菇当小伞。

认一认

蘑菇　　　没

念一念

香菇、没有

说一说

香菇是很有营养的食物。
篮子里没有苹果。

活动设计

教学目标

1. 正确认读"蘑、菇、没"3个生字,读准音,认清形。

2. 能够正确、熟练地朗读儿歌,理解儿歌内容。

教学准备

字卡、课件

教学过程

一、读一读(6分钟)

师:你们见过蘑菇吗?蘑菇像什么?今天老师带来了一首好听的儿歌《蘑菇伞》,一起听一听吧。

1. 初读儿歌。

(1)范读。

——教师指读两遍。

(2)领读。

——教师读一句,幼儿跟着读一句。

(3)指名领读。

——教师请一位幼儿当小老师,带领其余幼儿一起读。

2. 去字留图读。

师:闭闭眼,变变变,红字宝宝不见啦。

——教师指,幼儿齐读。

3. 去图去字读。

师：闭闭眼，变变变，图片宝宝不见啦。

——教师指，幼儿指读。

4. 去图留字读。

师：闭闭眼，变变变，红字宝宝出来啦。

——教师指，女生拍手念红字，男生拍手念黑字。

5. 教师提问。

师：下雨的时候怎样才不会被淋湿？

师：儿歌里小鸡、小鸭找到了什么当成伞用？

6. 背诵儿歌。

(1)男生女生接龙背。

——男生背上一句，女生背下一句。

(2)大小声背。

——教师大声背，幼儿轻声背。

二、认一认(4分钟)

1. 看图认字。

(1)回忆认字。

——教师出示字卡，认读"蘑、菇、没"。

(2)搭电梯认字。

——教师做搭电梯的手势动作，教师把字卡举高，幼儿念得响亮；教师举低，幼儿念得轻。

2. 去图认字。

(1)点兵点将认字。

——教师把字卡一字排开，点兵点将点到哪张字卡，幼儿就念哪个字。

（2）比赛认字。

——每组派一位幼儿参加比赛，评出冠军。

三、玩一玩（5分钟）

游戏一：放蘑菇。

师：兔妈妈采了许多蘑菇，请你将蘑菇摆放到相应的字宝宝篮子里。

游戏二：分蘑菇。

师：兔宝宝排排坐准备吃蘑菇啦，请你根据字宝宝的提示给小兔子分一分。

游戏三：采蘑菇。

师：兔妈妈又要去森林里采蘑菇了，这里有好多字宝宝蘑菇，念对了，兔妈妈就能采到蘑菇啦。

游戏四：蘑菇找家。

师：蘑菇宝宝要回家了，我们一起边念儿歌边来帮忙吧。

 下 雨 啦

下雨啦

轰隆隆，下雨啦，
雷公公，来打鼓，
小熊小熊快进洞。

认一认

雷公公　　　　　熊

念一念

打雷、熊猫

说一说

打雷的声音很响。
熊猫是中国的国宝。

活动设计

教学目标

1. 正确认读"雷、公、熊"3个生字,读准音,认清形。

2. 能够正确、熟练地朗读儿歌,理解儿歌内容。

教学准备

字卡、课件

教学过程

一、读一读(6分钟)

师:小朋友,你们听过打雷的声音吗?什么时候会打雷?今天,老师带来了一首儿歌《下雨啦》,请你们听一听。

1. 初读儿歌。

(1)范读。

——教师指读两遍。

(2)领读。

——教师读一句,幼儿跟着读一句。

(3)你指我读。

——幼儿互相做小老师,指读。

2. 去字留图读。

师:闭闭眼,变变变,红字宝宝不见啦。

——教师指,幼儿齐读。

3. 去图去字读。

师:闭闭眼,变变变,图片宝宝不见啦。

——教师指,男女生轮流一行一行念。

4. 去图留字读。

师:闭闭眼,变变变,红字宝宝出来啦。

——教师指,幼儿分组念。

5. 教师提问。

师:打雷声和什么乐器发出的声音很像呢?

师:打雷了,小熊会怎么做?

6. 背诵儿歌。

(1)互相背。

——和旁边的幼儿互相背一遍。

(2)节奏背。

——幼儿跟着教师一边拍肩膀一边背诵。

二、认一认(4分钟)

1. 看图认字。

(1)配图认字。

——教师出示字卡,认读"雷、公、熊"。

(2)拍字卡认字。

——教师把字卡贴在黑板上,幼儿根据教师的要求边拍字卡边念。

2. 去图认字。

(1)蒙眼认字。

——教师把字卡一字排开,幼儿蒙上眼睛,教师拿走其中一个字,幼儿猜猜哪个字不见了。

（2）唱歌认字。

——幼儿边唱歌,边快速传字卡,歌曲结束,大声念出手中的字卡。

三、玩一玩（5分钟）

游戏一:熊宝宝找妈妈。

师:熊宝宝找不到妈妈了,我们一起来帮助它们吧。把小熊身上的字宝宝和正确的图片连起来,熊宝宝就能找到妈妈了。

游戏二:小小邮递员。

师:这里有一些信没有投进信箱里,请小朋友根据信封上的字宝宝找到相应的邮筒,就能投信啦。

游戏三:雷声阵阵。

师:你们能帮助雷公公敲响雷鼓吗?请你念出雷鼓上的字宝宝。

游戏四:小熊快进洞。

师:轰隆隆,轰隆隆,打雷了,马上就要下雨啦!请大家边念儿歌边把小熊请进洞。

 小青蛙

小青蛙

沙沙沙沙下雨啦，
青蛙呱呱来唱歌，
荷叶当伞回家啦，
滴滴答，滴滴答。

认一认

青蛙　　　　　伞

念一念

青菜、雨伞

说一说

小朋友要多吃青菜。
我有一把漂亮的雨伞。

152

活动设计

教学目标

1. 正确认读"青、蛙、伞"3个生字,读准音,认清形。

2. 能够正确、熟练地朗读儿歌,了解儿歌内容。

教学准备

字卡、课件

教学过程

一、读一读(6分钟)

师:"呱呱呱",是谁发出来的声音?老师带来了一首儿歌《小青蛙》,一起听我念一念吧。

1. 初读儿歌。

(1)范读。

——教师指读两遍。

(2)领读。

——教师读一句,幼儿跟着读一句。

(3)高低音读。

——教师大声读,幼儿轻声读。

2. 去字留图读。

师:闭闭眼,变变变,红字宝宝不见啦。

——教师指,幼儿齐读。

3. 去图去字读。

师:闭闭眼,变变变,图片宝宝不见啦。

——教师指,幼儿指读。

4. 去图留字读。

师:闭闭眼,变变变,红字宝宝出来啦。

——教师指,男生女生轮流读。

5. 教师提问。

师:下雨了,小青蛙拿什么当雨伞?

师:雨滴落在荷叶上面发出什么声音?

6. 背诵儿歌。

(1)拍手背诵。

——幼儿一起拍手背。

(2)幼儿领背。

——请一位幼儿领背,其余幼儿跟着一起背诵。

二、认一认(4分钟)

1. 看图认字。

(1)配图认字。

——教师出示字卡,认读"青、蛙、伞"。

(2)开火车认字。

——教师把字卡传给幼儿,拿到字卡的幼儿念出字卡后再传给下一个幼儿念。

2. 去图认字。

(1)猜一猜认字。

——教师把字卡一字排开,幼儿蒙上眼睛,教师拿走其中一个字,幼儿猜猜哪个字不见了。

(2)唱歌认字。

——幼儿边唱歌,边快速传字卡,歌曲结束,大声念出手中的字卡。

三、玩一玩(5分钟)

游戏一:青蛙借伞。

师:轰隆隆,下雨啦,青蛙宝宝还在外面游戏呢。请你们帮助青蛙,根据它出示的字宝宝找到对应的图片,小青蛙就有雨伞了。

游戏二:下雨了。

师:下雨啦!下雨啦!请你大声念出云朵上的字宝宝,小雨点就会落下来了。

游戏三:青蛙唱歌。

师:小青蛙撑着伞在雨中高兴地唱着歌,它在唱什么呢?请你来念一念,唱一唱。

游戏四:青蛙找家。

师:雨下得越来越大了,小青蛙要回家了,我们一起边念儿歌边把小青蛙送回家吧。

3—4岁（下）

二

评价表

评价说明

评价工作是注重幼儿认读学习的过程性评价。教师需要每月了解幼儿的认读掌握情况，分析幼儿的学习情况，改进幼儿的学习策略，及时跟踪教学效果。评价工具主要包含月评价内容、每月评价表、幼儿每月评价情况分析表。

月评价内容

按月列出评价内容，识字数量见下表。

	3—4岁（上）	3—4岁（下）	4—5岁（上）	4—5岁（下）	5—6岁（上）	5—6岁（下）
第一个月	18	15	29	37	45	54
第二个月	14	18	29	32	55	46
第三个月	16	15	31	31	55	50
第四个月	21	19	30	34	53	53
小计	69	67	119	134	208	203
合计	800					

每月评价表

按月进行循环评价,以当月新授的字词为主,再累计已学字词,标注出幼儿掌握不好的字词,回顾前几个月的学习情况,从而更好地帮助幼儿完成认读学习的过程。

幼儿每月评价情况分析表

每月针对幼儿的评价情况,进行个性化分析,根据认读字量计算认字率,以此了解每个幼儿当月的掌握情况。针对幼儿易错字及遗忘字进行原因分析,制定个性化策略,开展优化提升工作,进一步提升家园合作水平。

月评价内容

3月字表(15个)

新年好打电话飞机下上红气黄绿蓝

4月字表(18个)

滑梯急爬羊山跑袋鼠太阳脸摸亲星月亮笑

5月字表(15个)

春天风雨河啦鸭叫刺理发玩具拿放

6月字表(19个)

吃苹果面包横要荷叶床蘑菇没雷公熊青蛙伞

每月评价字表

月份 内容	3	4	5	6
新				
年				
好				
打				
电				
话				
飞				
机				
下				
上				
红				
气				
黄				
绿				
蓝				

月份 内容	4	5	6
滑			
梯			
急			
爬			
羊			
山			
跑			
袋			
鼠			
太			
阳			
脸			
摸			
亲			
星			
月			
亮			
笑			

月份 内容	5	6
春		
天		
风		
雨		
河		
啦		
鸭		
叫		
刺		
理		
发		
玩		
具		
拿		
放		

月份 内容	6
吃	
苹	
果	
面	
包	
横	
要	
荷	
叶	
床	
蘑	
菇	
没	
雷	
公	
熊	
青	
蛙	
伞	

幼儿每月评价情况分析表

姓名：		
3月	数据分析：	
	原因策略：	
4月	数据分析：	
	原因策略：	
5月	数据分析：	
	原因策略：	
6月	数据分析：	
	原因策略：	

3—4岁（下）

三

附录

字 表

1 　新　年　好

2 　打　电　话

3 　飞　机　下　上

4 　红　气　黄　绿　蓝

5 　滑　梯　急　爬

6 　羊　山　跑

7 　袋　鼠

8 　太　阳　脸　摸　亲

9 　星　月　亮　笑

10 　春　天　风　雨　河　啦

11 　鸭　叫

12 　刺　理　发

13 　玩　具　拿　放

14 　吃　苹　果　面　包　横　要

15 　荷　叶　床

16 　蘑　菇　没

17 　雷　公　熊

18 　青　蛙　伞

词 表

1　年糕　好朋友

2　电灯　说话

3　机器人　上面

4　红绿灯　蓝天

5　急忙　钻爬

6　山羊　跑步

7　口袋　老鼠

8　阳光　亲切

9　响亮　微笑

10　台风　雨点

11　鸭蛋　叫声

12　刺绣　整理

13　玩耍　放学

14　吃饭　书包

15　荷花　床头柜

16　香菇　没有

17　打雷　熊猫

18　青菜　雨伞

句 表

1　过新年大家要吃年糕。

　　我和布布是好朋友。

2　电灯照亮了整个房间。

　　在公共场合要轻声说话。

3　我最喜欢的玩具是机器人。

　　书包放在桌子上面。

4　过马路要看红绿灯。

　　蓝天上有朵朵白云。

5　天快黑了，我急忙跑回家。

　　小朋友喜欢玩钻爬游戏。

6　山羊喜欢吃青草。

　　爸爸每天跑步锻炼身体。

7　我的口袋可以装很多东西。

　　小猫迅速地抓住了老鼠。

8　春天的阳光照在身上很温暖。

　　老师的笑脸很亲切。

9　小朋友回答问题的声音真响亮。

　　妈妈微笑的样子最美丽。

10　夏天经常会有台风。

　　小雨点轻轻敲打着窗户。

11 咸鸭蛋很好吃。

   树林里传来了小鸟的叫声。

12 苏州的刺绣非常有名。

   我会自己整理玩具。

13 我和好朋友在公园里玩耍。

   今天放学是妈妈来接我。

14 我会用筷子吃饭。

   哥哥背着书包去上学。

15 池塘里的荷花都盛开了。

   我的床头柜上有个洋娃娃。

16 香菇是很有营养的食物。

   篮子里没有苹果。

17 打雷的声音很响。

   熊猫是中国的国宝。

18 小朋友要多吃青菜。

   我有一把漂亮的雨伞。

后 记

苏州市实验小学教育集团各民办校（园）在徐天中校长的带领下，自2011年起，以"语言发展"为研究点开展"儿童语言发展小幼衔接的实验研究"。该课题研究的申报单位为苏州明珠学校。课题组由苏州明珠学校、苏州明珠幼儿园等四家单位组成，苏州明珠幼儿园主要承担完成了课题中3—6岁年龄段的实验研究。

徐天中校长是教育部首届骨干校长高级研修班成员，全国29位校长带头人之一，中国教育学会全国实验学校教育科学研究专业委员会副理事长，中国教育学会小学教育专业委员会副会长，全国骨干校长工作研究会副理事长，苏州市专家咨询团成员，教育部小学校长培训中心（北京师范大学校长培训学院）兼职教授，苏州大学兼职教授、硕士生导师，苏州市实验小学校教育集团原总校长。

徐天中校长创造性地提出了"生活认读""环境认读""游戏认读""三步认读"四种模块的学习方式。四模块的学习，遵循了儿童的生理和心理发展规律，符合汉字、汉语文化的学习特征，将符号辨识和内容体验有机统一。四模块的学习，建立了小幼衔接语言教学共同体，儿童在活生生的多元动态环境中实现高效地识字、快速地阅读、流利地表达，从而充分开发儿童语言、思维等潜能，促进儿童全面可持续发展，为终身学习打下坚实的基础。

本丛书由徐天中校长担任编委会总主编，他对本丛书的指导思想、框架结

构、内容审定、文字撰写等方面做出了具体指导和详细安排。赵洪、丰新娜、丁文群、王莉、王静、过坚、朱月龙、屈雅琴、钱春玲、钱晶莹参与了本丛书各书册的编写与审校工作。谈莉莉、葛建平、宋怡、周莉、周璇、戴莉萍、沈琴、周玉婷、陆丽亚、范兰珍、顾敏娴、吴国英、程浏、杨斐、张雯婷、沈建芳、翁娟芳、潘宏参与了课题的教学研究工作。课题组全体成员在推进课题研究的过程中，展现了对孩子的认真观察、对教法的认真琢磨、对经验的认真提炼。本丛书中的每一篇活动设计、每一件游戏材料、每一个指导要求，都凝聚着教师们对于课题研究的独特观点。

课题研究开展期间，课题组得到了幼儿科学认读发起人，原江苏省教育委员会副主任、江苏省教育学会原会长周德藩先生，苏州大学朱月龙教授，以及北京师范大学、中国教育科学研究院、江苏省教育科学研究院等单位有关专家的指导。他们为课题研究提供了科学认读的成果借鉴、为课题推进提供了广阔的研究思路，也在丛书编写过程中提供了许多建设性的修改意见，我们在此表示衷心的感谢！

本丛书在编写过程中得到了很多专家、学者、老师的支持和帮助，在此向各位表示诚挚的谢意！

由于编者水平和时间的限制，丛书在理论的探索和实践的操作上还有提升的空间，不足之处敬请专家和读者不吝赐教！

编　者

2023 年 8 月